高技术制造业转型升级推动高质量共建"一带一路"
——以陕西省为例

薛伟贤 蒋 楠 郑玉雯 等 著

陕西省创新能力支撑计划项目（项目编号：2017KRM022）
陕西省科协高端科技创新智库项目（项目编号：201704）
国家社会科学基金项目（项目编号：17BJL005）

科学出版社

北 京

内 容 简 介

当前，新一轮科技革命和产业变革与共建"一带一路"形成历史性交汇，为我国与共建国家产业合作提供了广阔空间。作为高质量共建"一带一路"的重要节点，陕西省大力推进高技术制造业转型升级，超前布局未来产业，在推动我国共建"一带一路"过程中发挥着重要作用。本书在考察共建"一带一路"进入高质量发展新阶段陕西省高技术制造业发展面临新环境特征的基础上，解析陕西省参与"一带一路"产业竞合活动的主要模式，进一步评估陕西省高技术制造业国际竞争力水平，提出转型升级路径和政策建议。

本书适合产业经济、国际贸易、技术创新及社会经济系统工程与管理领域的高校师生、研究人员、专家学者阅读，也可以为相关政府部门和机构提供重要理论参考与智力支持。

图书在版编目（CIP）数据

高技术制造业转型升级推动高质量共建"一带一路"：以陕西省为例 / 薛伟贤等著. — 北京：科学出版社, 2025.3. — ISBN 978-7-03-079626-4

Ⅰ. F426.4

中国国家版本馆 CIP 数据核字第 2024NN4924 号

责任编辑：魏如萍 / 责任校对：王晓茜
责任印制：张　伟 / 封面设计：有道设计

科 学 出 版 社 出版
北京东黄城根北街 16 号
邮政编码：100717
http://www.sciencep.com

北京富资园科技发展有限公司印刷
科学出版社发行　各地新华书店经销

*

2025 年 3 月第　一　版　　开本：720×1000　1/16
2025 年 3 月第一次印刷　　印张：13 1/2
字数：268 000
定价：150.00 元
（如有印装质量问题，我社负责调换）

前　言

  多年来,"一带一路"倡议不仅为世界各国发展提供了新机遇,也为中国开放发展开辟了新天地。一方面,"一带一路"建设使中国参与国际区域合作的内涵和外延发生了深刻变化,对外开放的重心西移将改变西部地区对外开放的格局,而"一带一路"经济走廊与毗邻地区形成的全新开放通道也将进一步拓宽陕西的经济发展空间;另一方面,在推动共建"一带一路"高质量发展进程中,中国高技术企业利用自身的技术领先优势和灵活的商业模式,参与"一带一路"部分共建国家的工业化进程,在扩大贸易规模方面发挥着重要作用。2013~2022年,中间产品出口占中国对共建"一带一路"部分国家出口比重由49.8%提升至56.3%。《中华人民共和国国民经济和社会发展第十四个五年规划和2035年远景目标纲要》中提出的构建"以国内大循环为主体、国内国际双循环相互促进的新发展格局"也对我国经济增长方式提出了新要求。按照我国新一轮对外开放、创新驱动发展等国家战略需求,陕西省高技术制造业发展过程中的各种难题亟待破解。如何强化高技术制造业的现有优势,如何提升高技术制造业的发展能力,如何推动"内""外"协调并举以此实现双循环发展格局这一目标,是陕西省当前经济高质量发展进程中的重要任务。

  高技术制造业转型升级,超前布局未来产业,在推动共建"一带一路"高质量发展阶段中发挥着重要作用。以中国式现代化引领西部大开发形成新格局的路径取向赋予高技术制造业转型升级全新的使命,高技术制造业如何适应新环境、调整产业方向、选择发展模式、探索升级路径等一系列问题现有研究无法完全解决。在新一轮科技革命和产业变革与共建"一带一路"形成历史性交汇的历史背景下研究陕西省高技术制造业的转型升级,一方面有助于把握共建"一带一路"进入新发展阶段,陕西省高技术制造业面临的机遇与挑战;另一方面为提升新质生产力,推动中国式现代化提供理论支持,深化对区域经济高质量发展内涵的认识。

  本书在考察共建"一带一路"高质量发展新阶段陕西省高技术制造业发展面临新环境特征的基础上,解析陕西省立足于比较优势参与共建"一带一路"国家产业竞合活动的主要模式,进一步评估陕西省高技术制造业的国际竞争力水平,从而提出转型升级路径,为新时代高技术制造业高质量发展提供政策建议。主要研究内容如下。

（1）新时代开放战略下陕西省高技术制造业类别的划分。研究旨在依据高质量共建"一带一路"阶段陕西省高技术制造业发展面临的新的环境特征，对陕西省高技术制造业依据其竞争优势分行业进行类别的划分，以调整陕西省高技术制造业的发展方向。第一，从价值链来看，陕西省高技术制造业从中低端向具备更高附加值的中高端迈进，在政策、技术等因素的驱动下，陕西省制造业不断降本增效，转型升级，产业结构持续得到优化。本书的研究对象选取高技术制造业中的电子及通信设备制造业，航空、航天器及设备制造业，医药制造业，计算机及办公设备制造业，医疗仪器设备及仪器仪表制造业五大产业。第二，相对于传统制造业，由于投入要素的不同、生产组织形式的不同、科技成果转化复杂程度的不同，以及对市场需求的依赖性不同，高技术制造业在其生产和经营过程中表现出独特的经济特征，主要表现为规模经济性、范围经济性、网络外部性、高风险性四类主要特征。第三，从陕西省高技术制造业的发展现状来看，航空、航天器及设备制造业是陕西省优势明显的战略性新兴产业，医疗仪器设备及仪器仪表制造业仅次于航空、航天器及设备制造业，计算机及办公设备制造业实力较弱，是五大高技术制造业中的短板；对比选取的18省区市研究样本，陕西省高技术制造业的整体规模以及增长速度均居于中上游水平；陕西省高技术制造业布局存在"纺锤"形结构特征，西安和杨凌处于"纺锤"的两头，中间是宝鸡、安康、咸阳、渭南和榆林。这说明了陕西省高技术制造业高度集中于西安地区，以杨凌为代表的陕西省现代农业规模还未成势，反映了陕西省高技术制造业分布不均衡的现状。第四，新时代开放战略形势下，陕西省高技术制造业呈现出以下四方面特征：一是将全面参与国际竞争，由内向型向外向型转变，为对外贸易赋予新的势能，有利于提升陕西的国际竞争力水平；二是向西开放战略为产业往西部地区转移提供了巨大的牵引力，引导发达地区相关产业及大量关键企业向西部地区有序转移，使西部地区产业链由纵向延伸发展为横向拓展；三是逐步向环境友好型转变，更加注重产业发展过程中生态环境的质量、安全性与可持续性；四是呈现出资本存量和人力资本向两个高级的转变，资本存量向高效率部门倾斜，人力资本向高技术产业倾斜。第五，基于波士顿矩阵的思想，依据产业特征指数和环境特征指数构建高技术产业类别划分矩阵，对陕西省高技术制造业进行类别划分：陕西省的航空、航天器及设备制造业和医疗仪器设备及仪器仪表制造业处于高经济特征和低外部环境特征区域，计算机及办公设备制造业处于低经济特征和低外部环境特征区域，电子及通信设备制造业处于高经济特征和高外部环境特征区域，医药制造业则处于高外部环境特征和低经济特征区域。

（2）陕西省高技术制造业与共建"一带一路"部分国家产业对接模式的选择。基于共建"一带一路"部分国家的产业优势，解析陕西省与其产业竞合活动的模式。第一，基于产业对接路径研究视角，结合高技术制造业的规模经济性和范围经济性，以陕西省高技术制造业与共建"一带一路"部分国家产业为对接主体，以实现陕西省高技术制造业的转型升级为对接目标，根据对接路径与适用产业的不同，对适用陕西省高技术制造业对接模式归类，主要有强联式、互补式和转移式三类。第二，立足于"一带一路"倡议赋予陕西省的使命，凸显陕西省自身的研发投资存量高、高新技术产业园区实力雄厚等一系列比较优势，分析得到陕西省高技术制造业具有国际性战略视野和政府支持这两个主要外部条件，同时具备产业高度集聚和科教研实力雄厚的内在发展条件。第三，基于专业化分工、经济联系、重点发展方向三个维度提出陕西省高技术制造业与共建"一带一路"部分国家产业的对接目标有实现优势互补、完善产业配套水平和提升综合发展能力。第四，对适用陕西省高技术制造业与共建"一带一路"部分国家产业进行对接的模式进行归类，提出强联式（国际战略联盟、技术联盟、产业合作示范区）、互补式（定牌生产、兴办合资企业、许可协议）和转移式（绿地投资、跨国并购）三种模式下具体的对接手段。第五，以要素禀赋和产业发展水平作为对接的依据，设计陕西省关中、陕北、陕南三个主要区域对接共建"一带一路"部分国家产业的方案，主要有：关中地区的航空、航天器及设备制造业，电子及通信设备制造业，计算机及办公设备制造业，医疗仪器设备及仪器仪表制造业分别与俄罗斯的航天航空产业，捷克、斯洛伐克、波兰和匈牙利的电子工业进行强联式对接，与爱沙尼亚的电子通信行业，斯洛文尼亚的电气电子工业，塞尔维亚的信息通信技术产业，捷克的飞机制造业，俄罗斯、白俄罗斯的制造业，阿联酋的电子、通信、计算机软件、医疗器械业，新加坡、马来西亚、印度尼西亚、菲律宾、泰国的电子产业进行互补式对接，与巴基斯坦和蒙古国的制造业进行转移式对接；陕北地区的电子及通信设备制造业、医疗仪器设备及仪器仪表制造业与捷克、斯洛伐克、波兰和匈牙利的电子工业与飞机制造业进行转移式对接；陕南地区的医药制造业与伊朗的生物医药业进行互补式对接，与立陶宛的生物科学产业，克罗地亚的医药工业，捷克、匈牙利、新加坡的医药制造业进行转移式对接。生物医药领域与新加坡医药研发和创新产业链对接。航空领域与俄罗斯航空器制造和装备供应链对接，民用无人机方面与捷克无人机制造与零部件供应链对接。光子、重卡、新型显示、乘用车（新能源）、智能终端等领域分别与蒙古国医疗健康产业链、爱沙尼亚绿色交通与新能源车辆产业链、印度尼西亚半导体制造产业链、阿联酋新能源汽车技术研发产业链、新加坡的智能设备产业链互补对接。传感器领域加强与波兰技术研发产业链的优势对接。物联网领域加强与孟加拉国智能健康医疗产业链的优势对接。钛及钛合金领域与伊朗钛合金产品开发产业链互补对接。

（3）陕西省高技术制造业国际竞争力水平的评估。测评陕西省高技术制造业的国际竞争力水平，并解析影响陕西省高技术制造业竞争力的桎梏。首先，基于钻石模型理论构建的竞争力影响因素模型对陕西省高技术产业竞争力现状进行分析，分析结果表明陕西省高技术制造业的研发投入及非研发投入增加、固定资产投入不断增加、高技术产品出口稳步增长、高技术企业数与技术改造经费支出逐渐增多，新产品开发项目数、新产品开发经费支出和新产品销售收入增加。其次，基于非竞争型投入产出法和出口复杂度分析方法分阶段测评陕西省高技术制造业国际竞争力水平。分别以完全国内增加值系数、完全就业系数及单位劳动力所能创造的完全国内增加值衡量中国位于共建"一带一路"国家高技术制造业的国际竞争力，以出口复杂度指数衡量陕西省高技术制造业位于中国的竞争力水平。结果表明：中国的国内增加值系数基本保持稳定，说明高技术产业在国际分工中大量地从事着中低端环节的生产；完全就业系数一直排名靠前，说明中国高技术制造业的劳动生产率较低。单位劳动力所能创造的完全国内增加值系数排名有所下降，说明中国的高技术产业竞争力水平还处于较弱状态；陕西省高技术制造业在全国排名靠后，五大行业中，陕西省的航空、航天器及设备制造业，电子及通信设备制造业排名靠前，且远高于全国平均值，具有很强的竞争优势；医药制造业、医疗仪器设备及仪器仪表制造业、计算机及办公设备制造业排名靠后，竞争优势较弱；总体上看陕西省高技术制造业的国际竞争力水平还有待于提升。最后，回归分析影响陕西省高技术制造业国际竞争力的主要因素，从回归结果可以看出，生产要素、需求条件、知识吸收与创新能力对高技术产业竞争力的影响显著，说明陕西省的高技术制造还处于资本驱动阶段和创新驱动阶段，因此，增加研发投入、增强自主创新能力及提高技术水平是提升陕西省高技术制造业国际竞争力的关键。

（4）陕西省高技术制造业转型升级路径设计。剖析新时期的开放战略环境，解析全球价值链理论下的高技术制造业转型升级的机理与阶段，对比分析国际典型高技术产业集群发展模式，明确"一带一路"倡议——共商共建共享三阶段陕西省高技术制造业战略目标，设计陕西省高技术制造业转型升级路径。首先，在全球价值链理论高技术产业转型升级机理模型中，政府政策决定了高技术产业的发展方向；市场需求成为企业创新的导向，影响产业转型升级的进程；高新技术产业的知识密度、科技资源水平均较高，技术创新和进步必然是推动产业转型升级的重要因素；此外，也离不开资源禀赋的支撑，包括人力资源和资本资源等。从影响因素对高技术产业转型升级的作用方式来说，市场需求、政府政策及产业结构和竞争属于外部影响因素，资源禀赋和技术创新属于内部影响因素，在内外部因素的共同作用下实现向全球价值链高端位置的攀升，包括生产及创新节点影响力的提升（生产工艺及产品的升级）、节点网络层级的提高（从价值链下游向上游的转移）、价值链的横向拓展（通过关联效应横向拓展价值链）、价值链的高端延伸（通过连接价值创造能力更高的相关产业价值链扩张高端价值链）四个阶段。其次，从产业结构、产业组织形态、科研力量、政府作用、中介服务、区域社会文化特征等各个方面，详细对比分析美国的硅谷地区等国际典型高技术产业集群的发展情况，得出国际典型高技术产业集群发展特征的异同点，为我国高技术产业集群的建设提供了六点启示：一是要促进创新型中小企业的衍生和集聚发展；二是要促进人才资源的开发与集聚效应产生；三是要完善区域创新体系，促进官产学研密切协作；四是要构建有效的外部网络关系；五是要建立健全风险投资机制，提高金融服务水平；六是要加强知识产权的保护。再次，在战略启动阶段，以"共商"为发展的宗旨，通过发挥自身的区位优势，与部分"一带一路"共建国家进行互联互动，实现产能合作等方式，旨在将陕西省打造为西部地区高技术产业对外贸易中市场影响力最大的核心区；在战略发展阶段，通过陕西省的辐射带动作用，促进西部地区经济协同发展，实现科技研发平台的共建，促进高科技成果转移通道建设，将陕西省打造为中西部地区的高技术产业孵化中心；第三阶段的共享强调互利共赢，充分发挥陕西省高技术产业的辐射效应，形成中西部地区高技术产业发展的增长极。陕西省重点高技术制造业的转型升级路径为：提升高技术企业集群国际竞争力；完善创新体系，使我国高技术企业集群成功嵌入全球价值链；通过内向与外向国际化实现在全球价值链内的产业升级；加快高技术产业高端化。最后，得出的主要政策建议包括：构建推进陕西省高技术制造业发展的配套机制；构建推进陕西省高技术制造业发展的人才政策；完善陕西省高技术制造业发展的内在机制等。

本书明晰了共建"一带一路"进入高质量发展阶段陕西省高技术制造业发展的位势，以及各产业发展的优势和不足，为进一步走深走实、深度融入新格局指引了方向，研究提出了陕西省高技术制造业转型升级的实现路径，为陕西省高技术制造业全面提升在全球价值链分工体系中的地位提供了理论支撑和决策支持。

目 录

第1章 新时代开放战略下陕西省高技术制造业类别的划分 ·········· 1
- 1.1 高技术产业的界定 ·········· 1
- 1.2 高技术制造业的经济特征 ·········· 15
- 1.3 陕西省高技术制造业的发展现状 ·········· 20
- 1.4 开放战略下陕西省高技术制造业发展的特征 ·········· 42
- 1.5 陕西省高技术制造业类别的划分 ·········· 47
- 1.6 小结 ·········· 54

第2章 陕西省高技术制造业与共建"一带一路"部分国家产业对接模式的选择 ·········· 56
- 2.1 高技术制造业对接模式的划分 ·········· 56
- 2.2 陕西省高技术制造业与共建"一带一路"部分国家产业对接的条件 ·········· 60
- 2.3 陕西省高技术制造业与共建"一带一路"部分国家产业对接的目标 ·········· 63
- 2.4 陕西省高技术制造业与共建"一带一路"部分国家产业对接的手段 ·········· 67
- 2.5 陕西省高技术制造业与共建"一带一路"部分国家产业对接的方案 ·········· 73
- 2.6 小结 ·········· 95

第3章 陕西省高技术制造业竞争力评估 ·········· 97
- 3.1 陕西省高技术制造业竞争力的影响因素模型 ·········· 97
- 3.2 陕西省高技术制造业竞争力评估实证分析 ·········· 120
- 3.3 陕西省高技术制造业竞争力影响因素的确定 ·········· 143
- 3.4 小结 ·········· 149

第4章 陕西省高技术制造业转型升级路径分析 ·········· 151
- 4.1 高技术制造业转型升级机理与路径分析 ·········· 151
- 4.2 典型高技术产业发展模式的比较与分析 ·········· 156
- 4.3 陕西省高技术制造业的发展阶段及战略目标 ·········· 164
- 4.4 陕西省高技术制造业转型升级路径设计 ·········· 174
- 4.5 政策建议 ·········· 188
- 4.6 小结 ·········· 194

参考文献 ·········· 196

后记 ·········· 203

第1章 新时代开放战略下陕西省高技术制造业类别的划分

陕西省作为我国共建"一带一路"的重要节点和内陆改革开放高地,在高技术产业发展领域有自己独特的产业特色和资源优势,理应以自身的实力和潜力借助国家新时代开放战略的重大机遇,通过发挥自身优势、补足自身短板,顺利实现产业的优化升级和经济转型。高技术产业的划分是当前各级政府部门高度关注的问题之一。在现有的国民经济行业分类体系下,难以对高技术产业进行简单的区分,进而认识其自身优势与特色,揭示发展中存在的"短板"。深入考察陕西省高技术制造业的竞争优势,结合新时代环境特征和高技术制造业特征,明确产业选择基准,构筑产业选择矩阵,从强势型、挑战型、平稳型及弱势型等不同方面对陕西省高技术制造业进行划分,为新时代陕西省实施高技术制造业战略布局提供理论决策依据。

1.1 高技术产业的界定

高技术产业的发展是衡量一个国家或地区经济竞争力和科技实力的重要标志,明确竞争主体是研究高技术产业竞争力的起点。现有研究对高技术产业的界定基于贸易和政策分析的不一致性具有不同的界定方式,阐述国内外对高技术产业的界定历史和现状,在此基础上结合我国贸易和政策分析信息的完备性对高技术产业进行明确界定。

1.1.1 国内外高技术产业的有关定义

高技术产业作为一个专用名词,由于其发展变化迅速,国外对高技术产业有不同的定义和解释。其中,具有代表性的一些观点主要有:美国学者 Nelson(1984)指出"所谓高技术产业,是指那些投入大量研究与开发资金,以及以迅速的技术进步为标志的产业"。经济合作与发展组织(Organisation for Economic Co-operation and Development, OECD)提出界定高技术产业的五个原则是:强化研发工作;对政府具有重要战略意义;产品与工艺老化快;资本投入风险大、数额高;研究与试验发展成果的生产及其国际贸易具有高度的国际合作与竞争性。此外,日本长期信用银行将"能节约资源和能源,技术密集程度高,技术创新速度快,且由于增长能力强,能在将来拥有一定市场规模和能对相关产业产生较大波及效果的产业"定义为高技术产业。美国国际贸易委员会(United States International Trade Commission,USITC)将高技术产业定义为那些依赖于科学、工程和技术知识,具有较高研发投入和技术密集度的产业。欧盟统计局(Eurostat)将高技术产业定义为那些依赖于高科技和先进技术的产业。

我国有关专家学者从 20 世纪 80 年代开始对国外高技术产业发展动态进行研究,与此同时引入了高技术概念。国家 863 计划中提及的"高技术产业"与发达国家高技术产业的一般概念相近,这也是我国高技术产业的初始概念。此后,根据党的十三大报告提出的"注意发展高技术新兴产业"的要求和中央对发展高技术新兴产业的部署,国家科学技术委员会(1998 年改名为科学技术部)从 1988 年 7 月开始实施火炬计划,它与 863 计划的一个显著区别是将"高技术产业"延伸为"高技术、新技术产业",将"高技术产品"调整为"高技术、新技术产品"。从此,舆论界出现了高技术产业与新技术产业相提并论的情况,高技术产业的概念也由狭义的、一般的概念演变为广义的,包括一切新技术领域的高新技术产业概念,扩大了高技术产业概念的内涵。我国学者具有代表性的观点包括:胡实秋和宋化民(2001)认为在界定高技术产业的时候应当将定性判断和定量指标界定结合起来;卜洪运和吕俊杰(2003)认为高新技术就是以科学技术新发现为基础的新技术、科学工业技术,处于科学成果向生产力转化途中的技术。根据国家统计局发布的《高技术产业如何界定和统计》,高技术产业是指研发投入大、产品附加值高、国际市场前景良好的技术密集型产业,具备智力性、创新性、战略性和资源消耗少等特点。

上述定义表述了高技术产业应具有的基本特征,但实际操作中都按技术密集程度测算划分高技术产业,因为反映技术密集程度的研发统计有统一的国际规范,大多数国家都据此开展定期的统计调查,可以较为方便地进行国际比较。而其他特征难以量化,只能作为辅助依据参考。

1.1.2 国际上高技术产业的界定方法

产业是企业集群加市场,只有企业群体、企业集团,才能组成产业。一般意义上讲,高技术产业就是由高技术的研究、开发、生产、推广、应用等所形成的企业群或企业集团的总称,它是把生产过程和最终产品建立在高技术基础上的产业,是研究与开发密集型的产业。然而,目前学术界对如何界定高技术产业没有一个明确的提法。由于对高技术产业不同角度和不同阶段的多维认识,便产生了对高技术产业的不同划分标准。目前,国际上有两种高技术产业界定方法,一种是以产品为统计口径的产品界定方法,另一种是以产业为统计口径的产业界定方法,后一种界定方法使用较为广泛。

1. 产品界定方法

以产品为统计口径,是最初的高技术产业统计方法,可以将非高技术产品排除在外,更准确地反映国家竞争力,为贸易和政策分析提供信息。1971年,美国商务部以某类产品销售额中研发支出的比重大于3.5%和科学家与工程师、技术工人占全部职工的比重均大于2.5%为标准,结合《高技术政策的五国比较》一书中关于高技术产业的界定,确定了高技术产品目录(称为DOC1),其目的是反映国家的竞争力,为贸易和政策分析提供信息。1977年,由于《国际标准贸易分类(SITC)》的出现,美国劳工部普查局为分析技术创新对国际贸易产生的影响,在DOC1的基础上,进一步完善、改进了原有的高技术产品目录,称为DOC2。按研发经费占销售额比重界定高技术产业的优势在于将非高技术产品排除在外,但由于产品众多,实践中操作起来比较困难。进入20世纪90年代,随着美国商务部所使用的国际贸易分类的变化,目前高技术产品的分类从以《国际标准贸易分类(SITC)》为基础,改为以海关合作理事会(2000年后改称为世界海关组织)制定的《商品名称及编码协调制度》(HS)为基础的进出口商品统计分类。并在以往基础上,增加了定性分析,对高技术产品进一步筛选,把满足以下两个条件的产品定义为高技术产品:一是产品的主导技术必须属于所确定的高技术领域;二是产品的主导技术必须包括高技术领域中处于技术前沿的工艺或技术突破。据此确定了生物技术、生命科学技术、光电技术、计算机及通信技术、电子技术、计算机集成制造技术、材料设计技术、航天技术、武器技术、核技术十大高技术领域,并根据HS前6位代码,确定了222类高技术产品。

以产品为统计口径的界定方法在对高技术产业进行分类和统计时具有一定的优势。该方法在操作和测量上相对直观,能够快速确定高技术产业的范围,并反映产品的创新程度和技术含量。然而这种方法在实际运用中存在一定的局限性,可能无法及时应对新兴领域的变革,忽视了高技术服务型产业的特征。

2. 产业界定方法

产业界定方法从产业层次入手,试图反映高技术产业的规模和结构。1982年,美国商务部以各产业研发经费支出占工业总产值的比重,以及科学家与工程师、工程技术人员占整个产业职工数的比重,来界定高技术产业,称为DOC3。据此,化工产品制造业、非电气机械制造业、电气机械制造业(包括电子设备)、运输设备制造业(包括导弹、火箭)和仪器、仪表制造业共五大产业归属于高技术产业。1986年,OECD将相对于其他制造业而言具有较高研发密集度的飞机及航空器制造业、计算机及办公设备制造业、电子及通信设备制造业、医药品制造业、科学仪器制造业、电器设备制造业共六大产业界定为高技术产业。1994 年，European Commission（1994）为了解欧盟科研发展和制定宏观科技政策，在其出版的 *European Report on Science and Technology Indicators* 1994（《欧盟科学技术指标报告 1994》）中，把有很高的经济增长率和国际竞争能力，有较大的就业潜力，同时研发投入高于所有部门平均水平的航空航天制造业、化工产品制造业、医药品制造业、电气设备制造业、电子设备制造业、数字处理和办公设备制造业、汽车及零件制造业、科学仪器制造业八大产业作为高技术产业。

以产业为统计口径界定是一种宏观的和近似的方法。它从制定战略和政策的大范围考虑问题，试图对某一高技术产业部门进行整体描述，关注的是高技术产业的整体，而不考虑产业内部微观层次上的产品变化。这种方法具有产业排他性，产业内的企业不论是否生产高技术产品，都将成为高技术产业的组成部分而被列入统计，而产业外从事高技术产品生产的企业却被排除在外。因此，这种方法的局限性体现在既可能高估也可能低估高技术产业的规模。

1.1.3　OECD 关于高技术产业的界定方法

在众多界定方法中，OECD 基于产业方法的定义和界定范围最具代表性，据此进行国际比较也比较简便，得到了 OECD 成员及其他国家的广泛认同，包括美国在内的几乎所有发达国家都应用 OECD 的方法。

1. OECD 高技术产业 6 分类的界定

1986 年，OECD 第一次正式给出了高技术产业的定义，用研发经费强度（研发经费占产值的比重）作为界定高技术产业的标准。根据联合国制定的国际标准产业分类（international standard industrial classification of all economic activities，ISIC），选择 22 个制造业行业，依据 13 个 OECD 成员国 20 世纪 80 年代初的有关数据，通过加权方法计算研发经费强度，将研发经费强度明显高于其他产业的 6 类产业定义为高技术产业，见表 1.1。

表 1.1　OECD 高技术产业 6 分类

行业名称	ISIC 代码	研发经费强度/%
航空航天制造业	3845	22.7
计算机与办公设备制造业	3825	17.5
电子与通信设备制造业	3832	10.4
医药制造业	3522	4.8
专用科学仪器设备制造业	385	4.8
电气机械及设备制造业	383（不包括 3832）	4.4

资料来源：OECD.2001. OECD Science, Technology and Industry Scoreboard. Paris：OECD Publishing：42

2. OECD 高技术产业 4 分类的界定

随着经济发展中知识和技术因素的急剧增长，产业研发经费强度发生了重要变化。1994 年，OECD 将研发强度的数据和计算方法做了进一步调整，根据定义和新的计算结果，OECD 对高技术产业目录进行了调整，由原来的 6 分类变为 4 分类，见表 1.2。首先，不仅考虑了直接研发经费，还考虑了间接研发经费，选用研发总经费（直接研发经费＋间接研发经费）占总产值比重、直接研发经费占总产值比重和直接研发经费占增加值比重三个指标来定义高技术产业。其次，OECD 根据 10 个更为典型的成员国（美国、日本、德国、法国、英国、加拿大、澳大利亚、意大利、西班牙、瑞典）1973～1992 年的数据，逐年计算了 ISIC 中 22 个制造业部门的上述三项指标。最后，依据 1980 年和 1990 年的数据，将上述三项指标明显偏高的航空航天制造业、计算机与办公设备制造业、医药制造业、电子与通信设备制造业四大产业划分为高技术产业。

表 1.2　OECD 高技术产业 4 分类（1990 年数据）

行业名称	ISIC代码	直接和间接研发经费占总产值比重/%	直接研发经费占总产值比重/%	直接研发经费占增加值比重/%
航空航天制造业	3845	17.3	15	36.3
计算机与办公设备制造业	3825	14.4	11.5	30.5
医药制造业	3522	11.4	10.5	21.6
电子与通信设备制造业	3832	9.4	8	18.7

资料来源：Holbrook A.1994. European Report on Science and Technology Indicators 1994. Luxembourg：Directorate-General XII，Science，Research，and Development，Office for Official Publications of the European Community：24

3. OECD 界定方法的优越性

OECD 基于产业方法的定义和界定范围能够成为国际上最具有代表性的高技术产业界定方法，原因在于 OECD 的界定方法充分考虑了国家特殊性、国际可比性、多种衡量指标以及时效性。首先，OECD 的界定并不是依据哪个国家或哪几类产业的指标或数据，而是依据了一批典型国家（1986 年为 13 个，1994 年为 10 个）的 22 个制造行业的数据，其产业研发活动涵盖了 OECD 所有成员全部产业研发活动的 95% 以上，避免了由于一国产业结构的局限性而给高技术产业界定带来的负面影响。其次，OECD 界定方法和指标充分考虑了国际可比性。尽管还有许多与技术含量有关的指标，如熟练技术工人、专利、新产品等，但就国际可比而言，研发经费在产业间或国家间能够取得更为一致的定义及统计范围。再次，OECD

不仅考虑了直接研发经费，而且考虑了间接研发经费，并将研发总经费占总产值比重、直接研发经费占总产值比重、直接研发经费占增加值比重三项指标均明显高于其他行业的那些产业定义为高技术产业，避免了只用直接研发经费强度可能带来的片面性。最后，OECD 的界定方法充分体现了高技术产业这一相对概念，按照科学技术的发展和产业研发强度的变化，及时调整或修正高技术产业的分类和目录。

1.1.4 我国高新技术产业分类

20 世纪 90 年代初，我国开展了高新技术统计的研究与实践，先后对高技术产业的分类进行了五次界定。1990 年，国家科学技术委员会参照美国的分类方法，从"海关统计商品目录"中分离出高技术产品，并据此对我国的高技术产品进出口情况进行统计。20 世纪 90 年代中期，国家科学技术委员会根据 OECD 6 分类法，提出了与 OECD 高技术产业相对应的，由航空航天器制造业、计算机与办公设备制造业、电子与通信设备制造业、医药制造业、仪器仪表制造业、电器设备制造业 6 大行业及 91 个小行业组成的高新技术产业统计方案。1998 年，科学技术部（简称科技部）根据国际高技术产业统计的发展趋势，提出了与 OECD 4 分类法相对应的，由 4 大行业和 24 个小行业组成的高新技术产业统计方案。尽管 4 分类法是高新技术产业统计的发展方向，但科技部仍采用 6 分类法进行统计。2002 年，国家统计局印发了《高技术产业统计分类目录》的通知，按 OECD 2001 年关于高技术产业的新分类统一了口径。高技术产业是指那些知识、技术密集度高、发展速度快、具有高附加值和高效益，并具有一定市场规模和对相关产业产生较大波及效果等特征的产业，其中核心特征是产业的高技术密集度。高技术产业与其他产业相比一般具有很高的技术领先性和技术复杂性，这些产业均是以 20 世纪 50 年代以来世界新技术革命所取得的那些具有突破性成果的尖端技术为基础发展起来的新兴产业。2013 年，国家统计局发布《高技术产业（服务业）分类（2013）》，将高技术服务业认定为高技术产业。高技术服务业是采用高技术手段为社会提供服务活动的集合。

我国目前界定的高技术产业涉及制造业中的电子及通信设备制造业，航空、航天器及设备制造业，医药制造业，计算机及办公设备制造业，医疗仪器设备及仪器仪表制造业和信息化学品制造业 6 类行业，见表 1.3；涉及服务业中的信息服务、电子商务服务、检验检测服务、专业技术服务业的高技术服务、研发与设计服务、科技成果转化服务、知识产权及相关法律服务、环境监测及治理服务和其他高技术服务 9 大类，见表 1.4。

表 1.3 高技术产业（制造业）分类表

代码			名称	行业分类代码
大类	中类	小类		
01			医药制造业	27
	011		化学药品制造	
		0111	化学药品原料药制造	2710
		0112	化学药品制剂制造	2720
	012	0120	中药饮片加工	2730
	013	0130	中成药生产	2740
	014	0140	兽用药品制造	2750
	015		生物药品制品制造	276
		0151	生物药品制造	2761
		0152	基因工程药物和疫苗制造	2762
	016	0160	卫生材料及医药用品制造	2770
	017	0170	药用辅料及包装材料	2780
02			航空、航天器及设备制造业	
	021	0210	飞机制造	3741
	022	0220	航天器及运载火箭制造	3742
	023		航空、航天相关设备制造	
		0231	航天相关设备制造	3743
		0232	航空相关设备制造	3744
	024	0240	其他航空航天器制造	3749
	025	0250	航空航天器修理	4343
03			电子及通信设备制造业	
	031		电子工业专用设备制造	
		0311	半导体器件专用设备制造	3562
		0312	电子元器件与机电组件设备制造	3563
		0313	其他电子专用设备制造	3569
	032		光纤、光缆及锂离子电池制造	
		0321	光纤制造	3832
		0322	光缆制造	3833
		0323	锂离子电池制造	3841
	033		通信设备、雷达及配套设备制造	
		0331	通信系统设备制造	3921

续表

代码			名称	行业分类代码
大类	中类	小类		
03	033	0332	通信终端设备制造	3922
		0333	雷达及配套设备制造	3940
	034		广播电视设备制造	393
		0341	广播电视节目制作及发射设备制造	3931
		0342	广播电视接收设备制造	3932
		0343	广播电视专用配件制造	3933
		0344	专业音响设备制造	3934
		0345	应用电视设备及其他广播电视设备制造	3939
	035		非专业视听设备制造	395
		0351	电视机制造	3951
		0352	音响设备制造	3952
		0353	影视录放设备制造	3953
	036		电子器件制造	397
		0361	电子真空器件制造	3971
		0362	半导体分立器件制造	3972
		0363	集成电路制造	3973
		0364	显示器件制造	3974
		0365	半导体照明器件制造	3975
		0366	光电子器件制造	3976
		0367	其他电子器件制造	3979
	037		电子元件及电子专用材料制造	398
		0371	电阻电容电感元件制造	3981
		0372	电子电路制造	3982
		0373	敏感元件及传感器制造	3983
		0374	电声器件及零件制造	3984
		0375	电子专用材料制造	3985
		0376	其他电子元件制造	3989
	038		智能消费设备制造	
		0381	可穿戴智能设备制造	3961
		0382	智能车载设备制造	3962
		0383	智能无人飞行器制造	3963

续表

代码			名称	行业分类代码
大类	中类	小类		
03	038	0384	其他智能消费设备制造	3969
	039	0390	其他电子设备制造	3990
04			计算机及办公设备制造业	
	041	0410	计算机整机制造	3911
	042	0420	计算机零部件制造	3912
	043	0430	计算机外围设备制造	3913
	044	0440	工业控制计算机及系统制造	3914
	045	0450	信息安全设备制造	3915
	046	0460	其他计算机制造	3919
	047		办公设备制造	
		0471	复印和胶印设备制造	3474
		0472	计算器及货币专用设备制造	3475
05			医疗仪器设备及仪器仪表制造业	
	051		医疗仪器设备及器械制造	
		0511	医疗诊断、监护及治疗设备制造	3581
		0512	口腔科用设备及器具制造	3582
		0513	医疗实验室及医用消毒设备和器具制造	3583
		0514	医疗、外科及兽医用器械制造	3584
		0515	机械治疗及病房护理设备制造	3585
		0516	康复辅具制造	3586
		0517	其他医疗设备及器械制造	3589
	052		通用仪器仪表制造	
		0521	工业自动控制系统装置制造	4011
		0522	电工仪器仪表制造	4012
		0523	绘图、计算及测量仪器制造	4013
		0524	实验分析仪器制造	4014
		0525	试验机制造	4015
		0526	供应用仪器仪表制造	4016
		0527	其他通用仪器制造	4019
	053		专用仪器仪表制造	
		0531	环境监测专用仪器仪表制造	4021

续表

代码			名称	行业分类代码
大类	中类	小类		
05	053	0532	运输设备及生产用计数仪表制造	4022
		0533	导航、测绘、气象及海洋专用仪器制造	4023
		0534	农林牧渔专用仪器仪表制造	4024
		0535	地质勘探和地震专用仪器制造	4025
		0536	教学专用仪器制造	4026
		0537	核子及核辐射测量仪器制造	4027
		0538	电子测量仪器制造	4028
		0539	其他专用仪器制造	4029
	054	0540	光学仪器制造	4040
	055	0550	其他仪器仪表制造业	4090
06			信息化学品制造业	
	061		信息化学品制造	
		0611	文化用信息化学品制造	2664
		0612	医学生产用信息化学品制造	2665

资料来源：《高技术产业（制造业）分类（2017）》

表1.4 高技术产业（服务业）分类表

代码			名称	行业分类代码
大类	中类	小类		
1			信息服务	
	11		信息传输服务	
		1101	固定电信服务	6311
		1102	移动电信服务	6312
		1103	其他电信服务	6319
		1104	有线广播电视传输服务	6321
		1105	无线广播电视传输服务	6322
		1106	广播电视卫星传输服务	6331
		1107	其他卫星传输服务	6339
	12		信息技术服务	
		1201	互联网接入及相关服务	6410
		1202	互联网搜索服务	6421

续表

代码			名称	行业分类代码
大类	中类	小类		
1	12	1203	其他互联网服务	6490
		1204	基础软件开发	6511
		1205	支撑软件开发	6512
		1206	应用软件开发	6513
		1207	其他软件开发	6519
		1208	信息系统集成服务	6531
		1209	物联网技术服务	6532
		1210	运行维护服务	6540
		1211	信息技术咨询服务	6560
		1212	互联网安全服务	6440
		1213	互联网数据服务	6450
		1214	信息处理和存储支持服务	6550
		1215	集成电路设计	6520
		1216	呼叫中心	6591
		1299	其他未列明信息技术服务业	6599
	13		数字内容及相关服务	
		1301	地理遥感信息服务	6571
		1302	动漫、游戏数字内容服务	6572
		1303	其他数字内容服务	6579
		1304	互联网游戏服务	6422
		1305	互联网其他信息服务	6429
		1306	电子出版物出版	8625
		1307	数字出版	8626
		1308	互联网广播	8710*
		1309	互联网电视	8720*
		1310	广播电视集成播控	8740
		1311	其他文化艺术	8890*
2			电子商务服务	
	21		互联网平台	
		2101	互联网生产服务平台	6431
		2102	互联网生活服务平台	6432

续表

代码 大类	代码 中类	代码 小类	名称	行业分类代码
2	21	2103	互联网科技创新平台	6433
		2104	互联网公共服务平台	6434
		2199	其他互联网平台	6439
	22		电子商务支付服务	
		2200	非金融机构网络支付服务	6930
	23		电子商务信用服务	
		2300	电子商务信用服务	7295
3			检验检测服务	
	31		质检技术服务	
		3101	检验检疫服务	7451
		3102	检测服务	7452
		3103	计量服务	7453
		3104	标准化服务	7454
		3105	认证认可服务	7455
		3199	其他质检技术服务	7459
4			专业技术服务业的高技术服务	
	41		气象服务	
		4100	气象服务	7410
	42		地震服务	
		4200	地震服务	7420
	43		海洋服务	
		4301	海洋气象服务	7431
		4302	海洋环境服务	7432
		4399	其他海洋服务	7439
	44		测绘地理信息服务	
		4401	遥感测绘服务	7441
		4499	其他测绘地理信息服务	7449
	45		地质勘查	
		4501	能源矿产地质勘查	7471
		4502	固体矿产地质勘查	7472
		4503	水、二氧化碳等矿产地质勘查	7473

续表

代码			名称	行业分类代码
大类	中类	小类		
4	45	4504	基础地质勘查	7474
		4505	地质勘查技术服务	7475
	46		工程技术	
		4601	工程管理服务	7481
		4602	工程监理服务	7482
		4603	工程勘察活动	7483
		4604	工程设计活动	7484
		4605	规划设计管理	7485
		4606	土地规划服务	7486
5			研发与设计服务	
	51		自然科学研究和试验发展	
		5100	自然科学研究和试验发展	7310
	52		工程和技术研究和试验发展	
		5200	工程和技术研究和试验发展	7320
	53		农业科学研究和试验发展	
		5300	农业科学研究和试验发展	7330
	54		医学研究和试验发展	
		5400	医学研究和试验发展	7340
	55		设计服务	
		5501	工业设计服务	7491
		5502	专业设计服务	7492
6			科技成果转化服务	
	61		技术推广服务	
		6101	农林牧渔技术推广服务	7511
		6102	生物技术推广服务	7512
		6103	新材料技术推广服务	7513
		6104	节能技术推广服务	7514
		6105	新能源技术推广服务	7515
		6106	环保技术推广服务	7516
		6107	三维（3D）打印技术推广服务	7517
		6199	其他技术推广服务	7519

续表

代码			名称	行业分类代码
大类	中类	小类		
6	62		科技中介服务	
		6201	科技中介服务	7530
		6202	创业空间服务	7540
	63		其他科技推广服务业	
		6300	其他科技推广服务业	7590
7			知识产权及相关法律服务	
	71		知识产权服务	
		7100	知识产权服务	7520
	72		知识产权相关法律服务	
		7201	知识产权律师及相关法律服务	7231
		7299	其他知识产权法律服务	7239
8			环境监测及治理服务	
	81		环境与生态监测	
		8101	环境保护监测	7461
		8102	生态资源监测	7462
		8103	野生动物疫源疫病防控监测	7463
	82		环境治理业	
		8201	水污染治理	7721
		8202	大气污染治理	7722
		8203	固体废物治理	7723
		8204	危险废物治理	7724
		8205	放射性废物治理	7725
		8206	土壤污染治理与修复服务	7726
		8207	噪声与振动控制服务	7727
		8299	其他污染治理	7729
9			其他高技术服务	

资料来源：《高技术产业（服务业）分类（2018）》

基于 OECD 的分类标准可以看出，高技术产业是将技术作为生产要素，按技术密集度高低划分出的产业。这与按资本、劳动、资源密集程度划分产业的分类思想是一致的。我国的高新技术产业尚处于发展初期，大多数产业仅从事高新技术产品的加工和装配，以研究、开发、生产为特征的产业格局尚未形成，研发投入与传统产业相比优势不明显。因此，我国在确定高新技术产业时，无法采用 OECD 的方法基于研发强度指标来界定高新技术产业，仅是对应 OECD 的分类，按照国民经济行业代码选出相应的行业。因此，在研究中选取制造业中的电子及通信设备制造业，航空、航天器及设备制造业，医药制造业，计算机及办公设备制造业，医疗仪器设备及仪器仪表制造业这五类目前列出的高技术产业。

1.2 高技术制造业的经济特征

基于产业素质的视角，相对于传统产业，由于投入要素、生产组织形式、科技成果转化复杂程度，以及对市场需求的依赖性不同，高技术制造业在其生产和经营过程中表现出独特的经济特征，主要表现为规模经济性、范围经济性、间接网络外部性、高风险性（管怀鎏，1996；黄茂兴和李军军，2009）。

1.2.1 规模经济性

规模经济性是产品在生产领域的一种重要特性，即生产数量越多，厂商生产的平均成本越低（陈宏民，2007）。规模经济性表现在产品报酬递增以及企业追逐高附加值。

1. 报酬递增

报酬递增是指在既定的技术水平下，当所有投入物的数量发生同比例变化时产量的变化率超过生产要素增加的比例（许庆等，2011）。高技术产业的固定成本非常大，但是边际成本极低，因此具有显著的规模经济，即供给方规模经济。高技术产业属于技术和资本密集型产业，在生产出高技术产品之前，企业往往需要进行大量的设备和研发投入，但是一旦产品研制成功，复制每件产品的边际成本一般都相当低，产量的增加使得初始投入的固定成本迅速分摊导致高技术产业的规模递增相较于传统产业更为明显。Romer（1986）把知识分解为一般知识和专业化知识，一般知识可以产生递减的规模经济，专业化知识可以带来要素的递增收益。专业化知识和一般知识相结合，不仅使知识、技术、人力资本自身产生递增的收益，而且也使其他追加的生产要素（如资本、劳动）的收益递增。Lucas（1988）则借鉴了舒尔茨、贝克尔等的人力资本概念，把劳动划分为原始劳动与专业化的人力资本，在商品的生产过程中，不仅投入原始劳动，而且要投入专业化的人力资本。在新经济增长理论看来，人力资本作为知识的载体和知识存量始终被认为是重要的生产要素，人力资本与物质资本相比，流动性大，同时又具有极高的稀缺性，是高技术产业发展的关键因素。

2. 高附加值

高度专业化分工与追求报酬递增效应使得掌握核心技术的企业追逐产业价值链中的高附加值部分。高技术产业与传统产业相比，具有更高的附加值。宏碁集团创办人施振荣在1992年根据多年从事IT（Information Technology，信息技术）产业的经验，首先提出了"微笑曲线"。他用一个开口向上的抛物线来描述个人电脑制造流程中各个环节的附加值，"微笑曲线"的左边价值链上游是研发，随着显示器、内存及配套软件等新技术研发的投入，产品附加值逐渐上升；右边价值链下游是销售，随着品牌运作、销售渠道的建立，产品附加值逐渐上升；劳动密集型的中间制造、装配环节不但技术含量低、利润空间小，而且市场竞争激烈，因而成为整个价值链中最不赚钱的部分。实际上，"微笑曲线"这一现象不仅存在于计算机制造业，在其他行业中也普遍存在，见图1.1。

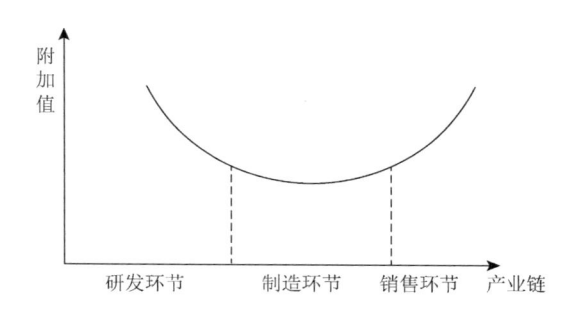

图 1.1　微笑曲线

"微笑曲线"其实就是附加价值曲线。高技术产业的价值链主要包括技术研发、关键零部件生产、加工组装、销售和品牌售后服务。在20世纪60～70年代，高技术产品基本上全部由发达工业国家生产，但随着制造工艺的标准化以及模块化技术的发展，生产制造环节的进入壁垒不断降低，从事该环节的企业数量不断增加，位于"微笑曲线"下凹部分的企业之间竞争更加激烈，附加价值变低，曲线的弧度变得更加陡峭，附加值更多地向产业链的两端转移。这一方面是因为技术深化、知识产权的国际化导致知识的物化，使附加值向上游转移；另一方面是因为分工深化、交易方式的多样化、产品的技术专业化和复杂化，使得产品的营销和售后服务日趋重要，从而促使附加值向下游转移。产品的品牌和售后服务可以降低信息不对称给消费者带来的风险，从而价值凸显。面对这一状况，发达国家纷纷调整其战略，将竞争重点着眼于产业链中附加价值较高的两端，主要从事上游的技术研发和产品设计以及下游的销售、渠道、品牌和服务等，对关键技术、零部件投巨资进行研究开发并掌握销售渠道和售后服务市场，获取高额利润，而把处在价值链中间的附加值较低的加工组装环节转移到劳动力相对低廉的发展中国家进行生产。因此，随着时间的变化，产业结构中"微笑曲线"的形状也发生了一定的变化：一是"微笑曲线"的上凹深度逐渐增加；二是高技术产业链两端的技术含量更高，附加值比以前更高。

1.2.2 范围经济性

高技术制造业发展中已显示出超越传统工业的经济学特征，除了规模经济性之外，其范围经济性也是传统工业所不具有的。高技术制造业的范围经济性指高技术制造业发展过程中带动其相关产业发展的经济性（张陆洋，2001）。由厂商的生产范围而非规模带来的经济，即当同时生产两种产品的费用低于分别生产每种产品所需成本的总和时，所存在的状况就被称为范围经济。只要把两种或更多的产品合并在一起生产比分开来生产的成本低，就会存在范围经济。根据生产范围界定视角的不同，范围经济主要表现为集聚经济效应和关联经济效应。

1. 集聚经济效应

集聚经济效应指经济活动在空间上集中产生的经济效果以及吸引经济活动向一定地区靠近的向心力，是导致产业集群形成和不断扩大的基本因素（龚新蜀等，2017）。任何产业进入整个社会经济系统之后，都不是孤立的，会通过向上或向下的关联，使得与之相关的上下游技术综合发展形成一个技术链。高技术产业的集聚经济效应表现在两方面：一方面，集聚经济通过中间投入品共享、劳动力市场蓄水池以及知识溢出效应等机制对集聚地区的发展产生积极的影响，高技术产业的高技术含量以及资产、人才、技术方面的专属性使其集聚经济效应较之传统产业更加明显。另一方面，由地区政策而引起的集聚经济效应有助于产业借助政策优势创建产业集群，增加区内就业，引进高技能劳动力和高科技行业先进设备，从而形成较强的集聚经济。如果把高技术产业集群看成一个由相关技术产业化而形成的系统，那么拥有核心技术并起龙头作用的企业就能够带动相关产业的发展。高技术产业开发园区产业聚集效应已经足以证明这一点。美国的硅谷模式、日本的筑波模式都是集聚经济效应的典型实例，事实证明联合发展比单个企业孤立发展有更多的优势，如共享基础设施、产品原料服务体系、信息服务体系和专业化分工协作体系等。

2. 关联经济效应

关联经济效应指产业部门间以各种投入品和产出品为连接纽带的技术经济联

系，包括通过供给关系与其他产业部门发生关联的前向关联和通过需求关系与其他产业部门发生关联的后向关联（赵玉林和汪芳，2007）。产业关联理论认为，经济区位要素（包括地区性投入：该区位上不易转移的投入的供应情况。地区性需求：该区位上对不易转移的产品的需求状况。输入的投入：从外部供给源输入该区位的可转移投入的供应情况。外部需求：从向外部市场销售可转移产出中得到的净收入情况）是区域经济的第一要素；增长要素（包括资源、资产及资本，人力与技术被包含在资本要素中）是区域经济的第二要素，但它具有决定性作用，能够提升甚至改变区位要素的功能及意义；战略要素（特指一个或多个国家或地区在国家或地区层面所作的战略规划、政策安排等重大推动因素）是区域经济的第三要素，但由于它对全局造成了不可替代性影响，在特定的条件下对关键性区位及经济体起着关键性作用。在地域分工与联系方面，关联经济理论强调产业分工的空间组织形式。产业分工的空间组织形式不仅决定了区域生产专门化、区域经济联系的性质和规模，同时也决定了区域经济整体结构的动态变化。这种分工与联系的存在，不仅可以促成区域间或城区间生产要素的流动，而且产业的地域分工形式对不同地区经济而言，常产生不同的影响。比如，有的地区处于产业链的高端，有的则处于低端。因此，既能充分发挥各地区的优势，又能使各地区获得大体相近的经济利益的新型地域分工与联系，是关联经济效应的集中体现。具体来说，关联经济效应表现为三点。

一是财富效应。在时间与空间动态过程中，人们寻求区位要素、增长要素及战略要素最佳组合，其中两种以上要素的关联组合，就有可能产生一种以上财富视角。随着每一种新要素递增，既可能形成财富的边际递增效应，也可能形成递减效应，而通过要素之间的不断调整实现财富的边际递增效应是关联经济的主要追求目标。

二是乘数效应。在三种要素中，战略要素起着引领性作用。区域经济既受区位影响，也受增长要素影响，但是由于区域经济的最高形态为国家战略，所以战略要素对区域经济带来了不可替代的影响。战略要素在一定条件下，以政策流形态牵动信息流、资金流、人流、物流等。当战略要素与区位等要素发生关联，它的正向效应将可能产生乘法效应，进而形成全局质的演变，最终带来优势效应，将可能带来经济合作与发展的巨大前景；它的负向效应则正好相反，其结果是弱势效应的产生。优势效应和弱势效应的转化在很大程度上取决于战略决策者的智慧。

三是成本节约效应。关联经济同样注重成本节约。重复建设导致的产能过剩从反面验证了一个地区或国家不重视关联经济的后果。一个有效的区域经济组织模式恰恰能在正确选择优势产业和弱势产业的基础上通过区位要素、增长要素和战略要素合理配置实现财富最大化和成本节约化的共存。

1.2.3 间接网络外部性

间接网络外部性指对一项产品（或服务）的使用增加会提高市场对该项产品（服务）的互补产品的需求（Katz and Shapiro, 1994; Liebowitz and Margolis, 1994）。直接网络外部性来自需求方面（比如消费者购买电话导致的其他电话使用者的效用增加），而间接网络外部性来自互补产品生产中供应方的规模经济（如唱机的生产可以带来对唱片生产的增加）。在世界经济格局日益呈现出全球化、网络化的今天，作为技术主导型的高技术产业，其要素和产品同时表现出更高的流动性和普遍性，产品与产品之间的相互依赖性也空前提高，掌握核心技术的高技术企业对其上下游企业的控制力也达到了新的高度，这些都促成了高技术产业间接网络外部性的形成。

1.2.4 高风险性

高风险性指生产目的与劳动成果之间的不确定性高。相对于传统产业，高技术产业的沉没成本、资产的专属性、收益不确定性更高，导致了竞争、需求和技术三个方面的高风险性。

1. 高沉没成本

高沉没成本指由于过去的决策已经发生了的，而不能由现在或将来的任何决策改变的成本较高。高技术产业在追求规模经济性和范围经济性的同时，不可避免地带来高沉没成本（包括物质资本投入和知识资本投入）问题。高沉没成本会带来竞争高风险。尽管沉没成本不会影响企业的当期决策，但是高沉没成本却会影响企业预算平衡，在高技术企业运营初期，投资者必须要做好承担亏损的准备。为了获得高额研发的投资回报，公司需要一定的市场份额。如果竞争对手更快更好或同时推出同类产品，必然侵占或分割预期市场，最终也许使任何一家公司都难以从其研发投资中获得理想回报。同时，高沉没成本也构成了行业潜在进入者决策的机会成本。高技术产业建设初期，高额的公共基础建设投资还给政府决策部门带来了公共决策风险。这些都是高技术产业发展中必须要谨慎对待的问题。

2. 资产专属性

资产专属性指资产在用于特定用途后，如果转作其他用途则其价值会降低。高度专业化生产也使得某些高技术产业资本具有明显的专属性特征。高技术产业存在技术高风险，如研究开发的预期突破没有实现，或出现更多的原先没有预料到的技术难题，原本的资本只能用于特定生产用途，对于特定资源条件的依赖性很高，实现生产转型或产业转移的机会成本会很高。

3. 收益不确定性

收益不确定性指经济主体对于未来收益与损失的分布范围以及状态不能确定。高技术产业存在需求高风险，即现代技术的快速发展使产品生命周期迅速缩短，形成了以快速变化为特征的需求环境，从开始研究到新产品投放市场这段时间内，消费者的需求就可能发生变化。高技术产业由于其高投入的特性，对市场需求的依赖性比传统产业更高。对市场需求高估或者开发能力不足都是导致收益不确定性的主要原因。当前，在新时期国家开放战略实施的过程中，高技术产业尤其要重视市场需求的精准预测，以最大程度地降低收益的不确定性。政府决策部门更要审慎立项，从源头上控制重复投资，以避免再次出现产能过剩危机。

1.3 陕西省高技术制造业的发展现状

基于投入产出的分析视角，整理和分析了陕西省高技术制造业整体发展规模及发展速度，以及分行业产业规模及发展速度，依据区域经济学理论，从地理联系率、产值集中度和产业均衡度三个主要方面对陕西省高技术制造业布局情况和发展现状进行了总体评价。

1.3.1 陕西省高技术制造业发展概况

根据科技部发布的高技术产业分类标准，结合《中国高技术产业统计年鉴》（2008~2022年）、《陕西统计年鉴》（2008~2023年），以及陕西省各地方统计年鉴和有关高技术制造业园区公布资料，选取医药制造业，航空、航天器及设备制造业，电子及通信设备制造业，计算机及办公设备制造业，医疗仪器设备及仪器仪表制造业作为陕西省高技术制造业的重点考察内容。

1. 医药制造业

快速发展中的陕西省医药制造业基于丰富的生物资源优势，逐渐形成了集原料加工、生产制造、流动和技术服务比较完整的以生物制药为核心的产业链及医药企业集群。诸如西安杨森制药有限公司、西安碑林药业股份有限公司、安康北医大制药股份有限公司、金花企业（集团）股份有限公司、西安利君制药有限责任公司等均为陕西省医药制造业知名企业，见表1.5。"十三五"期间，陕西省加强药品研制、生产、流通、使用等全过程监管。建立药物临床试验机构日常监督检查工作程序，药物临床试验机构检查全覆盖。实行药品质量受权人制度，全省 488 家药品医疗器械生产企业内部质量管理得到有效控制。规范药品经营管理，推行药品流通行业九条利企便民举措，全省 544 家药品批发企业、1.5 万家药品零售企业和 9749 家医疗器械经营企业创新发展步伐加快。

表 1.5　陕西省医药制造业代表公司

序号	公司名称	公司地址	企业类型	主要业务
1	西安杨森制药有限公司	陕西省西安市	高新技术企业	专注于生产和销售高质量的药品，产品主要涉及胃肠病学、神经精神学、变态反应学、疼痛管理学、抗感染、生物制剂和肿瘤等领域
2	西安碑林药业股份有限公司	陕西省西安市	高新技术企业	专注于医药产品的研发、生产和销售。公司主要从事中药和化学药物的研发与生产，涵盖多个治疗领域，包括心血管疾病、呼吸系统疾病、消化系统疾病、神经系统疾病等
3	安康北医大制药股份有限公司	陕西省安康市	高新技术企业	致力于开发和生产多种药物，涵盖了多个治疗领域，包括心脑血管、消化系统、抗感染、骨科、妇科等
4	金花企业（集团）股份有限公司	陕西省西安市	高新技术企业	专注于生物药品、生化药品、中西药品、保健品等数百种产品，公司主要代表产品有转移因子口服液/胶囊、人工虎骨粉/金天格胶囊（国家一类新药）、金联琫素、倍宗、咳泰、易息晴、优本等
5	西安利君制药有限责任公司	陕西省西安市	高新技术企业	专注于中药制剂的现代化生产，结合传统中药制备技术和现代科学技术，开发出符合国家药典和质量标准的中药产品。产品范围涵盖消化系统、呼吸系统、心血管系统、神经系统等

2. 航空、航天器及设备制造业

航空、航天器及设备制造业是陕西省优势明显的战略性产业。陕西省目前是全国唯一的具有两个整机生产企业的省份，行业资产规模、生产总值、人才总量和科技成果均占全国 1/3 左右。陕西省形成了以中航西安飞机工业集团股份有限公司、中航工业陕西飞机工业（集团）有限公司、西安远飞航空技术发展有限公司等高技术企业带领的航空产业体系，见表 1.6。航空工业是经济带动最大，同时又是风险大、投资大的产业。陕西阎良国家航空高技术产业基地西安航空基地拥有集飞机设计、生产制造、试飞鉴定、教育培训、旅游体验、交流会展等为一体的航空产业集群，形成了特色鲜明、内容丰富、配套完善、功能互补、多园区联动的新型航空产业带。工业和信息化部公布了 2022 年度国家小型微型企业创业创新示范基地名单，航空基地西安航空科技企业孵化器榜上有名，获批"国家小型微型企业创业创新示范基地"称号，彰显了航空基地在科技成果转化、创新创业服务等方面的综合实力及发展潜力。为支持创新创业企业发展、促进科技成果转化，航空基地从 2006 年开始着手建设西安航空科技企业孵化器，聚力打造区域创新驱动发展大引擎。经过多年来的建设，孵化器功能逐步完善、孵化能力稳步提升，先后获得国家级荣誉 6 项、省级荣誉 6 项、市级荣誉 8 项、行业荣誉 1 项。此次入选"国家小型微型企业创业创新示范基地"，更是对其专业程度、行业资源、孵化实力的重要认可和支持。

表 1.6 陕西省航空、航天器及设备制造业代表公司

序号	公司名称	公司地址	企业类型	主要业务
1	中航西安飞机工业集团股份有限公司	陕西省西安市	高新技术企业	从事大中型飞机整机及航空零部件等航空产品的研制、批产、维修及服务，目前主要产品有大型运输机等，同时还承担了 ARJ21、C919、AG600 等大中型民用飞机机体部件的设计、制造、配套与服务
2	中航工业陕西飞机工业（集团）有限公司	陕西省汉中市	高新技术企业	主导产品有运 8 系列飞机、夹具、模具、刀具、量具、标准件等多项民用产品，运 8 系列飞机是国产最大的多用途运输机，是性能优良、用途广泛、安全可靠、适应性强的运输机种，在满足国内用户的同时也向多个国家出口
3	西安远飞航空技术发展有限公司	陕西省西安市	国家级专精特新"小巨人"企业	专注于航空器设计和制造、航空电子设备、航空材料、航空维修和航空工程服务等
4	西安航天华阳机电装备有限公司	陕西省西安市	国家级专精特新"小巨人"企业	专注于航天领域的机电装备制造和服务提供，包括航天器的结构件、电子设备、控制系统、通信设备等
5	西安睿诺航空装备有限公司	陕西省西安市	高新技术企业	专注于研发、制造和销售航空装备与系统，为航空行业提供先进的解决方案。公司的产品范围涵盖了航空器的不同领域，包括航空电子设备、航空通信设备、航空维修设备等
6	西安因诺航空科技有限公司	陕西省西安市	国家级专精特新"小巨人"企业	专注于航空电子设备、自动控制设备、无人驾驶航空器及其应用服务、图像处理软硬件
7	陕西昱琛航空设备股份有限公司	陕西省西安市	国家级专精特新"小巨人"企业	专注于航空地面设备、航空机载设备、船舶辅助设备的生产、研究、销售、开发及技术服务；航空电缆加工；航空零部件维修等
8	西安三航动力科技有限公司	陕西省西安市	国家级专精特新"小巨人"企业	专注于动力机械关键零部件精密数控加工；数控加工装备及工业控制系统机电一体化装备的设计、控制与制造；数字化设计、制造与检测软件系统的技术开发、技术咨询、技术服务、生产及销售

3. 电子及通信设备制造业

陕西省是我国电子及通信设备制造业在西部的重要产业区域之一，经过多年的经营发展，竞争优势与规模效应已经初步形成，如陕西烽火电子股份有限公司、

西安艾力特电子实业有限公司、陕西四菱电子科技股份有限公司、艾索信息股份有限公司、陕西泽瑞微电子股份有限公司、陕西长岭纺织机电科技有限公司和西安奇芯光电科技有限公司均为知名企业，见表 1.7。2022 年，陕西省人民政府办公厅印发《陕西省"十四五"数字经济发展规划》，提出"到'十四五'末，全省电子信息制造业产值达到 3300 亿元，软件和信息技术服务业主营业务收入达到 5000 亿元，打造集成电路、光子、新型显示、智能装备、软件和信息技术服务等优势产业集群""持续发挥三星闪存芯片项目放大效应，进一步完善集成电路设计、制造、封装测试全产业链，推动集成电路在高性能存储、智能终端、移动通信、北斗导航、飞机机载设备等特色领域广泛应用。聚焦产业关键核心环节，加快推进微电子级多晶硅、硅材料产业基地、12 英寸高稳定大直径电子级硅单晶炉产业化等重点项目，实现微电子级多晶硅、单晶硅抛光片、晶体生长设备等重点材料、设备本地配套。布局第三代化合物半导体产业链，加快宽禁带半导体领域国家工程研究中心、陕西半导体先导技术中心建设，开展碳化硅/氮化镓衬底和外延产品研发制备。面向新一代高速光通信、光计算、光传感等领域需求，聚焦先进激光与光子制造、光子材料与芯片、光子传感，实施一批重大产业化项目，建设陕西光子先导创新中心，推进光子全产业链集聚发展。加快推进集成电路测试、高可靠集成电路封装测试和高密度系统级集成电路封装测试产业化、新型电力电子器件封装等重点项目，推进圆片级封装、硅通孔、系统封装、高密度三维封装等新型封装技术研发及产业化。加强关键材料重点企业培育和引进，补齐高纯度氢氟酸、光刻胶等集成电路生产耗材本地化配套短板，打造国内一流的集成电路产业集群"。

表 1.7　陕西省电子及通信设备制造业代表公司

序号	公司名称	公司地址	企业类型	主要业务
1	陕西烽火电子股份有限公司	陕西省宝鸡市	高新技术企业	主要从事通信设备制造、电子信息系统集成和软件开发等业务。公司涉及的产品和服务包括通信网络设备、移动通信系统、智能城市解决方案、航天航空电子系统、安防监控系统、数字电视设备等
2	西安艾力特电子实业有限公司	陕西省西安市	高新技术企业	致力于为客户提供高品质的电子产品和解决方案。公司的产品范围广泛，包括电子元器件（如集成电路、传感器、连接器等）、电子设备（如电源、显示器、通信设备等）及其他电子相关产品
3	陕西四菱电子科技股份有限公司	陕西省西安市	高新技术企业	从事电子元器件和电子设备的生产与销售。其产品范围涵盖了各个领域，包括电子元件、电子器件、通信设备、电子显示器、自动化设备等
4	艾索信息股份有限公司	陕西省西安市	高新技术企业	主要从事信息技术产品和服务的研发、生产和销售。公司提供包括软件开发、信息系统集成、数字安全、智能交通、电子政务等在内的全方位信息技术解决方案

续表

序号	公司名称	公司地址	企业类型	主要业务
5	陕西泽瑞微电子股份有限公司	陕西省西安市	高新技术企业	致力于集成电路的研发、制造和销售、电路设计、芯片制造和封装测试等
6	陕西长岭纺织机电科技有限公司	陕西省宝鸡市	国家级专精特新"小巨人"企业	专注于纺织机械及纺织机械用机电产品（电子检测仪器及设备），电机产品、电机控制系统、信息类产品的研制、开发、生产、销售及服务；软件产品的开发、生产、销售及服务
7	西安奇芯光电科技有限公司	陕西省西安市	国家级专精特新"小巨人"企业	专注于光电子技术的研发、生产和销售；光电子元器件和系统的研发与制造，如光纤通信器件、激光器、光电传感器、光纤光栅等

4. 计算机及办公设备制造业

陕西省计算机及办公设备制造业实力较弱，是五大高技术制造业集群中名副其实的"短板"。在各行业高度依赖信息技术的今天，可以说计算机及办公设备制造业的发展水平在一定程度上是决定高技术制造业集群协同发展的关键。陕西省计算机及办公设备制造业曾经拥有自己的辉煌历史，20世纪70年代涌现出以黄河机器制造厂、西北电讯工程学院（西安电子科技大学前身）和西北工业大学为代表的一批当时行业领军企业和研究院所。然而，改革开放后随着国际个人计算机产品大量涌入国内，陕西省计算机行业受到前所未有的冲击，没有把握住产业转型的机遇。计算机及办公设备制造产品的消费产品属性，使该行业产品更新速度快，在整个行业带动下，为了适应市场需求，陕西省大量进口国际通用产品的同时，忽视了产品自主研发，对高端产品研发投入不足。同时，在民用领域，陕西省计算机行业科技研发人员大量外流，致使陕西省计算机及办公设备制造业在整个行业中的地位处于尴尬境地。截至2022年，在产业内和政府的协同努力下，逐渐形成了以西安华为技术有限公司、联想（西安）有限公司、拓尔微电子股份有限公司、陕西金合信息科技股份有限公司、西安中兴新软件有限责任公司和西安交大捷普网络科技有限公司等一批企业为骨干的电子信息产业集群，见表1.8。但行业整体规模仍然弱小，无论是在全国还是在陕西省，对经济拉动作用还相对弱小。

表1.8 陕西省计算机及办公设备制造业代表公司

序号	公司名称	公司地址	企业类型	主要业务
1	西安华为技术有限公司	陕西省西安市	高新技术企业	专注于网络设备的生产，包括路由器、交换机、光传输设备等。致力于ICT的创新和研发。该公司在网络通信、云计算、大数据等领域进行技术研究和产品开发

续表

序号	公司名称	公司地址	企业类型	主要业务
2	联想（西安）有限公司	陕西省西安市	高新技术企业	专注于研究、开发和生产计算机硬件、软件系统及配套零部件、网络产品、多媒体产品、电子信息产品及通信产品、办公自动化设备、仪器仪表、电器及印刷照排设备、计算机应用系统
3	拓尔微电子股份有限公司	陕西省西安市	高新技术企业	专注于高性能模拟及数模混合芯片研发、设计与销售的集成电路设计企业，致力于向个人消费电子、智能家居、网络通信、工业控制等下游领域提供高性能芯片及模组产品
4	陕西金合信息科技股份有限公司	陕西省西安市	高新技术企业	专注于软件开发、系统集成、数据管理、云计算等领域，为客户提供定制化的软件开发和系统集成服务，帮助企业优化业务流程，提高效率和创新能力
5	西安中兴新软件有限责任公司	陕西省西安市	高新技术企业	专注于软件开发、定制化服务、技术咨询，根据客户需求开发各类软件应用，包括企业管理软件、移动应用开发、网站开发等
6	西安交大捷普网络科技有限公司	陕西省西安市	高新技术企业	专注于研发网络安全产品的技术积淀，主营业务为网络信息安全产品的研发、生产及销售，为客户提供全线的网络安全产品、专业的网络安全集成、安全应急响应、安全运维、产品售后和全面人员培训等本地化服务

注：ICT 的全称是 information and communication technology，信息与通讯技术

5. 医疗仪器设备及仪器仪表制造业

医疗仪器设备及仪器仪表制造业是陕西省高技术制造业中发展潜力仅次于航空、航天器及设备制造业之外的行业，已经形成了较为成熟的产业集群。陕西省适应国家特（超）高压输变电及智能电网、储能电站工程建设需要，大力开发新型电力电子产品、太阳能及风电场用开关成套设备、电网控制保护成套设备、铁道电气化设备，以及小型化、智能化开关控制设备，小型化、节能化和超特高压、大容量化变压器，形成了以西安相远科技有限公司等重点企业为主干的仪器仪表制造企业集群；在医疗器械设备制造领域，以西安天隆科技有限公司、宝鸡市德尔医疗器械制造有限责任公司、陕西瀚瑞医疗科技有限公司、西安巨子生物基因技术股份有限公司、陕西佰傲再生医学有限公司等骨干企业为核心的医疗设备产业集群也初具规模，见表 1.9。行业研发投资强度、主营业务收入、主营利润及出口交货值等各项指标增幅明显，吸引投资和从业人员的能力也逐年增强，在全国同行业中所占市场份额也稳步提高。

表 1.9 陕西省医疗仪器设备及仪器仪表制造业代表公司

序号	公司名称	公司地址	企业类型	主要业务
1	西安相远科技有限公司	陕西省西安市	高新技术企业	专注于工业自动化仪表、工业自动化装置、轴承阀门、机电产品、电线电缆、安全监控器材等的研发

续表

序号	公司名称	公司地址	企业类型	主要业务
2	西安天隆科技有限公司	陕西省西安市	国家级专精特新"小巨人"企业	专注于第一类医疗器械生产；专用设备制造（不含许可类专业设备制造）；仪器仪表制造；第一类医疗器械销售；第二类医疗器械销售；仪器仪表销售
3	宝鸡市德尔医疗器械制造有限责任公司	陕西省宝鸡市	高新技术企业	专注于医疗器械的研发、制造和销售，包括手术器械、医疗设备、医用耗材等。这些产品广泛应用于医院、诊所和其他医疗机构，用于疾病治疗、手术操作、诊断和监测等
4	陕西瀚瑞医疗科技有限公司	陕西省汉中市	高新技术企业	专注于医疗器械和医疗技术的研发、制造与销售，包括影像设备（如X射线机、CT扫描仪）、手术器械、医疗诊断设备等
5	西安巨子生物基因技术股份有限公司	陕西省西安市	高新技术企业	专注于第一类医疗器械生产；生物材料制造；日用化学产品制造；化工产品生产（不含许可类化工产品）；化妆品批发；第一类医疗器械销售；第二类医疗器械销售；卫生用品和一次性使用医疗用品销售
6	陕西佰傲再生医学有限公司	陕西省西安市	国家级专精特新"小巨人"企业	专注于第二类医疗器械销售；第一类医疗器械销售；第二类医疗器械生产；化妆品批发；化妆品零售；卫生用品和一次性使用医疗用品销售；个人卫生用品销售

1.3.2 陕西省高技术制造业规模

具体来说，选取企业数、从业人员数、固定资产投资规模、研发投资规模及强度、研究人员规模、有效发明专利数量、主营业务收入、新产品销售收入、出口交货值及主营业务利润作为衡量产业规模的主要指标。其中，企业数、从业人员数、固定资产投资规模、研发投资规模及强度、研究人员规模、有效发明专利数量属于投入规模指标；主营业务收入、新产品销售收入、出口交货值及主营业务利润属于产出规模指标（王宛秋等，2012）。

1. 投入规模

1）企业数和从业人员数

2015年3月28日，国家发展和改革委员会、外交部、商务部联合发布《推动共建丝绸之路经济带和21世纪海上丝绸之路的愿景与行动》，文件中提到中国将充分发挥国内各地区比较优势。根据本书的研究对象——高技术制造业，选取新疆、陕西、甘肃、宁夏、青海、内蒙古、黑龙江、吉林、辽宁、广西、云南、西藏、上海、福建、广东、浙江、海南、重庆18个省区市为研究样本。

截至2021年末，陕西省高技术制造业总企业数和从业人员数在全国31个省区市中位居中位，在18省区市研究样本中排名靠前，在陕西、甘肃、宁夏、青海和新疆5省区中优势明显，见表1.10。

表1.10　2021年陕西省高技术制造业企业数量

行业	项目	数量/个	在全国中的占比/%	在研究样本中的占比/%
医药制造业	企业数	246	2.85	7.64
	从业人员数	44 748	2.11	5.78
航空、航天器及设备制造业	企业数	/	/	/
	从业人员数	/	/	/
电子及通信设备制造业	企业数	281	1.13	2.02
	从业人员数	108 114	1.17	2.19
计算机及办公设备制造业	企业数	8	0.27	0.40
	从业人员数	786	0.06	0.10
医疗仪器设备及仪器仪表制造业	企业数	135	1.63	3.53
	从业人员数	23 510	1.70	3.51
合计	企业数	670	1.50	2.92
	从业人员数	177 158	1.25	2.43

资料来源：根据《中国高技术产业统计年鉴》（2022年）整理

注："/"表示未查到相关数据，下同

2）固定资产投资规模

截至2016年，陕西省高技术制造业总投资额和新增固定资产投资额在全国31个省区市中排在中游位置，在18个省区市研究样本中排行前列，在西北5省区中稳居第一，见表1.11。

表1.11　2016年陕西省高技术制造业固定资产投资规模

行业	项目	规模/亿元	全国 占比/%	全国 排名	研究样本 占比/%	研究样本 排名	西北5省区排名
医药制造业	总投资额	163.10	2.59	14	8.33	6	1
	新增固定资产投资额	76.96	1.95	16	6.36	7	1
航空、航天器及设备制造业	总投资额	106.09	18.41	1	50.76	1	1
	新增固定资产投资额	30.96	11.78	3	50.92	1	1
电子及通信设备制造业	总投资额	380.39	3.28	13	8.96	2	1
	新增固定资产投资额	209.63	3.42	13	10.12	9	1

续表

行业	项目	规模/亿元	全国 占比/%	全国 排名	研究样本 占比/%	研究样本 排名	西北5省区排名
计算机及办公设备制造业	总投资额	8.75	0.72	20	1.95	9	1
	新增固定资产投资额	8.71	1.27	20	3.12	9	1
医疗仪器设备及仪器仪表制造业	总投资额	43.00	1.57	16	7.06	4	1
	新增固定资产投资额	27.97	1.51	17	7.06	6	1
合计	总投资额	701.31	3.12	14	9.27	5	1
	新增固定资产投资额	354.23	2.75	14	8.71	5	1

资料来源：根据《中国高技术产业统计年鉴》(2017年)整理

从总投资额来看，陕西省高技术制造业投资规模呈现出明显的"一大带四小"的格局。其中，航空、航天器及设备制造业投资额占比在全国最高，电子及通信设备制造业、医疗仪器设备及仪器仪表制造业、医药制造业和计算机及办公设备制造业差距明显，由此形成了陕西省高技术产业群"一大四小"的格局。与江苏、山东、河南、广东等高技术产业集群发展相对均衡的省份相比，陕西省高技术产业集群短板现象明显。

从新增固定资产投资额来看，航空、航天器及设备制造业领先优势明显，医药制造业、电子及通信设备制造业、医疗仪器设备及仪器仪表制造业处于中下游位置，计算机及办公设备制造业处于下游位置。

从陕西省高技术制造业投资规模在18省区市研究样本中的位置看，航空、航天器及设备制造业一枝独秀，无论是总投资额还是新增固定资产投资额均处于第1位；其次是电子及通信设备制造业优势也比较突出，投资额排名第2位，但是新增固定资产投资额优势并不突出（第9位）；再次是医疗仪器设备及仪器仪表制造业，无论是总投资额（第4位）还是新增固定资产投资额（第6位）均处于领先水平；医药制造业、计算机及办公设备制造业整体处于中游位置，但是后者的新增固定资产投资额处于中下游位置。

陕西省高技术制造业集群投资规模优势相对突出，但是还有明显的短板。主要反映在：除了航空、航天器及设备制造业之外，其他产业在同行业中所占份额偏低；计算机及办公设备制造业相对偏弱，从而极大抑制了信息产业的全面发展，无论是投资存量市场份额还是投资增量的市场份额均偏低。以往粗放型投资拉动的经济模式越来越没有市场，陕西省高技术制造业要想从国内领先省份高技术制造业集群中脱颖而出，真正融入共建"一带一路"国家经济圈，势必要首先寻求解决投资规模瓶颈的新途径。

3）研发投资规模及强度

整体上看，陕西省高技术制造业的研发投资规模及强度较高。截至2021年，陕西省全部高技术制造业研发经费总支出在全国及18省区市研究样本中均处于上游水准，在西北五省区中位居第一。但存在内外部研发经费投资强度分布不均衡的问题。内部研发经费总支出在研究样本中排名第6位，而外部研发经费总支出在研究样本中排第10位。这说明，陕西省高技术制造业研发投资主要用于本机构内的研发活动，对外部研发机构的依赖较低；与国内先进省份相比，陕西省高技术制造业内企业与企业外部研发机构之间的协作空间还有待提高，见表1.12。

表1.12 2021年陕西省高技术制造业研发投资规模及强度

行业	项目	规模/万元	全国 占比/%	全国 排名	研究样本 占比/%	研究样本 排名	西北5省区排名	投资强度/%
医药制造业	内部研发经费支出	74 291	0.79	16	2.50	9	1	0.081
医药制造业	外部研发经费支出	14 479	0.79	22	1.61	11	1	0.016
医药制造业	研发经费总支出	88 770	0.79	21	2.30	10	1	0.097
航空、航天器及设备制造业	内部研发经费支出	/	/	/	/	/	/	/
航空、航天器及设备制造业	外部研发经费支出	/	/	/	/	/	/	/
航空、航天器及设备制造业	研发经费总支出	/	/	/	/	/	/	/
电子及通信设备制造业	内部研发经费支出	630 574	1.73	13	2.81	5	1	0.123
电子及通信设备制造业	外部研发经费支出	12 611	0.27	17	0.33	8	1	0.002
电子及通信设备制造业	研发经费总支出	643 185	1.60	13	2.45	5	1	0.125
计算机及办公设备制造业	内部研发经费支出	6 407	0.20	19	0.38	10	1	0.200
计算机及办公设备制造业	外部研发经费支出	0	0	22	0	10	1	0
计算机及办公设备制造业	研发经费总支出	6 407	0.18	21	0.34	11	1	0.200
医疗仪器设备及仪器仪表制造业	内部研发经费支出	80 010	1.65	14	3.77	6	1	0.109
医疗仪器设备及仪器仪表制造业	外部研发经费支出	10 890	3.55	7	9.39	4	1	0.014
医疗仪器设备及仪器仪表制造业	研发经费总支出	90 900	1.76	13	4.06	6	1	0.123

续表

行业	项目	规模/万元	全国 占比/%	全国 排名	研究样本 占比/%	研究样本 排名	西北5省区排名	投资强度/%
合计	内部研发经费支出	791 282	1.47	15	2.71	6	1	0.116
	外部研发经费支出	37 980	0.53	21	0.75	10	1	0.060
	研发经费总支出	829 262	1.36	15	2.42	6	1	0.122

资料来源：根据《中国高技术产业统计年鉴》（2022年）整理

按研发投资强度划分，陕西省高技术制造业可以分为三个层级：空天科技领域属于陕西区域创新布局的五大重点科学技术领域之一，虽然数据未公开，但航空、航天器及设备制造业投资强度最高，属于第一层级；医疗仪器设备及仪器仪表制造业、电子及通信设备制造业属于第二层级，投资强度次之；医药制造业和计算机及办公设备制造业属于第三层级。

医药制造业研发投资强度在全国排名较低。医药制造业成为陕西省高技术制造业中名副其实的短板，该产业中也存在内外部研发经费投资强度不均衡的问题。

航空、航天器及设备制造业研发投资强度总体在全国名列前茅，优势突出。作为陕西省最具有代表性的高技术制造业，航空、航天器及设备制造业研发经费投资强度一直处于国内领先地位，在"一带一路"倡议下，该产业率先发力。2015年5月8日，中俄两国元首在莫斯科共同签署并发表《中华人民共和国与俄罗斯联邦关于丝绸之路经济带建设和欧亚经济联盟建设对接合作的联合声明》的当天中俄两国签署的33项合作文件中，陕西省西咸新区、俄罗斯联合航空制造集团公司、苏霍伊商用飞机公司、俄中投资基金和新世纪国际租赁有限公司签署协议，合作开展"中俄苏霍伊商用飞机项目"合作，计划在西咸新区沣东新城的"中俄丝路创新园"建设首个在中国设立的俄罗斯SSJ100商业飞机运营中心。2016年，航天科技集团引进了美国贝尔直升机组装生产线项目，为航天基地通航产业发展注入强大动力。2017年，西安开展的中国国际通用航空大会上共计35个项目顺利签约，签约总额364.3亿元，签约项目涵盖了通用航空产业及相关多个领域，如通用飞机整机制造、飞机代理销售、航空发动机制造采购等领域，成为凸显航空产业活力、力促陕西航空产业做大做强的重要途径。在2018年5月的第三届丝绸之路国际博览会上，西安航空基地签约项目达38个，签约总金额达到261亿元，涵盖了军民融合创新协作、大型无人机研发制造、航空高端零部件加工、航空微波电子产品研制等多个领域，形成了一批实实在在的合作成果。2021年发布的《西安市国民经济和社会发展第十四个五年规划和二〇三五年远景目标纲要》,推动创新链产业链深度融合,引领包括航空航天在内的支柱产业做实做强做优,着力攻克民用航空发动机技术,完善新型研发机构支持机制,打造航空航天产业集群。2022年1月印发的《西安市"十四五"科技创新发展规划》强化提升基础研究能力,在航空基地打造国家级航空先进制造产业集群示范平台,同时在包括航空航天在内的关键领域,实现一批关键核心技术、颠覆式技术攻关突破,建设国家超算(西安)中心,依托航天基地,建立大数据应用中心,围绕航空、航天、兵器制造、船舶、新材料、智能制造等行业需求,承担大规模科学计算和工程计算任务,以强大的数据处理和存储能力为社会提供云计算服务,实现计算服务、科研创新、产业创新三位一体发展。近年来,在国家新时期开放战略引导下,我国其他省份也明显加强了对该行业的研发投入强度。这对陕西省航空、航天器及设备制造业构成了新的竞争压力,需要提升自身的竞争力优势。

电子及通信设备制造业研发经费投资强度在全国处于中游位置,但是在18省区市研究样本中优势并不明显。共建"一带一路"国家是电子及通信设备制造业重要的市场之一,尽管陕西省该产业近年来投资强度不断加强,但是与国内其他省份相比,优势并不突出。近年来,随着信息产业的迅速崛起,陕西省也加大了对电子及通信设备制造业的研发经费投入强度,极力扭转产业落后的局面。2022年,陕西省相继引进了三星闪存、彩虹8.6代线、奕斯伟硅材料、隆基100 GW硅片、50 GW电池等大型企业和项目,为该省的发展注入了新的活力。特别值得一提的是,陕西省在培育产业集群方面取得了显著成果,集成电路、智能终端、新型显示、太阳能光伏等多个千亿、百亿产业集群逐渐形成。这些产业集群的发展为陕西省的经济增长和创新能力提供了有力支持。此外,一些知名企业如华为技术有限公司、中兴通讯股份有限公司和中软国际科技服务有限公司都在西安设立了万人研发基地。这些研发基地的建立为陕西省吸引高端人才、推动创新和技术进步发挥了积极作用。陕西省电子及通信设备制造业的蓬勃发展对于推动当地经济增长、提升产业竞争力和培育高新技术产业具有重要意义。这些举措有助于促进技术创新,提高产业链水平,并为陕西省在电子信息领域的长期发展奠定了坚实基础。

计算机及办公设备制造业内部、外部及总研发经费投资强度排名靠后,说明陕西省计算机及办公设备制造业发展水平仍需提升。由于陕西省处于西北地区,研发能力相对薄弱,导致缺乏在计算机及办公设备制造业领域的研发投资,在一定程度上意味着陕西省计算机及办公设备制造业需要依靠其他地区的技术作为支撑。

医疗仪器设备及仪器仪表制造业研发经费投资强度处于全国上游位置。医疗仪器设备及仪器仪表制造业在新时期开放战略中已经迈出第一步，陕西省人民政府办公厅印发《陕西省"十四五"制造业高质量发展规划》，其中重点提及仪器：规划指出，要大力发展生物技术和生物药品，积极研发新型临床诊断试剂，开发用于生物芯片检测、病原微生物快速检测的高端精密检测仪器，这标志着陕西省仪器仪表制造业在新时期背景下取得突破性进展。

4）研究人员规模

研究人员指参与研究与试验发展项目研究的人员，包括项目（课题）组人员，全时研究人员与非全时研究人员。陕西省高技术制造业整体研究实力强大，但各行业研究人员规模结构却不均衡，见表1.13。在4个制造业中陕西省高技术制造业研究人员规模在全国31个省份中均处于中游水平。

表1.13 2021年陕西省高技术制造业研究人员规模

行业	数量/人	全国 占比/%	排名	研究样本 占比/%	排名	西北5省区 排名
医药制造业	3 009	1.34	19	3.88	8	1
航空、航天器及设备制造业	/	/	/	/	/	/
电子及通信设备制造业	10 638	1.12	15	1.91	6	1
计算机及办公设备制造业	266	0.24	18	0.46	9	1
医疗仪器设备及仪器仪表制造业	3 536	1.95	14	4.42	6	1
合计	17 449	1.19	16	2.26	6	1

资料来源：根据《中国高技术产业统计年鉴》（2022年）整理

5）有效发明专利数量

陕西省高技术制造业有效发明专利数量在西北5省区处于绝对领先地位，在18省区市研究样本中处于上游位置，在全国居于中游位置。有效发明专利指在专利被授权后，仍处于法定保护期限内且专利权人按规定缴纳了年费的发明专利。在所有行业中，电子及通信设备制造业在全国处于中游偏上位置，医疗仪器设备及仪器仪表制造业、计算机及办公设备制造业在全国处于中游位置，医药制造业在全国处于中下游位置。陕西省各高技术制造业在18省区市研究样本中普遍显示出较强的竞争力，但是医药制造业的排名位置与陕西省作为医药生物资源大省的地位不相称。同时陕西省医药制造与医疗仪器设备制造脱节，也表明了它们之间的关联性和协同性亟待提高，见表1.14。

表 1.14 2021 年陕西省高技术制造业有效发明专利数量

行业	数量/个	全国 占比/%	全国 排名	研究样本 占比/%	研究样本 排名	西北 5 省区排名
医药制造业	1099	1.70	17	4.37	6	1
航空、航天器及设备制造业	/	/	/	/	/	/
电子及通信设备制造业	3175	0.65	13	0.89	5	1
计算机及办公设备制造业	113	0.28	15	0.57	6	1
医疗仪器设备及仪器仪表制造业	1279	1.84	15	3.76	7	1
合计	5666	0.85	16	1.30	6	1

资料来源：根据《中国高技术产业统计年鉴》（2022 年）整理

2. 产出规模

产出规模也称经营规模，一般用总产值表示。但在统计年鉴中，高技术制造业总产值未统计，故不宜将其纳入指标体系。收入和利润均是能够反映产出规模的指标，而将主营业务收入、新产品销售收入、出口交货值、主营业务利润这些指标区分开来可以用于考察高技术制造业内部资源分配情况及竞争激烈程度，因而本书选用主营业务收入、新产品销售收入、出口交货值、主营业务利润来反映高技术产出规模水平（杨武和田雪姣，2018）。

陕西省五大高技术制造业中，仅有航空、航天器及设备制造业产出规模的大部分指标位于全国前列，表明了其在国内所具有的领先优势；无论是从产业群层面还是产业内层面，陕西省其他高技术制造业与国内领先省份相比，还有很大的提升空间。各项增长指标显示，计算机及办公设备制造业是陕西省高技术产业群中最薄弱的一环，见表 1.15。

表 1.15 2021 年陕西省高技术制造业产出规模

行业	项目	规模/亿元	全国 占比/%	全国 排名	研究样本 占比/%	研究样本 排名	西北 5 省区排名
医药制造业	主营业务收入	687	2.32	16	6.91	5	1
医药制造业	新产品销售收入	91.37	0.83	20	3.27	8	1
医药制造业	主营业务利润	84	1.31	18	4.11	7	1
医药制造业	出口交货值	2.65	0.13	21	0.43	9	2
航空、航天器及设备制造业	主营业务收入	/	/	/	/	/	/
航空、航天器及设备制造业	新产品销售收入	/	/	/	/	/	/
航空、航天器及设备制造业	主营业务利润	/	/	/	/	/	/
航空、航天器及设备制造业	出口交货值	/	/	/	/	/	/

续表

行业	项目	规模/亿元	全国 占比/%	全国 排名	研究样本 占比/%	研究样本 排名	西北5省区 排名
电子及通信设备制造业	主营业务收入	2289	1.72	15	3.16	6	1
	新产品销售收入	513.09	0.94	16	1.59	6	1
	主营业务利润	238	2.63	11	4.18	6	1
	出口交货值	46.09	0.22	18	0.39	7	1
计算机及办公设备制造业	主营业务收入	8	0.03	23	0.06	10	1
	新产品销售收入	3.20	0.04	18	0.10	7	1
	主营业务利润	1	0.12	20	0.20	9	1
	出口交货值	0.76	0.01	17	0.04	9	1
医疗仪器设备及仪器仪表制造业	主营业务收入	222	1.60	16	3.57	6	1
	新产品销售收入	73.64	1.60	15	3.39	6	1
	主营业务利润	39	2.16	12	4.71	5	1
	出口交货值	1.99	0.26	20	0.44	9	1
合计	主营业务收入	3206	1.57	16	3.14	6	1
	新产品销售收入	681.3	0.86	17	1.69	10	1
	主营业务利润	362	2.00	14	4.01	6	1
	出口交货值	51.49	0.18	18	0.35	7	1

资料来源：根据《中国高技术产业统计年鉴》（2022年）整理

1.3.3　陕西省高技术制造业增长速度

高技术制造业增长速度由主营业务收入增长速度来衡量（张于喆等，2013）。主营业务收入是指公司主要业务的收入，可以用来衡量公司的产品生命周期，判断公司发展所处的阶段。一般来说，如果主营业务收入增长率超过10%，说明公司产品处于成长期，将继续保持较好的增长势头，尚未面临产品更新的风险，该公司属于成长型公司。如果主营业务收入增长率在5%~10%，说明公司产品已进入稳定期，不久将进入衰退期，需要着手开发新产品。如果该增长率低于5%，说明公司产品已进入衰退期，保持市场份额已经很困难，主营业务利润开始滑坡，如果没有已开发好的新产品，将步入衰落。基于此，能够较为准确地反映出产业的发展状况。

1. 整体增长速度

陕西省高技术制造业增长速度明显高于同期全国增长速度，并且有逐年扩大的趋势，见表1.16。究其原因，主要有二：一是陕西省高技术制造业注重技术创新和研发投入。通过加大科研项目的支持和推动，鼓励企业加强自主创新，引进和培育高新技术企业，不断推动技术进步和产业升级，从而实现了高技术制造业的快速增长；二是陕西省政府出台了一系列支持高技术制造业发展的政策，包括财政补贴、税收优惠、科技创新基金等。这些政策为高技术制造业的发展提供了良好的政策环境和资金支持，促进了主营业务收入的增长。

表 1.16　2012～2021 年陕西省高技术制造业主营业务收入增长率与全国对比情况

单位：%

项目	2012年	2013年	2014年	2015年	2016年	2017年	2018年	2019年	2020年	2021年	算术平均
全国	16.78	32.25	45.27	56.46	71.65	/	78.23	80.59	98.63	138.08	68.66
陕西	29.13	37.22	73.93	113.66	166.58	/	237.42	307.26	339.22	431.89	192.92
差距	12.35	4.97	28.66	57.2	94.93	/	159.19	226.67	240.59	293.81	124.26

资料来源：根据《中国高技术产业统计年鉴》(2012～2022年)整理，以2011年数据为基数，采用定基增长速度

2. 分产业增长速度

陕西省高技术制造业除航空、航天器及设备制造业外，各行业增长速度均高于全国同期水平，见表1.17。

表 1.17　2012～2021 年陕西省和全国高技术制造业分产业主营业务收入增长速度

单位：%

行业	全国	陕西省	差距
医药制造业	67.61	127.91	60.30
航空、航天器及设备制造业	/	/	/
电子及通信设备制造业	102.51	313.32	210.81
计算机及办公设备制造业	4.57	267.09	262.52
医疗仪器设备及仪器仪表制造业	55.14	68.82	13.68

资料来源：根据《中国高技术产业统计年鉴》(2012～2021年)整理，经查，2017年后，航空、航天器及设备制造业数据不再公布

1）医药制造业

陕西省医药制造业主营业务收入保持平稳增长，高于同期全国水平，见图1.2。

目前陕西省医药制造业进入调整期，表现在两个方面：一是国家法规政策变动，如 2022 年国家卫生健康委员会办公厅印发的《国家医学中心管理办法（试行）》和《国家区域医疗中心管理办法（试行）》中进一步强调规范双中心设置与管理，加强部门间协调配合，形成有利于双中心发展和发挥作用的政策环境，陕西省医药制造业为响应这一政策也在进行调整。二是产业结构合理，曾经"多、小、散、乱"的问题已逐渐得到解决。因此，医药制造业面临着巨大考验，正处在阵痛调整期，产业增速相较于其他产业较低。陕西省医药制造业在国内增速略高于整体水平，自主创新能力、创新意识、创新投入及产品市场化程度还是整体不足，在市场竞争不断激烈的今天，要想在医药市场中立于不败之地，必须通过创新建立企业核心竞争力。

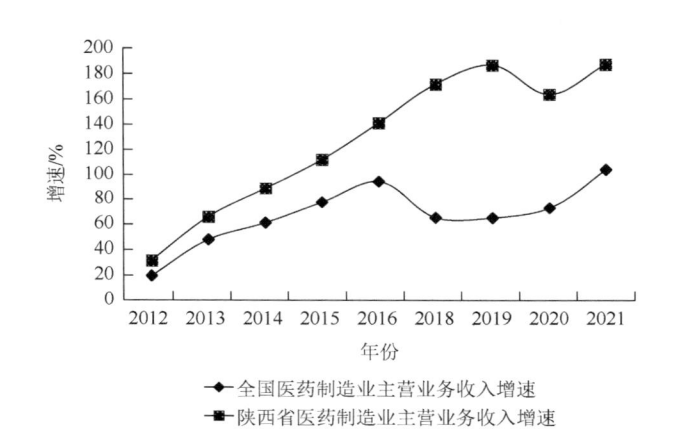

图 1.2　陕西省医药制造业主营业务收入增长速度与全国对比

资料来源：根据《中国高技术产业统计年鉴》（2012～2022 年）整理
《中国高技术产业统计年鉴》（2018 年）未发布，故 2017 年数据缺失，下同

2）航空、航天器及设备制造业

陕西省航空、航天器及设备制造业主营业务收入虽然低于同期全国水平，但也保持了较高的增速，见图 1.3。陕西省航空、航天器及设备制造业有着雄厚的产业基础，一直以来是地方决策部门重点扶持的对象，加之该产业国际技术壁垒非常高，更加激发了该产业科研人员和决策者进行自主创新、自我发展，从而使得陕西省航空、航天器及设备制造业在全国一直处于领先水平。但是，自 2014 年以来，陕西省航空、航天器及设备制造业增长趋势有所下滑，相较之下国内其他地区该行业发展迅速，对陕西省航空、航天器及设备制造业已构成一定的威胁，若要实现长期保持航空、航天器及设备制造业在全国的领先地位，产业必须在降低成本、开拓市场方面做出新突破。

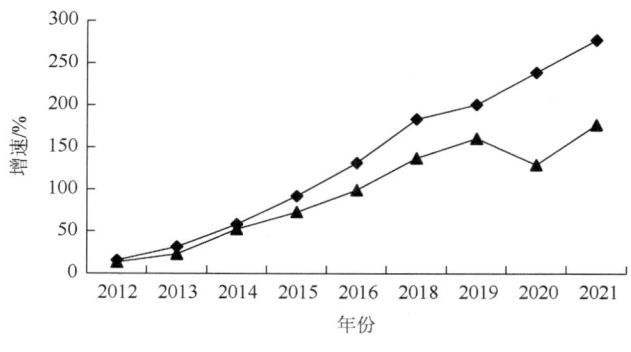

第 1 章 新时代开放战略下陕西省高技术制造业类别的划分 · 37 ·

图 1.3 陕西省航空、航天器及设备制造业主营业务收入增长速度与全国对比

资料来源：根据《中国高技术产业统计年鉴》（2012~2022 年）整理

3）电子及通信设备制造业

陕西省电子及通信设备制造业主营业务收入自 2013 年以来稳步增长，且其增长速度高于同期全国水平，见图 1.4。陕西省以电子及通信设备制造业为重点发展对象，并将其确立为"十三五"时期陕西省要全力打造的工业六大新支柱产业之一，并确定了 14 个重点产业发展方向，其中有 3 个新一代电子信息技术领域发展方向。目前陕西省电子及通信设备制造业以集成电路、智能终端、平板显示等三大产业为重点，强化专业化、集群化精准招商，彩虹 8.6 代液晶面板线、三星芯片二期、奕斯伟硅产业基地等一批重大项目的落地，带动了全省电子及通信设备制造业的快速发展。

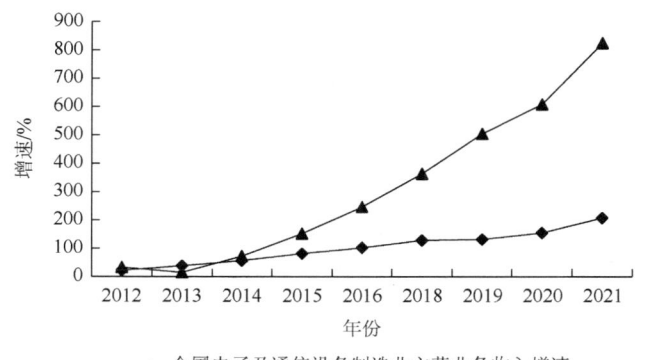

图 1.4 陕西省电子及通信设备制造业主营业务收入增速与全国对比

资料来源：根据《中国高技术产业统计年鉴》（2012~2022 年）整理

4）计算机及办公设备制造业

陕西省计算机及办公设备制造业主营业务收入增速自 2013 年之后保持高速增长，且高于同期全国水平，见图 1.5。陕西省计算机及办公设备制造业发展迅速，在 2018 年及 2021 年发展速度大幅增长。原因在于行业原基础较差，规模及竞争力均在全国处于落后位置，政府对计算机及办公设备制造业的重视程度提升之后，陕西省计算机及办公设备制造业快速发展。在各行业高度依赖信息技术的今天，可以说计算机及办公设备制造业的发展水平在一定程度上是决定高技术产业集群协同发展的关键。要想重塑陕西省计算机及办公设备制造业的新辉煌，决策部门有必要站在新时期国家开放战略的高度，充分重视以计算机制造为龙头的信息产业的发展，加大投资力度，制定优厚的人才吸引条件，创造产业复苏和升级的优良环境；产业内部也应该处理好专业化战略和多元化战略的关系，突出主业，重构品牌战略。总之，产业与行业监管者应当密切协同，才有可能尽快缩小与先进地区的行业差距，为实施新时期开放战略打下坚实基础。

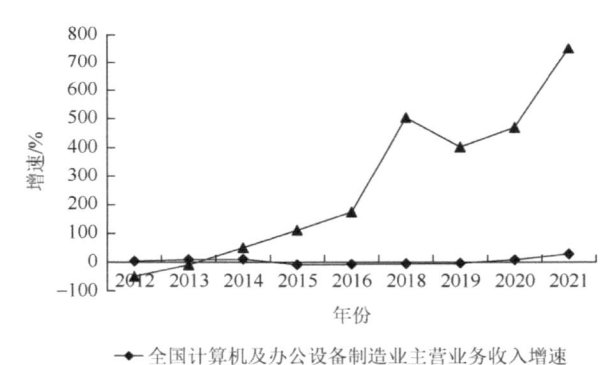

图 1.5　陕西省计算机及办公设备制造业主营业务收入增速与全国对比

资料来源：根据《中国高技术产业统计年鉴》（2012~2022 年）整理

5）医疗仪器设备及仪器仪表制造业

陕西省医疗仪器设备及仪器仪表制造业保持平稳增长，见图 1.6。在企业平均从业人数呈负增长的情况下，企业主营业务收入保持平稳有序的增长，仪器仪表产业运行呈现出几大优势。一是产业运行更稳、经济效益更好；二是产业结构调整更优、技术改造投资比重上涨；三是技术创新发展更快、质量效益不断提升；四是企业规模不断扩大、市场信心不断增强。在中国仪器仪表各细分行业中，国外大型企业主导了高端产品市场，但在电工仪器仪表、工业测量和科学测试仪器仪表领域，陕西省诞生了一批具备国际竞争能力的企业，如中国西电集团有限公司和西安西电高压开关有限责任公司等。而且在增速上，陕西省医疗仪器设备及仪器仪表制造业的增速超过全国，原因在于陕西省医疗仪器设备及仪器仪表制造业龙头企业具有一定的竞争力，此外，陕西省高度重视高端药品和医疗器械产业的发展，出台了《陕西省培育千亿级高端药品和医疗器械产业创新集群行动计划》等政策文件，通过政策引导和支持，推动产业创新集群发展。

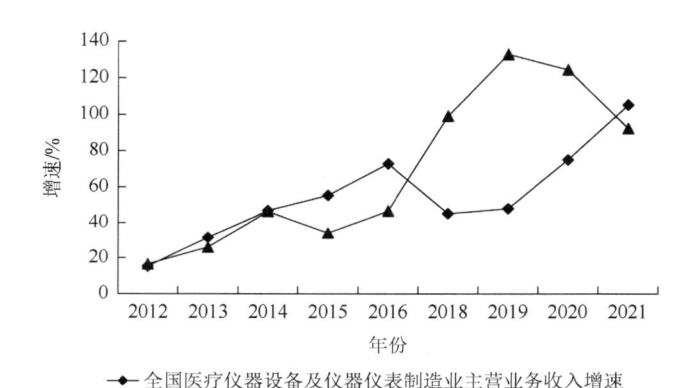

图 1.6　陕西省医疗仪器设备及仪器仪表制造业主营业务收入增速与全国对比

资料来源：根据《中国高技术产业统计年鉴》（2012～2022 年）整理

1.3.4　陕西省高技术产业园区布局分析

截至 2022 年，陕西省高新区体系建设与创新超越发展取得新突破。国家级高新区数量达到 7 个，有西安高新区、宝鸡高新区、杨凌农业高新技术产业示范区（简称杨凌示范区）、渭南高新区、咸阳高新区、榆林高新区和安康高新区，建成数量排名全国第 12；省级高新区数量达到 22 个。各国家级高新区主要经济指标见表 1.18。

表 1.18　2021 年陕西省国家级高新区主要经济指标

指标	企业数/个	从业人员/人	销售收入/万元	总产值/万元	净利润/万元	地区生产总值/亿元
西安高新区	5 901	608 244	64 317 828	69 423 749	9 576 783	10 688.28
宝鸡高新区	869	162 975	22 017 733	22 988 095	890 943	2 548.71
杨凌示范区	233	24 781	2 128 537	1 719 682	197 078	157.78
咸阳高新区	144	38 918	7 805 691	8 489 449	689 794	2 581.32
渭南高新区	210	25 821	3 665 431	4 741 653	500 867	2 087.21

续表

指标	企业数/个	从业人员/人	销售收入/万元	总产值/万元	净利润/万元	地区生产总值/亿元
榆林高新区	339	49 583	11 641 470	9 985 654	2 303 827	5 435.18
安康高新区	244	33 371	2 743 759	2 655 381	1 014 749	1 209.49
合计	7 940	943 693	114 320 450	120 003 663	15 174 042	24 707.97

资料来源：各个高新区经济指标数据来自《中国科技统计年鉴》（2022 年），地区生产总值数据来自《陕西统计年鉴》（2022 年）。

陕西省高技术制造业主要集中分布于 7 个国家级高新技术产业园区。衡量一个地区产业布局是否合理，主要从区域均衡和产业集聚两个方面考虑。区域均衡发展理论认为，在完全市场竞争条件下，价格机制和竞争机制会促使社会资源的最优配置，造成各要素空间分布的相似，各地区经济均衡发展是资源有效配置、综合经济实力高的证明；产业布局的目标是使产业分布合理化，实现国家整体综合利益的最优，而不是局部地区利益的最优，因此一个国家的产业布局必须统筹兼顾，全面考虑（于源，2013）。产业聚集理论认为，为了企业在生产中相互联系、共同使用基础设施，管理上的方便，产业在地域上形成聚集是有利的（杨洪焦等，2008）。基于此，通过地理联系率、不均衡度、产值集中度这三个指标来衡量高技术产业园区布局的合理程度。

1. 园区地理联系率

地理联系率是反映两个经济要素在地理分布上的联系情况的指标（胡兆量，1986）。地理联系率高意味着两个要素在地理上的空间分布情况是相似的，均衡、配合程度高；反之，地理联系率低，就说明两要素的地理分布差异大，均衡、配合程度低。区域均衡发展理论认为，在完全市场竞争条件下，价格机制和竞争机制会促使社会资源的最优配置，造成各要素空间分布相似，各地区经济均衡发展是资源有效配置、综合经济实力强的证明。

$$G = 100 - 1/2 \sum_{i=1}^{n} |P_{ai} - P_{bi}| \quad (1.1)$$

式中，G 为园区地理联系率；n 为陕西省国家级高新区总数；a、b 为企业数、从业人员、销售收入、总产值、净利润中的任意两个；P_{ai} 为区域 i 中 a 要素占所有区域 a 要素比重×100；P_{bi} 为区域 i 中 b 要素占所有区域 b 要素的比重×100。

计算结果见表 1.19。各园区要素地理联系率均在 80 以上，均值高达 86.46，说明陕西省 7 个国家级高新区各经济要素空间分布相似，社会资源配置较好，综合经济实力强。

表 1.19　各园区要素地理联系率

要素	企业数	从业人员	总产值	销售收入	净利润
企业数	—	89.83	80.20	81.17	82.08
从业人员	89.93	—	89.91	90.88	85.93
总产值	80.20	89.91	—	97.42	83.77
销售收入	81.17	90.88	97.42	—	83.40
净利润	82.08	85.93	83.77	83.40	—

2. 不均衡度

不均衡度是反映地区经济发展水平差距变动方向的强度指标，通常用 GDP 的静态不平衡差来表示（陈文晖和崔民选，1998）。不平衡差越高，平衡度越低；反之，则相反。

$$SD = (1 - L/M) \times 100 \tag{1.2}$$

式中，SD 为两个区域之间的静态不平衡差；L 为两个园区的总产值中较低者；M 为高技术产业较强园区的总产值。该指标只能用于两个地区间的对比，不能从总体上反映区域内经济分布的均衡度。

为了弥补不平衡差不能全面反映区域经济分布的均衡度的不足，给出陕西省各高技术产业园区的不平衡差表，见表 1.20。绘制不平衡差程度表的好处是可以对不同地区之间的平衡度差异进行同步分析，全面反映所有地区产业发展之间的相对差异。

表 1.20　陕西省高技术产业园区的不平衡差

园区	西安高新区	宝鸡高新区	安康高新区	咸阳高新区	渭南高新区	榆林高新区	杨凌示范区
西安高新区							
宝鸡高新区	66.89						
安康高新区	96.18	88.45					
咸阳高新区	87.77	63.07	68.72				
渭南高新区	93.17	79.37	44.00	44.15			
榆林高新区	85.62	56.56	73.41	14.98	52.52		
杨凌示范区	97.52	92.52	35.24	79.74	63.73	82.78	

陕西省高技术产业布局存在"纺锤"形结构特征，即西安高新区和杨凌示范区处于"纺锤"的两头，中间是宝鸡高新区、安康高新区、咸阳高新区、渭南高

新区和榆林高新区。首先说明了高技术制造业高度集中于西安地区，其次说明了以杨凌为代表的陕西省现代农业规模还十分弱小。同时，也反映了陕西省高技术制造业分布不均衡的现状，见图 1.7。

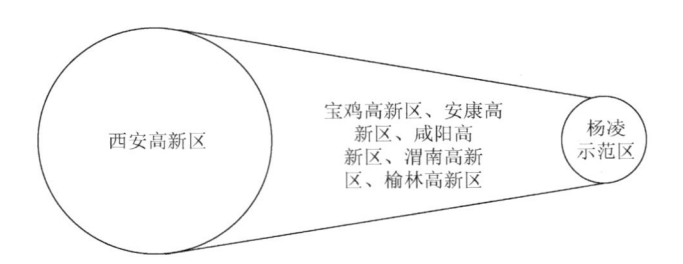

图 1.7　陕西省高技术产业园区分布的"纺锤"特征

3. 园区产值集中度

产值集中度是反映经济现象在全地区集中程度的指标，用全地区经济要素构成中比重居前 3 位或前 5 位的区域内产业比重之和来表示。

$$J = X_1 + X_2 + X_3 \quad (1.3)$$

式中，J 为集中度；X_1、X_2、X_3 分别为占所有园区总产值之和的比重居于第一、二、三位的园区的比重。根据式（1.3），计算得到陕西省高技术产业园区产值居前 3 位的分别是西安高新区（57.85%）、宝鸡高新区（19.16%）和咸阳高新区（7.07%），三个高新区产值比重总和为 84.08%，说明陕西省高技术产业产值高度集中。

1.4　开放战略下陕西省高技术制造业发展的特征

新时代开放战略包括向西开放和沿边开放，在共建"一带一路"国际经济走廊形成了"内引外联、双向开放"的环境。基于新时代开放战略赋予陕西省开放规模与开放质量的新要求，解析陕西省高技术制造业的发展特征，并提出如何推动生产要素的流动，以及如何促进有效资源的开发与利用来参与共建"一带一路"的产业竞合活动。

1.4.1　陕西省高技术制造业全面参与国际竞争

向西开放战略既是我国参与世界经济一体化和国际产业分工的现实选择，也是落后地区寻求后发优势的阶段性制度安排。陕西省高技术制造业将全面参与国际竞争，促使该省高技术制造业由内向型向外向型转变，为陕西省高技术制造业对外贸易赋予新的势能，有利于改善陕西省的国际分工地位。

1. 促使陕西省高技术制造业由内向型向外向型转变

外向型产业的发展是区域经济外部要求和内在能力综合作用的结果。过去陕西省的高技术制造业受到区位地理、要素禀赋、贸易自由化程度、市场潜力、经济规模及政治倾斜等因素的制约，参与国际分工竞争的机会和能力都较为欠缺。2021 年陕西省高技术制造业出口交货值比 2012 年增长了 448.01%，表现出明显的内向型向外向型转变的特征。

2. 赋予陕西省高技术制造业对外贸易以新的势能

"一带一路"倡议促使我国与共建国家之间形成多层次、多方向的网络式联通格局，陕西省成为向西开放的主要通道及交通枢纽，为陕西省高技术制造业对外贸易赋予了新的势能。陕西省地处中国内陆，不属于延边地区，也不沿海，其对外贸易并无天然优势。但随着"一带一路"倡议的深入推进，陕西省已经从封闭的内陆地区成为中国向西开放的前沿，实现其自身与共建"一带一路"部分国家互动，提速经济社会发展，分享政策红利。陕西自贸试验区成为陕西省高技术制造业对外贸易新的交流方式。陕西自贸试验区设立之初，国家对其的定位便是打造陕西省开放发展新引擎，探索内陆地区改革开放有效路径，更好地支撑"一带一路"倡议深入推进。2023 年，商务部印发《自贸试验区重点工作清单（2023—2025 年）》（简称《工作清单》），明确 2023 年至 2025 年相关自贸试验区拟自主推进实施 164 项重点工作，包括重大制度创新、重点发展产业、重要平台建设及重大项目活动等。自贸区地处当前"大西安"建设的国际文化交流轴核心区和东部新中心，承担打造陕西对外开放新高地和国际人文交流新中心的重要任务。自贸区以欧亚经济论坛和西安丝路国际会展中心为依托，拓展对外贸易商品展示和文化交流，打造国际文化贸易会展中心、国际文化交流合作基地等平台，率先推动创办全国金融创新试验区、外贸商品展示和国际文化交流示范区。自贸区的发展无疑能辐射周边，带动整个片区特色产业发展，直接促进了西安领事馆区等园区成长。

3. 改善陕西省的国际分工地位

面向周边国家和地区的外向型优势产业将成为陕西省高技术制造业打造的新重点。而深度参与国际市场，充分利用国外资源，获取国外的先进技术和管理经验，将避免陕西省高技术制造业在对外开放中由于国内市场、资源和技术的不足而落入比较优势陷阱，并改善其在国际分工中的地位，使其优化出口产品类型，提升国际市场的产业竞争力。2022年陕西省高新技术产品出口额占商品出口额比重保持全国第1位，表明其国际竞争力上升，国际分工地位有所改善。

1.4.2 产业链由纵向延伸发展为横向拓展

向西开放战略为产业往西部地区转移提供了巨大的牵引力，引导发达地区相关产业及大量关键企业向西部地区有序转移，使西部地区产业链由纵向延伸发展为横向拓展。

1. 加速了产业转移进程

生产要素分配不均导致产业链诸多功能环节散落在西部地区不同区域空间，各自集聚而不集群，造成了高技术产业链的"区段化"现象，产生了产业链配套不完整、产业链衍生困难的现实情况。共建"一带一路"全新的国际合作格局，使向西开放战略借由西部边境地区的陆路交通等地缘便利，进一步推动了产业转移进程。

2. 形成"线连接"特征的产业链形态

在高技术制造业转移过程中，关键企业的转移使西部地区能够利用其"点发散"功能接通分散在不同集聚区域的产业链功能环节，使产业链趋于完整，形成"线连接"特征的产业链形态。"点发散"形态下形成的产业链条，其长度受到区域分工水平和区域要素条件的限制。对一个区域而言，产业链的延伸是以区域内的产业分工水平和资源禀赋条件为基础的，它决定了区域内产业链功能环节的位置。区域资源禀赋和经济发展水平差异，导致不同区域拥有的产业链功能环节各不相同。在区域经济一体化趋势下，产业链各个基本功能环节在地理空间上可能发生分离，产业链诸多功能环节散落在不同区域空间各自集聚成群，形成一个按照附加值尺度衡量具有典型等级特征的空间等级体系，从而出现产业链的"区段化"现象。产业链的区域间纵向延伸，就是通过接通分散在不同区域的产业链功能环节，使产业链趋于完整，形成一种具有"线连接"特征的产业链空间演化形态（程李梅等，2013）。

3. 催生具有区域性竞争力优势的产业集群

大量相关产业的转移，将进一步推进本土产业与转移产业间的分工和融合，创建区域间不同产业链的联系，以"线连接"作用接通相同区域间相关的产业链区段，通过横向拓展形成"面连接"特征的产业链，催生具有区域性竞争力的优势产业集群。就从陕西省规上企业的增长情况来看，陕西省年主营业务收入为 2000 万元以上的高技术企业数量从 2013 年的 402 个上升到 2021 年的 787 个。

1.4.3 产业发展更加重视生态安全和环境质量

新时期高技术制造业发展逐步向环境友好型转变，更加注重产业发展过程中生态环境的质量、安全性与可持续性。

1. 高技术制造业发展模式由资源消耗型向环境友好型转变

高技术企业不等于生态型企业，很多高技术企业在生产产品的过程中采用的是比传统工业更加隐蔽的方式，使环境遭到更严重的污染。例如，电子技术、化学技术等高新技术大多使用有毒化学品、气体和放射性物质，这些物质虽属微量但却具有复合化学污染的潜在特性。另外，大多数高技术企业拥有雄厚的资金、强大的自主研发实力，而且享有国家的很多优惠政策，具有相对于其他各类工业园内的企业更大的独立经济发展空间。这些企业不仅关注自身发展而且追求高端技术，比如信息技术、节水技术、新能源和节能技术等，在调控机制不完善的情况下，会出现企业之间资源共享不足和重复建设的情况。例如，部分高新工业园区为了达到国家鼓励政策中的一些标准没有恰当考虑园区周边区域的现有资源，忽视了虚拟生态产业链的重要性，盲目建设（比如建设污水处理厂和废物处理处置厂等基础设施）导致资源浪费。

在国家提倡环境改善的背景下，陕西省高技术制造业的生产必须从资源消耗型转向环境友好型。高技术制造业在推动社会进步和经济发展的同时也产生了具有隐藏性的环境污染问题。确保区域生态安全作为共建"一带一路"国际经济合作的基本条件之一，迫切要求西部地区在高技术制造业发展中突破资源瓶颈，防止环境污染恶化，通过使用清洁生产的方式，获得优势资源要素，促进循环经济发展。避免只关注经济效益的短期行为，承担相应的社会环保责任已经成为向西开放背景下西部地区高技术制造业参与国际竞争的必然趋势。

2. 循环经济的发展模式在优势资源要素的促进下得以形成

高技术企业利用高新技术对资源进行优化和改进，降低产品成本，获得市场竞争中的成本优势，提高了高技术产品的市场占有率，从而加速了资金回笼与积累，保持健康的资金流进，最终实现高成长。另外，高技术企业还从社会和经济多个角度进行考虑，改变传统工业的发展路径，开拓一条生态效益、社会效益和经济效益相协调的新型发展道路，形成循环经济发展模式。

1.4.4 产业增长要素由低级向高级转变

产业结构优化的内涵是指产业结构不断从低级形态向高级形态转变的过程或趋势（姜泽华和白艳，2006）。陕西省高技术制造业呈现出资本存量和人力资本向两个高级的转变，具体表现为：资本存量向高效率部门倾斜，人力资本向高技术制造业倾斜。

1. 资本存量向高效率部门倾斜

中国工业化结构性加速时期资本驱动的增长方式，一方面忽视了技术进步的作用，另一方面也忽视了人力资本培育。换句话说，对于内生增长至关重要的这两个因素，在中国长期增长过程中的作用是相对不显著的，这种局面如果不能予以调整，就很难抵消经济过快减速风险（中国经济增长前沿课题组等，2014）。例如，工业中的产能过剩、低水平重复，已经阻碍了工业效率和国际竞争力的提升，一些"僵尸企业"仍在部分地方政府的支持下吸收宝贵资源，降低社会的效率。过去，低技术产业占据了大量的资本存量，使我国经济发展缓慢。通过释放陕西省低技术工业的存量，吸纳社会资源进入，将存量转向高技术制造业。高技术制造业对资本存量的利用率较传统行业更高，资本存量向高技术制造业的转移有利于提升我国国际竞争力。2021 年陕西省固定资产投资额为 1009.06 万亿元，相比 2020 年下降 3.1%，表明了陕西省高技术制造业资本存量向高效率部门倾斜这一趋势。

2. 人力资本向高技术制造业倾斜

"高技术不高"的严峻现实表明，陕西省的科技创新能力并没有真正转化为高技术制造业创新能力和国际竞争力。在产业规模快速扩张的同时，陕西省高技术制造业的质量和效益并没有实现与之同步的增长。创新链与产业链的相互割裂是造成这种矛盾的内在根源。创新链与产业链有机协同的"双链"融合是陕西省高技术制造业化的关键战略，需要投融资体制机制创新，搭建新型"产学研"合作机制，把创新前端的基础研究、前沿研究，中端的关键技术和共性技术的研发、技术服务、技术交易，后端的投融资服务、项目产业化、创业孵化、人才培训等整合成一个有机的开放式创新网络，才能真正地实现高技术制造业的建设（朱瑞博，2010）。陕西省科研人员在向高技术制造业倾斜，截至 2022 年末陕西省科研从业人员数量接近 27 万人。

1.5 陕西省高技术制造业类别的划分

以高技术制造业经济特征和高技术制造业发展环境这两个维度为基准,依据波士顿战略选择矩阵的基本思想,构建陕西省高技术制造业类别划分的理论模型。进一步确定陕西省高技术制造业发展的优先级,并为探讨新时代开放战略背景下陕西省高技术制造业与共建"一带一路"部分国家对接模式提供理论依据。

1.5.1 高技术制造业类别划分基准的确立

产业评价基准代表了主导产业所具备的主要特征,本书的研究遵循符合产业基本属性、立足高新区发展阶段及展望产业未来发展方向这三条原则,选择了产业技术进步、产业增长潜力、产业关联效应、产业增长资源、产业承接能力、对外竞争优势与可持续发展这七个基准。

首先,高技术制造业发展中内部动力强于外部的带动和影响,高技术制造业是一类以创新为内生增长机制,具备高速度经济性、高附加价值、强范围经济性的知识密集型生产技术产业,高于产业平均水平的内部关键特征是产业发展的绝对优势因素,因此选择了产业技术进步、产业增长潜力、产业关联效应三个基准。具体来说:①产业技术进步基准对应高技术制造业的技术水平,对产业发展的促进效用随着产业结构的优化而升级,是高技术制造业形成与发展的核心。高技术制造业作为一种通过技术产业化迅速发展起来的特殊产业,具有明显的技术领先性,以迅速的技术进步为标志。选择产业技术进步基准是选择高技术制造业发展的充要条件,也是高技术制造业基于动态比较优势说的基本应用,强调了产业的生存能力和发展潜力。②产业增长潜力基准对应高技术制造业的成长性,是产业规模扩张、赢得市场份额的关键。高技术制造业的研发周期长、风险大,一旦成功,较一般产业拥有更高的劳动生产率,能更有效地吸收技术成果,改善贸易条件进而引导未来消费,拓展长期而广阔的市场空间。选择产业增长潜力基准既是对产业成长阶段的判别,又是对市场前景的预判。③产业关联效应基准对应产业发展与其他产业间的关联性、影响力和感应度,是高技术制造业发挥辐射效应,带动区域经济增长的前提。高技术成长的结构效应使其在发展中具有强烈的渗透性和乘数效应,即优良的结构关联度在促进相关产业发展的同时推动了高技术制造业的成长绩效。在产业关联效应基准中,高技术制造业需通过关联效应对西部地区相关产业产生支撑、拉动等一系列导向和促进作用,形成产业联系,实现经济外部性,推动西部地区的产业结构演进和经济发展。同时,相关产业结构的升级将为高技术制造业带来强烈的成长反馈,进一步刺激其发展。

其次，依据立足高新区发展阶段的原则，确立了产业增长资源、产业承接能力两个基准。高新区作为一种特殊的区域经济形态，呈现出阶段性的突出特征和规律，其发展阶段是判别高技术制造业积累的优势特色及存在问题的基础，不同时期的高新区具备不同的发展特征，制约了高新区的发展质量和发展水平。部分西部高新区在二次创业发展中受限于生产资源结构层次，留下了技术结构水平低、区域内要素流动效率低下、产业集而不聚等具体问题，这些问题在新时期开放战略下需要进一步得到解决。①产业增长资源基准对应的是西部地区高技术制造业增长中资源禀赋结构亟须调整的问题。发展中国家必须和发达国家的技术结构相同才能在国际竞争中获得生存潜力，且西部地区的技术结构不必过度被本土的要素结构约束，可以通过人为因素调控西部高新区的经济要素流动转型问题，得以提升本地要素禀赋结构。选择产业增长资源基准，是通过判别高技术服务人才及资源在投入产出中所占份额的多寡，对产业的生产水平和竞争优势类型进行衡量。②产业承接能力基准对应的是西部地区在产业转移中面临的主要挑战。"一带一路"倡议下开拓的西部国际市场导致经济活动向市场周围的区域聚集，促进了西部地区对沿海等发达地区相关产业转移的承接。但是已有研究显示，多年来向中西部地区产业转移并未成功结合当地资源禀赋优势培育出优势产业实现产业升级效应，产业转移与承接之间的条件脱节造成了产业转移陷阱。选择产业承接能力基准则是对西部地区转移产业的承载力及发展能力的综合概括。

最后，依据产业发展方向，研究确立了对外竞争优势与可持续发展基准（孙杰等，2004）。高技术制造业类别的划分不但要适时体现高技术制造业潜在和未来应具备的功能，还需要有力支撑高技术制造业未来的发展方向。"一带一路"倡议的提出，是我国与发展中国家经济合作结构转变，共同参与国际竞争并融入全球化发展环境，获得可持续生产力，也是陕西省高技术制造业发展的必经之路，表现在：①对外竞争优势基准对应的是比较优势的动态演化下，西部地区高技术产品的外向竞争力。西部地区的对外贸易多为劳动密集型和资源型产品，随着对技术创新和资源要素禀赋结构的升级调整，其出口产品将向高级资本及技术密集型高技术产品转化。对外竞争优势基准的选择代表了高技术制造业在西部地区对外贸易中的比较优势，若能向外输出更多的产品及服务，将获得更高的产业价值。②可持续发展基准应对的是产业发展对高技术制造业可持续发展造成的主要约束。工业时代在大幅度提升人类生活水平的同时也对自然环境遗留了具有积累性、不确定性、不可逆性的环境问题，可持续发展已成为全人类在未来发展中的重大挑战，亚洲内陆大部分地区受限于其恶劣的地理及气候特征，面临的挑战尤为严峻。我国已向国际承诺，以新技术改造生产方式，以生态文明建设理论规范和引领绿色丝绸之路的建设。可持续发展基准立足于产业与环境的协同发展，关注资源消耗（物耗和能耗）的效率，用以避免产业发展中只考虑经济效益所引起的短期行为。

1.5.2 高技术制造业类别划分的维度

高技术制造业本身的经济特征及当前产业外部环境变化的新趋势、新特点催生了对高技术制造业类别划分重新审视的必要性。

1. 高技术制造业特征维度

高技术制造业经济特征是产业竞争的核心能力，反映高技术制造业天然的竞争优势。在全球经济一体化和网络状生产结构的趋势下，高技术产品需求端愈发显示出其规模经济效应，并促使供给端科技成果转化效率的提高，表现为产业技术进步基准的提高；同时，产业内成本节约效应和乘数效应带来的规模报酬递增趋势也愈发明显，产业间的关联经济效应也愈发突出。为此，确定了产业技术进步基准、产业增长潜力基准及产业关联效应基准作为刻画高技术制造业产业特征的维度，见表1.21。

表1.21 产业特征维度

基准名称	计算指标	指标含义	指标说明
产业技术进步基准	$r_j = Q_j - (\alpha K_j + \beta L_j)$	代表产业的技术层次，表示经济资源的使用效率	Q_j 为 j 产业的产出总增长，αK_j 为 j 产业的资金产出增长，βL_j 为 j 产业的劳动力产出增长，α 和 β 作为资金和劳动力产出弹性分别按照国家发展和改革委员会、国家统计局推荐的数值，取为0.3和0.7
产业增长潜力基准	$E = \dfrac{\Delta Q/Q}{\Delta I/I}$	表示市场需求的增长结构	ΔQ 和 Q 分别表示社会总需求变动水平和总水平，I 和 ΔI 分别表示收入水平和其增加值
产业关联效应基准	$S_i = \dfrac{\dfrac{1}{n}\sum\limits_{i=1}^{n} A_{ij}}{\dfrac{1}{n^2}\sum\limits_{i=1}^{n}\sum\limits_{j=1}^{n} A_{ij}}$	产业的前向关联效应，代表产业受其他产业需求的影响程度	A_{ij} 为逆矩阵 $(I-A)^{-1}$ 中的第 i 行第 j 列的元素，A 来源于投入产出表中产品 X 部门产出，$i,j = 1,2,\cdots,n$
	$r_j = \dfrac{\dfrac{1}{n}\sum\limits_{j=1}^{n} A_{ij}}{\dfrac{1}{n^2}\sum\limits_{i=1}^{n}\sum\limits_{j=1}^{n} A_{ij}}$	产业的后向关联效应，代表产业对其他产业的影响程度	A_{ij} 为逆矩阵 $(I-A)^{-1}$ 中的第 i 行第 j 列的元素，A 来源于投入产出表中产品 X 部门产出，$i,j = 1,2,\cdots,n$

资料来源：卢正惠. 2001. 区域开发中主导产业的选择基准. 经济问题探索，(6)：108-111

2. 产业发展外部环境维度

高技术制造业类别划分的环境维度取决于产业外部环境变化的新趋势、新特点。高技术制造业类别划分的环境维度代表了产业发展过程中的优势积累过程，以及产业应对向西开放战略对产业发展带来的问题和挑战的能力，用对外竞争优势基准、产业增长资源基准、可持续发展基准及产业承接能力基准表示，见表 1.22。

表 1.22 产业发展外部环境维度

基准名称	计算指标	指标含义	指标说明
对外竞争优势基准	$Q_{ij} = \dfrac{L_{ij}/L_i}{\Delta N_i / N}$	反映某一产业出口额占区域内总高技术出口额的比重与全国地区的平均比	L_{ij} 代表 i 区 j 部门的出口，L_i 代表 i 区所有部门的出口额，N_i 代表全国 i 部门的工业出口额，N 指全国工业出口额
产业增长资源基准	$\eta = L/M$	代表产业发展时所需求的科技资源水平	L 代表科技人员数量，M 代表当期总产值
产业增长资源基准	$\mu = L/G$	表示产业在投入中应用的技术资源水平的高低	L 代表科技人员数量，G 代表该产业的平均固定资产净值
可持续发展基准	$sP_i = \dfrac{Y_i}{\sum P_i}$	表示能源消耗的产值率	Y_i 为产值，$\sum P_i$ 为综合能源消耗量
产业承接能力基准	$\delta = \dfrac{r_i}{r}$	用于描述产业的发展态势，是扩张还是收缩	r_i 为产出的年增长率，r 为所有产业总产出的年增长率
产业承接能力基准	$X = \dfrac{g_i/g}{l_i/l}$	代表劳动力创造部门价值的能力，比较了各产业劳动生产率的差距	g_i 为 i 产业的国民收入，g 为区域内总收入，l_i 为 i 产业的劳动力数量，l 为全部产业的劳动力数量，本书中的研究用科技人员数量替代劳动力数量

资料来源：卢正惠. 2001. 区域开发中主导产业的选择基准. 经济问题探索，(6)：108-111

1.5.3 高技术制造业类别划分基准指标体系

由产业技术进步、产业增长潜力、产业关联效应等七个基准确定的指标框架，见图 1.8。

1.5.4 权重的确定

分别对陕西省国家级高新区管理人员、高新区内龙头企业的管理者及高校学者进行问卷调查，选用层次分析法为基准赋予权重并排序，见表 1.23。

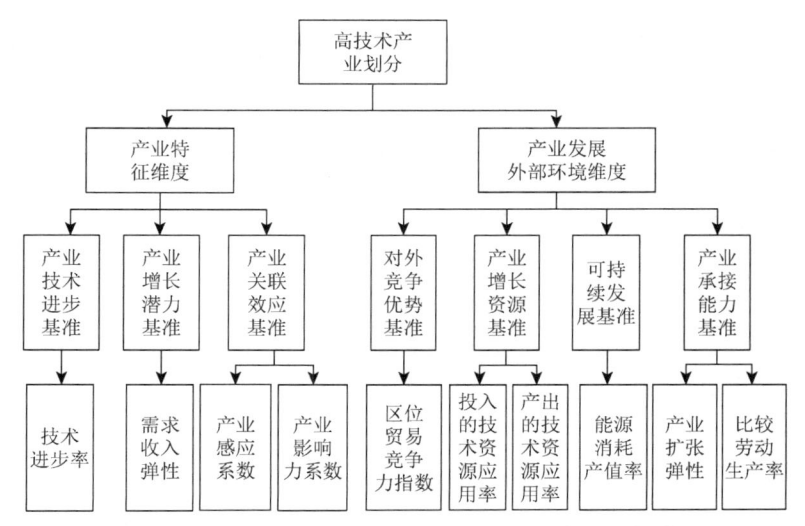

第 1 章　新时代开放战略下陕西省高技术制造业类别的划分 · 51 ·

图 1.8　陕西省高技术制造业类别划分基准指标体系

表 1.23　陕西省高技术制造业类别划分权重

基准名称	产业技术进步	产业增长潜力	产业关联效应		对外竞争优势	产业增长资源		可持续发展	产业承接能力	
指标名称	技术进步率	需求收入弹性	产业感应系数	产业影响力系数	区位贸易竞争力指数	投入的技术资源应用率	产出的技术资源应用率	能源消耗产值率	比较劳动生产率	产业扩张弹性
权重	0.080	0.124	0.119	0.059	0.089	0.237	0.121	0.063	0.049	0.060

资料来源：根据问卷调研结果计算整理而成

1.5.5　数据来源与处理

指标数据来源于《陕西统计年鉴》（2017 年）、《中国高技术产业统计年鉴》（2017 年）。所选指标均为正向指标，因此适用于 min-max 标准化方法对原始数据进行标准化处理，min-max 标准化公式为

$$F_i = (X_i - X_{\min}) / (X_{\max} - X_{\min}) \qquad (1.4)$$

其中，F_i 为某地区第 i 个指标标准化后的数据；X_i 为第 i 个指标原始值；$X_{\max}$ 为第 i 个指标的最大值；$X_{\min}$ 为第 i 个指标的最小值。

1.5.6　陕西省高技术制造业类别的确定

根据表 1.21 与表 1.22 中指标的定义对数据进行计算处理，然后根据表 1.23

中相应指标的权重,得到陕西省高技术制造业类别划分基准评价指数,见表1.24。

表1.24 陕西省高技术制造业类别划分基准评价指数

产业	高技术制造业产业特征指数				外部环境指数				
	产业技术进步	产业增长潜力	产业关联效应	小计	对外竞争优势	产业增长资源	可持续发展	产业承接能力	小计
航空、航天器及设备制造业	0.039	0.458	0.504	1.001	0.132	0.028	0.062	0.095	0.317
医药制造业	0.038	0.421	0.155	0.614	0.263	0.045	0.030	0.199	0.537
电子及通信设备制造业	0.039	0.443	0.215	0.698	0.036	0.163	0.093	0.173	0.466
医疗仪器设备及仪器仪表制造业	0.015	0.218	0.432	0.665	0.098	0.025	0.063	0.029	0.215
计算机及办公设备制造业	0.040	0.069	0.201	0.310	0.033	0.005	0.010	0.017	0.065
平均值	0.034	0.322	0.301	0.657	0.112	0.053	0.052	0.102	0.320

资料来源:根据《陕西统计年鉴》(2017年)、《中国高技术产业统计年鉴》(2017年)数据计算整理得到

借鉴波士顿矩阵的构建思路,根据产业特征指数和外部环境指数,构建高技术制造业类别划分矩阵。

产业类别矩阵中,横轴为代表区域产业发展环境特征的外部环境指数,由左至右提高,纵轴为代表产业特征的高技术制造业产业特征指数,由下至上逐步提高。得分高于平均值的指数为强,反之为弱。两种特征指数将矩阵划分为四个象限,分别代表不同外部环境和高技术制造业产业特征的组合。高技术制造业产业特征指数和外部环境指数都高的双高产业,由于其良好的产业基础、强大的产业竞争力和发展力被称为发展型产业;外部环境指数高而高技术制造业产业特征指数弱的产业具有良好的产业发展前景,但是产业基础较为薄弱,称其为潜力型产业;高技术制造业产业特征指数高而外部环境指数弱的产业多为新兴产业,产业基础好但是产业竞争力较弱,可持续发展能力、产业承接能力及产业增长资源能力有待提高,称之为成熟型产业;高技术制造业产业特征指数和外部环境指数都低的双低产业,则是弱势型产业,不具备进一步建设的条件,见图1.9。

陕西省航空、航天器及设备制造业,以及医疗仪器设备及仪器仪表制造业处于左上区域,即高产业特征和低外部环境特征区域,显示这两个产业的产业基础好,但是产业竞争力优势不突出,可持续发展能力、产业承接能力及产业增长资源能力有待提高。航空、航天器及设备制造业尽管是陕西省的支柱型产业,长期以来在全国范围来讲也是极富竞争力的,但是由于国际市场长期受美国、俄罗斯、

第1章 新时代开放战略下陕西省高技术制造业类别的划分

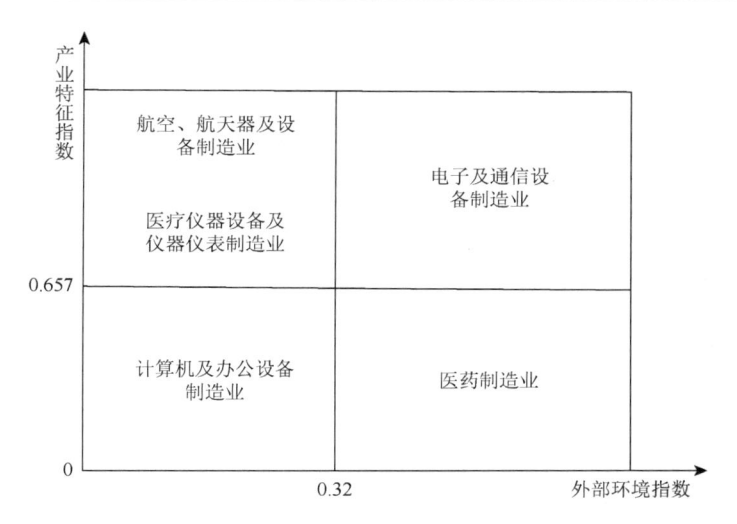

图 1.9 陕西省高技术制造业类别波士顿矩阵

法国、英国、乌克兰等航空航天产业发达国家的把持，中国航空航天产业的出口所占份额较少，另外近几年随着沈阳飞机制造公司以及江苏航空航天制造业的崛起，陕西省航空、航天器及设备制造业也面临着来自国内日益激烈的竞争。

计算机及办公设备制造业处于左下区域，即低产业特征和低外部环境特征区域，显示该产业为弱势产业。历史上陕西省的计算机及办公设备制造业曾经有一段辉煌时期，主要是当时产业内迁政策以及国内市场开放程度不高所致。改革开放后，国内市场迅速向国际计算机商业供应商开放，大量计算机制造商转向民用领域，同时消费品市场高度依赖进口，客观上抑制了以工业计算机生产为主的陕西省计算机行业的自主创新能力的提高，加之陕西省原有的计算机科技人才受沿海开放政策的影响大量外迁，进一步削弱了陕西省计算机及办公设备制造业的产业基础和竞争能力，然而，计算机及办公设备制造业恰恰是互联网经济时代与其他产业高度关联的领域，遂成为制约陕西省高技术制造业协同发展的最大短板。只有首先弥补这一短板，才能保证新时期陕西省高技术制造业集群战略的有效实施。

电子及通信设备制造业处于右上区域，即高产业特征和高外部环境特征，显示该产业拥有良好的产业基础、市场前景及高成长速度，同时产业竞争优势、可持续发展能力、产业承接能力及产业增长资源能力均比较高。此外，医疗仪器设备及仪器仪表制造业位于左上高产业特征、低外部环境特征区域，其产业基础好、市场前景好、成长速度快，但是产业竞争力较弱，可持续发展能力、产业承接能力及产业增长资源能力有待提高。

医药制造业则处于右下区域，即高外部环境特征、低产业特征区域，显示这个产业具有良好的产业发展前景，主要表现在其对外竞争优势和产业承接能力较强。随着人们收入水平的不断提高，以及共建"一带一路"国家受该产业加工能力的制约，人们对新型、特效医药产品的需求不断提高，为陕西省医药制造业带来了发展契机。陕西省凭借丰富的生物医药资源和农业资源，在上述产业领域取得了长足进步，并使医药制造业发展成为增长速度和增长规模最快的新兴产业。之所以其产业特征指数较低，主要是因为资源供给和产业承接能力不能满足产业快速发展的需要，为此，陕西省应当加大对这个产业的物质投资和人才投资的力度。

1.6 小　　结

研究新时期开放战略下陕西省高技术制造业类别的划分，首先，梳理国内外关于高技术制造业的界定并厘清高技术制造业的经济特性；其次，基于投入产出视角分析高技术制造业的发展概况并以产业素质分析高技术制造业的经济特征；最后，依据开放战略下陕西省高技术制造业发展的特征进行了类别上的划分。研究结果如下。

（1）由于我国的高新技术产业尚处于发展初期，大多数产业仅从事高新技术产品的加工和装配，以研究、开发、生产为特征的产业格局尚未形成，研发投入与传统产业相比优势不明显。因此，我国在确定高新技术产业时，无法采用OECD的方法，用研发强度指标来界定高新技术产业，仅是对应OECD的分类，按照国民经济行业代码选出相应的行业。本书的研究对象为制造业中的电子及通信设备制造业，航空、航天器及设备制造业，医药制造业，计算机及办公设备制造业，医疗仪器设备及仪器仪表制造业。

（2）相对于传统产业，由于投入要素、生产组织形式、科技成果转化复杂程度的不同，以及对市场需求的依赖性不同，高技术制造业在其生产和经营过程中表现出独特的经济特征，主要表现为规模经济性、范围经济性、网络外部性、高风险性四类主要特征。

（3）从陕西省高技术制造业的发展现状来看，航空、航天器及设备制造业是陕西省优势明显的战略性新兴产业，医疗仪器设备及仪器仪表制造业仅次于航空、航天器及设备制造业，计算机及办公设备制造业实力较弱，是五大高技术制造业中的短板；对比选取的18个省区市研究样本，陕西省高技术制造业的整体规模及增长速度均居于中上游水平；陕西省高技术制造业布局存在"纺锤"形结构特征，西安和杨凌处于纺锤的两头，中间是宝鸡、安康、咸阳、渭南和榆林。这不仅说明了高技术制造业高度集中于西安地区，以杨凌为代表的陕西省现代农业规模还十分弱小，也反映了陕西省高技术制造业分布不均衡的现状。

（4）新时期开放战略赋予陕西省开放规模与开放质量的新要求，陕西省高技术制造业呈现出以下四方面特征：一是将全面参与国际竞争，由内向型向外向型转变，为对外贸易赋予新的势能，有利于改善陕西省的国际分工地位；二是向西开放战略为产业往西部地区转移提供了巨大的牵引力，引导发达地区相关产业及大量关键企业向西部地区有序转移，使西部地区产业链由纵向延伸发展为横向拓展；三是逐步向环境友好型转变，更加注重产业发展过程中生态环境的质量、安全性与可持续性；四是呈现出资本存量和人力资本向两个高级的转变，资本存量向高效率部门倾斜，人力资本向高技术制造业倾斜。

（5）基于波士顿矩阵的思想，依据产业特征指数和外部环境指数构建高技术制造业类别划分矩阵，对陕西省高技术制造业进行类别划分：陕西省的航空、航天器及设备制造业，以及医疗仪器设备及仪器仪表制造业处于高产业特征和低外部环境特征区域，计算机及办公设备制造业处于低产业特征和低外部环境特征区域，电子及通信设备制造业处于高产业特征和高外部环境特征区域，医药制造业则处于高外部环境特征、低产业特征区域。

第 2 章　陕西省高技术制造业与共建"一带一路"部分国家产业对接模式的选择

"一带一路"倡议提出以来，由于共建"一带一路"国家在要素结构、资源禀赋、产品需求等方面存在差异，陕西省作为"一带一路"的关键节点，高技术制造业的内外双循环受到产业链上游供给不畅、下游有效需求减少、知识循环受阻和内部生产能力不足等因素的影响，无法有效实现产业对接。为应对可能的风险挑战，解决陕西省高技术制造业与共建"一带一路"部分国家产业对接的理论困境，本章提出产业对接的条件、目标、手段和方案，为陕西省高技术制造业构建国家价值链和主导区域价值链，提升陕西省链条节点影响力，实现全球价值链攀升提供了理论参考依据。

2.1　高技术制造业对接模式的划分

产业对接的实质是区域间产业竞争与合作的结果。在经济全球化背景下，区域经济合作扮演着越来越重要的角色。现有研究表明，产业分工合作逐渐成为区域合作的重点，而产业合作的模式也趋于多样化。研究以比较优势理论为基础，以实现优势互补、完善产业配套水平、提升综合竞争力为目标，以构建产业关系网络为手段，探索共建"一带一路"背景下陕西省高技术制造业跨区域参与竞合活动的主要模式。

2.1.1　产业对接模式研究进展

现有产业对接的界定与应用研究中，对接模式主要分为辐射共享式和产业链补完式两大类别（Kaplinsky et al.，2002）。其中，辐射共享式对比于产业链补完式是较为浅层的对接模式，包括通过构建合作平台、技术联盟、设立研发机构等方式共享产业发展中的人才、技术等资源，通过辐射效应实现对接产业双方的联动发展（陈建军，2002；孙翊等，2010；施蕴函等，2011；凌星元等，2022）。产业链补完式则立足于对接产业间的技术经济联系，通过对产业链及价值链的延伸与接通，最终形成区域范围更大、更为完整的协同发展的产业合作链条（翟松天和徐建龙，1999；于斌斌，2011；刘友金和胡黎明，2011；刘婧玥和吴维旭，2022）。

在实际中，这两种模式并不矛盾，反而能够相辅相成，共同服务于产业发展的战略目标。通过深入考察和分析，可以根据产业的实际情况和未来发展需求，精准匹配并选择最合适的对接模式（熊勇清和余意，2013；梁威和刘满凤，2017）。

目前学者还没有对产业对接路径提出系统、完整的对接模式，所提出的对接模式多从某地产业对接的实际出发，并不切合陕西省高技术制造业与共建"一带一路"国家产业对接模式。

2.1.2 高技术制造业对接的主要模式

结合高技术制造业的规模经济性、范围经济性，基于产业对接路径研究视角，以陕西省高技术制造业与共建"一带一路"部分国家产业为对接主体，以实现陕西省高技术制造业的转型升级为对接目标，根据对接路径与适用产业的不同，对适用陕西省高技术制造业与共建"一带一路"部分国家产业进行对接的模式进行归类，主要有强联式、互补式和转移式三类。

1. 强联式

在产业对接中，具有一定领先优势、产业链完整且实力强劲的产业，通过辐射效应实现对接产业双方的联动发展，将产业优势逐步扩大，成为产业持续发展的不竭动力，这种模式称为强联式对接模式（丁锋，2016）。强联式适合于产业发展实力较强，且具有较为完整的产业价值链等条件的产业间的合作。产业之间的强强联合，可以确保产业具有绝对的国际竞争优势，实现品牌认可度的增强，技术与销售能力的提升。强联式对接模式主要体现出三个方面的优势。

第一，可以预防企业间恶意压价、蓄意报复等不良竞争的发生，避免双方在利益、品牌、信誉等方面的无谓损失。当今企业之间的竞争日趋激烈，竞争成为一种生存的常态，每一家企业都必须奋力追逐对手或超越对手才能继续在市场上立足。当企业经由一般竞争、激烈竞争阶段进入恶性竞争阶段时，由此产生的对竞争双方或社会造成的危害很严重。企业之间只要存在过度的恶性竞争，就无法避免产品在商业化过程中，以次充好、以假充真、以少充多、以不合格的产品冒充合格产品等，商家昧着良心欺骗买家，用伪劣产品欺骗消费者，企业间的相互攻击也就在所难免。在强强联合之后，企业可以将其用以竞争尤其是恶性竞争的精力与资源转移到其更能获得利益的方面去，同时免于受到对方企业的恶性竞争的攻击。在这种情况下，企业双方都能获得比之前更多的利益。根据博弈论，双方暂时形成了一个与相同对手的无限重复博弈的局面，虽然进行恶性竞争可能暂时得到更多的利益，但对方也会针对其选择而进行报复，从而损害双方之间的信任度以及长期利益。双方都对这种"杀鸡取卵"的做法有所忌惮，从而形成一个纳什均衡，即双方没有一个参与人有单方面改变策略的动机，于是就长久地避免了企业间恶性竞争带来的无谓损失。

第二，可以增强对接企业的竞争力和抗风险能力，通过企业与企业间的强联式对接实现"1+1>2"的效果。在市场经济中，企业要在既有的竞争和生存优势的基础上，获得新的、更强大的竞争优势，就必须有选择地培育或打破现有的资本配置格局，用熊彼特的经济周期理论来解释就是需要"创新性地破坏"。而企业进行强强联合是完成"创新性的破坏"的最有效、最普遍的运作形式，也是协作与竞争发展的必然结果。它们的战略着眼点就是在面临全球范围的激烈竞争，受到更大程度挑战的情况下，增强自身竞争优势，进而垄断技术和市场，在新的经济环境中取得市场领导地位，如美国的 IBM、德国的西门子、日本的东芝电器公司三家组成的战略联盟，建立了共同开发 256 兆超微芯片的合资企业。这种结盟式的改造越来越引起我国大中型企业的注意，如我国的哈尔滨电机厂有限责任公司、哈尔滨汽轮机厂有限责任公司与瑞士 Asea Brown Boveri 通用电力公司进行以提高市场占有能力为目标的战略"嫁接"，将机电技术开发中心设在哈尔滨，作为长期合作的基地，共同开发新技术、新产品，以期在国际市场上占有一席之地，取得更大的竞争优势。

第三，更好地实现企业的规模经济，减少成本，扩大收益。产业中的优势企业可以通过并购使自身的绝对规模和相对规模得以扩大，这将使企业拥有更强的能力来控制自身的成本、价格、资金的来源和顾客的购买行为，从而形成更加有力的竞争优势。企业规模的扩大可以拓展产品的生产环节，这样一方面可以保证生产的各个环节更好地衔接，保证原材料、半成品的供应；另一方面还可以降低运输费用，节省原材料和燃料，从而降低产品成本。

2. 互补式

在产业对接中，具有相对优势的产业，通过价值链的水平延伸和联结实现产业链环节上的优势互补，对接双方形成区域范围更大、更为完整的协同发展的产业合作链条，这种对接方式称为互补式对接（施蕴函等，2011；梅林等，2018）。互补式是适合在产业链环节上优势互补、有产业链补完意愿的产业双方对接的模式。

互补式对接模式可以使产业间资源互补，不仅有利于产业间形成相互依赖关系，还可以促进产业间"形成、发展与有效合作"（Parkhe，1991），实现合作产业间的协同作用，提高产业的竞争优势（Harrison et al.，2001）。资源互补的企业之间也许是处于产业链中的上下游关系，也许是企业各自掌握某种生产资源的渠道。资源依赖理论和战略行为理论均指出，企业与互补企业合作是企业获得所需资源的一种手段。资源互补的对接有助于降低风险，形成规模经济，获得市场进入机会，实现产品多样化以及获得技术协同作用，从而促进产品或过程创新、合作研发活动与信息交换等。在合作形成的过程中，企业的资源禀赋起到关键的作用（Stuart，2000）。企业通常会寻求拥有自己所需资源的企业，作为它们的合作伙伴（Gulati et al.，2000）。企业也会与拥有特殊资产（其他企业不具备的资产）的企业建立联盟关系。这种特殊资产，一般包括具有特殊经验的管理团队（McGee et al.，1995），或是独特的技术诀窍（Nagarajan and Mitchell，1998）。

3. 转移式

在产业对接中，以企业为主体，在国家或地区的宏观调控下，为了实现比较优势、技术扩散、原材料市场或者产品需求市场的扩展，而产生的生产要素整体地跨区域流动，体现为产业在其他国家或区域的发展壮大（刘红光等，2014）。转移式适合处于生命周期中的成熟性产业与位于价值链低端的产业，通过转移模式实现在产业价值链位置的提升。

共建"一带一路"国家除发达的欧洲国家外，多为新兴经济体和发展中国家，产业发展基础较差，经济发展起步较晚，结合陕西省高技术制造业的发展现状，其与共建"一带一路"部分国家的产业转移式模式可细分为两种实现方式：一种是将优势高技术制造业集群中相对低附加值、技术含量低的产业转移至他国，并保留原有产业集群中相对高附加值、高技术含量的产业；另一种是承接经济发达国家技术水平远高于陕西省高技术制造业现有水平的产业。

转移式对接可以为产业移出地带来增加企业利润、推动技术革新、优化产业结构、促进就业传导、平衡国际收支等正向效应。具体表现为主要通过跨区域投资特别是利用产业资本的跨区域流动将价值链中不具备竞争优势的生产环节（或工序）转移到其他国家或地区，在这一过程中，产业转移的就业结构得以实现升级。首先，转移式对接的活动过程，使得跨区域企业具备的资本、科研技术及管理者经验等与产业承接地企业的低成本劳动力、土地等生产要素优化整合，从而使得生产成本大幅度降低。当其降低幅度大于相应的转移成本时，产业转出地企业就能从中获得更高的利润。其次，价值链中的跨区域企业原本就在产品研发技术创新方面具有比较优势，通过将不具备比较优势的产业价值链生产环节（或工序）转移至其他国家与地区，使其能够更好地集中有限的资源从事产品研发和技术创新活动，推动技术革新。最后，产业内部要素密集度不同的产业以及同一产业内部要素密集度不同的生产环节（或工序）之间的结构比例变化，使得产业移出地的产业结构得到了优化与提升。

转移式对接模式也可以为产业承接地带来产业集聚效应、制度优化效应、竞争引致效应等正向效应。产业集聚效应表现为，如果在产业转移发生之前，产业承接地内已经有符合产业转移客体生产特征的内生型产业集中区，那么产业转移活动将促使该内生型产业集中区向外向型产业集群转变，原先的产业集聚的作用也将由于市场条件（要素质量、规模数量、生产条件等）的改变而得到增强；如果产业转移发生之前，产业承接地内并没有符合国际产业客体生产特征的内生型产业集中区，那么随着产业转移中要素的注入（资本、技术、管理经验及企业家才能等），承接地企业也会向跨区域企业所在的区域集中，由此形成以跨区域企业所在地区为中心的产业集聚区，即外向型产业集群出现。跨区域企业作为理性的经济人，在选择其产业转移目标区位时，会综合考虑许多因素，而产业承接地的制度因素是众多因素中比较重要的一个方面。产业承接地为了能更好地吸引跨区域企业与本地区企业合作，必然会对相关的产业政策、制度甚至发展战略进行优化，形成制度优化效应。随着产业转移的进行，为了争夺利用跨区域企业带来的品牌和营销渠道，获得生存与发展的空间，众多承接地企业之间的市场竞争进一步加剧，在产业关联带动的作用下，承接地其他产业间与产业内的竞争也会加剧，促使承接地企业革新技术、工艺并提高产品质量，从而使得承接地的经济运行效率得到提高，即竞争引致效应。

2.2 陕西省高技术制造业与共建"一带一路"部分国家产业对接的条件

立足于"一带一路"倡议赋予陕西省打造内陆改革开放高地的使命，凸显陕西省自身的研发投资存量高、高新技术产业园区实力雄厚等一系列比较优势，协同发挥内在与外在条件成为陕西省高技术制造业与共建"一带一路"部分国家产业对接的现实基础。

2.2.1 外在条件

"一带一路"倡议为陕西省高技术制造业创造了良好的外在条件，表现在具有国际性战略视野和政府支持两方面。

1. 国际性战略视野

"一带一路"倡议使陕西省以国际化的战略视野着眼未来，规划自身的发展。陕西省以共建"一带一路"国家向西开放为核心，推动资本、技术、人才的国际交流与合作，打造西部一流国际化平台，扩大对外开放水平，深度融入世界经济大格局。一方面，陕西省自身定位具有国际化战略视野。陕西省第十三次党代会决定把陕西省打造成共建"一带一路"核心区，高于新疆丝绸之路经济带核心区和福建海上丝绸之路核心区的定位，找准了陕西省在共建"一带一路"中的战略定位。国务院批准的《关中—天水经济区发展规划》提到，要把西安建设成国际现代化大都市。国务院批准的《关中平原城市群发展规划》提到，建设西安国家中心城市，形成多轴线、多组团、多中心格局，建成具有历史文化特色的国际化大都市。中共西安市委第十三届四次全会决定把西安打造成亚欧合作交流的国际化大都市，既继承了汉唐长安的定位，又对接了共建"一带一路"部分国家，找准了在"一带一路"建设中的战略定位。另一方面，陕西省发展规划具有国际化战略视野。陕西省大力发展西安高新区，促使其成为中国西部的"科技大走廊"、金融"金三角"、"软件名城"、"西部硅谷"、"军民融合创新"，在全球范围内，形成在通信、光伏、软件与服务外包等领域具有较强竞争力的产业集群，成为具有中国内陆自主创新特色的世界一流科技园区；在全国范围内，成为一流的研发基地和新兴业态的引领区，形成在通信、光伏、电子元器件、软件与服务外包等领域全国领先的产业集群；在中西部地区，成为最大的总部基地、科技创新中心和高新技术产业化基地。

2. 政府支持

陕西省政府积极响应国家关于发展高技术制造业的号召，贯彻执行国家高新技术产业化政策，大力推动陕西省高技术制造业的发展。首先，政府越来越重视高技术制造业的技术创新能力并给予了较大的资金及政策支持，陕西省的高技术制造业无论是经费还是人员与设备等基础资源的投入一直在持续增加，为高技术制造业的发展创造了更优越的条件。其次，根据《陕西省高新技术产业发展专项资金管理办法》，对重大产业化和重大应用示范工程等项目，以贷款贴息方式安排专项资金。贴息额度按照申报项目固定资产投资贷款额度的一定比例及当期银行贷款利率计算确定；对公共服务平台、创新平台及产业关键核心技术研发等项目，适当安排投资补助。从 2012 年至 2023 年末，陕西省政府共发布了 99 份与高技术制造业有关的文件推进高新技术产业发展，指导国家和省级高新技术产业开发区、科技产业园区建设，促进高技术企业技术创新。最后，陕西省近年来不断有省级高新区升级成为国家级高新区，也有许多省级高新区相继获批成立，充分彰显了政府对大力发展高技术制造业的坚定信念和态度。

2.2.2　内在条件

区域间发生产业对接的一个前提就是产业级差的存在。对于陕西省高技术制造业发展来说，总体上具有较高的产业集聚度和雄厚的科教研实力，相对于共建"一带一路"国家部分新兴经济体和发展中国家来说，存在产业对接的双向梯度差异。

1. 产业高度集聚

目前，陕西省高技术制造业在各高新区及开发区集聚，形成了具有一定规模的产业集群，并且保持平稳增长的态势。高新区以及开发区已成为支撑创新型省份建设、引领陕西省经济实现创新超越发展的新引擎。首先，高新区具有了显著的规模和良好的发展潜力，是区域经济发展的支柱和主导。2023年陕西省国家级高新区数量已经达到了7个（西安高新区、宝鸡高新区、榆林高新区、渭南高新区、安康高新区、咸阳高新区、杨凌示范区）。《中国火炬统计年鉴》（2022年）数据显示，2021年陕西省7个国家级高新区总计实现收入16 164.97亿元，工业总产值12 000.37亿元，同比增速超过10%；在全国37个火炬计划软件产业基地进行的综合评估中，西安软件园综合排名跃居全国第六位。其次，经济联系导致了各细分产业的聚集，扩散效应带动了其他产业的聚集，促进了产业链的完善。西安阎良国家航空高技术制造业基地发展势头良好，产业聚集度持续提升；卫星应用产业聚集效应初步显现，初步形成了覆盖卫星导航、通信、遥感三个产业方向的核心产业链，应急移动卫星通信系统、卫星通信雷达网络系统和车载移动卫星通信系统等重点项目持续推进；蒂森克虏伯股份公司、西安赛威短舱有限公司、西安西艾航空发动机部件有限责任公司、中航西安飞机工业集团股份有限公司、庆安集团有限公司、中航西安飞机工业集团股份有限公司等公司六大项目相继落户加工区，区内航空产品国际转包生产分工企业累计达24家，航空转包产业链不断完善。

2. 科教研实力雄厚

陕西省是全国排行前五的高等教育基地，也是全国航空、航天、兵器、农业等领域的重要科研和生产基地，有一大批科研院所、重点实验室和工程研究中心，科教研人才济济。2021年，全省从事科技活动的人员达274 605名。根据《中国区域科技创新评价报告2021》中的综合创新资源、创新投入、创新转化、创新产出各项指标，陕西省的创新总指数位列西部12省区市第二，仅次于重庆。以专利为例，2022年全省专利申请量105 652件，专利授权量79 375件，每百万人口发明专利申请量和授权量分别位列全国第12和第14位。

在高等教育方面，2023年陕西省拥有高等院校98所，综合实力雄踞西部第一；高校数量多，学科专业齐全，实力雄厚。拥有西安交通大学、西北工业大学、西安电子科技大学、空军军医大学、西北农林科技大学等50余所部省属和军队院校，形成了门类齐全的学科体系、人才体系、科研基础设施体系，以及能源化工、先进制造、电子信息、航空航天、生物医药等学科研究和产业技术创新体系。高校一直是陕西省科技实力的重要标志，是陕西省发展的重要引擎。

在科研方面，截至 2022 年末，包括中央在省、市和县级以上各类自然科学科研与开发机构 1814 个；而县级以上政府部门所属研究与技术开发机构就有 225 个（含转制型机构 34 个），其中 17 个专业是全国唯一的，50 个专业在全国处于领先地位；理工农医类高等学校研究与技术开发机构 144 个；大中型工业企业有科技活动的 249 个单位中，有科技机构的单位 171 个；全省有专业技术人才 221 万人，高技能人才 159.6 万人，"两院"院士 74 人。国家级高新区 7 个，国家工程技术研究中心 7 个，国家重点实验室 26 个，省重点实验室 196 个。国家测绘局总共 5 个测绘大队就有 3 个在陕西西安，中国最大的高科技农科城在陕西杨凌。

2.3　陕西省高技术制造业与共建"一带一路"部分国家产业对接的目标

陕西省高技术制造业存在着行业发展不均衡、投资相对较低、产业配套不够完善、大型企业数量较少、创新企业有待培育等不足。为合理解决这些现实困境，基于专业化分工、经济联系、重点发展方向三个维度提出陕西省高技术制造业与共建"一带一路"部分国家产业的对接目标。

2.3.1　实现优势互补

实现优势互补指具有合作意愿和具备可比较要素的两者间，在特定领域互相交流，学习和吸收对方优势，沟通发掘潜在资源和合作形成共同优势，互利互惠，最终实现共同发展进步（朱玉杰等，2001；杨丛等，2023）。受历史、社会及自然环境等的影响，共建"一带一路"国家的经济发展存在严重的不平衡性。陕西省与共建"一带一路"部分国家实现产业对接的前提条件不仅包括自然、经济、社会及文化等各方面的差异，还包括空间上生产要素的非均衡分布导致的经济活动方式和活动内容的不同，这些差异促使着不同地区之间商品和生产要素的交换，实现技术、市场和资源互补。

1）技术优势互补

共建"一带一路"国家生产技术的差异为地区产业合作提供了良好的基础，陕西省可以借此实现技术方面的交流。一方面，陕西省高技术制造业在全球价值链中处于中低端位置，可以通过产业对接获取尖端的技术。东南亚的电子产业等都拥有国际顶尖技术，与这些地区对接，可以逐渐掌握对方的核心科技，实现价值链的攀升。另一方面，共建"一带一路"国家中有处于价值链低端的国家，这些国家地域辽阔，自然资源丰富，经济发展水平较低，技术力量薄弱，交通不便，人才缺乏等。陕西省可以发挥自身的技术优势，实现与这些国家的产业合作，构建并引领新的价值链体系，实现产业的转型升级。

2）市场优势互补

市场是经过长期的试验自发演化出来的最有效的合作方式。西部开发的历史经验表明，单纯的政府行为固然可以强制性地转移资源等生产要素，但是不能实现资源的有效利用，而市场对资源配置起着决定性的作用（王小卫和蔡新会，2003）。共建"一带一路"国家在市场半径、市场体系、交易网络密度及市场成熟度等方面都存在较大差异，这种差异成为市场互补性的内在需求。共建"一带一路"国家有更大的市场规模，这是吸引陕西省资本、劳动力和人才的重要因素；而部分落后地区市场欠发展导致其蕴藏着巨大的消费需求，而且这种潜在的消费需求转变为现实需求的可能性远比陕西省大。同时，高技术制造业链条较长，其国际分工的多个环节也需要多地区发挥自身优势来完成。陕西省作为多种中间品的需求方，应当放开市场，通过共建"一带一路"国家提供较低成本的中间品获取商品更大的增加值。

3）资源优势互补

随着国际产业分工专业化程度的提高，加之世界各个国家的生产要素和资源禀赋情况各不相同，任何一个国家都不能在产业链上的每一个环节都具有绝对优势。在一国的产业发展过程中，若将原材料、劳动力、资本、土地、管理等各种生产要素平均地分布于各个产业和产业的每个环节当中，因受制于生产要素的总体数量，产业的生产效率必将受到稀缺生产要素和弱势产业环节的影响而大幅下降，导致缺乏产业国际竞争力。通过产业对接，生产要素在国家和地区范围内自由流动、优化组合、合理配置，产业对接中的各个国家都能够按照自己的资源禀赋优势，集中优势生产要素发展具有绝对竞争优势的产业和价值链环节，大幅提高劳动生产率，获取超额经济利润。陕西省矿产、能源资源丰富，然而研发资本较为薄弱，人口高度聚集导致土地成本居高，劳动力相对部分国家较为昂贵。若将弱势产业和价值链环节通过产业合作的形式转移至具有绝对竞争优势的国家进行分工，变劣势为优势，从而使得各个产业生产率和产业链各环节都大幅提高，在降低成本、增加利润的同时，还可以有效增加国家和区域的整体社会福利。

2.3.2 完善产业配套水平

提升产业配套能力，完善产业配套水平，有助于降低企业的交易费用、促进技术合作和技术转移，优化资本配置，吸引转移企业迁入落户，促进产业集群发展壮大。产业配套水平是指产业发展过程中的支撑体系和协作环境，是具有上、下游经济联系的产业之间的协调发展能力（汤晓莉和苗长虹，2011）。它主要有两层含义：①在一定区域内上、下游关联产业之间有着密切的前后向联系；②关联产业能够在空间上邻近。完善产业配套水平的目标：一是增强区域内产业联系，提高产业配套性；二是缩小产业配套半径，降低产业生产运输成本。

1）提高产业配套性

产业配套性是指一个有效市场半径上产业链的完整性，体现了内部分工与供需关系（吴金明等，2005；覃莹莹，2020）。通过充分发挥每个环节的协同作用，提高本地的产业配套性来保证产业链的效率。目前，陕西省高技术制造业产业配套性、技术水平不高，导致在制造高端设备时仍需要从某些国家进口零配件等中间产品。此外，也存在供应链比例失调导致的上下游产业之间供求不配套情况，如上游流量大于下游流量造成上游产业环节效率降低，下游流量大于上游流量造成下游流量浪费等。在"一带一路"开放环境下，陕西省高技术制造业能够从"一带一路"具有技术优势的地区获取高端技术，提升中间产品质量，保证本地产业配套性，从而保持产业链连续，通过从相近国家进口缺少的下游流量或者出口多余的下游流量来保证产业链比例的协调。

2）缩小产业配套半径

产业配套半径的大小、远近与运输成本有着直接的关系，缩小产业配套半径可以使产业节省成本，获取更大利益（李广明和黄有光，2010）。陕西省高技术制造业的技术层次有限，需要在更大范围内寻求比较优势和专业化分工，由此出现产业链境外迂回的情况，导致了迂回的成本与附加值的冲突。若共建"一带一路"国家中的企业都参与到世界分工体系当中，当下游供应商增多时，陕西省高技术制造业可以有更好的选择，如原本需从美国进口的电子产品，改为从东南亚进口，这些国家在地理上更靠近中国，可以使产业配套半径的范围大大缩小，从而提升产业配套水平。

2.3.3 提升综合发展力

综合发展力是产业内主体对区域内人才、资源、能力进行协调和整合而形成的产业独特的、持续的发展优势和自主发展能力，具体表现在具有创新驱动力、空间承载力、集群竞争力三个方面（魏和清等，2017）。

1）创新驱动力

创新驱动力指依靠创新驱动的能力，即依靠自主设计、研发和发明，以及知识的生产和创造推动经济增长的能力（洪银兴，2013）。创新驱动的内容是以产业创新形成新型产业体系，以科技创新形成完备的技术创新体系，以产品创新形成新市场和经济增长点，以制度创新为经济发展方式提供保障，以战略创新形成协同创新体系（任保平，2013）。近年来，陕西省高技术制造业经济快速发展主要源于发挥了劳动力和资源环境的低成本优势。要素驱动不能解决经济发展中的"生产要素报酬递减和稀缺资源瓶颈"这两个基本问题，需要走以知识和科技为先导的创新发展之路（张来武，2013）。进入发展新阶段，陕西省在国际上的低成本优势逐渐消失。与低成本优势相比，技术创新具有不易模仿、附加值高等突出特点，由此建立的创新优势持续时间长、竞争力强。实施创新驱动发展战略，加快实现由低成本优势向创新优势的转换，可以为持续发展提供强大动力。创新驱动的实质是科技创新，而科技创新的源头，一是来自大学和科学院的科学新发现所产生的原创性创新成果；二是引进先进技术，消化、吸收并进行创新（甘文华，2012）。陕西省需要打破企业边界和区域边界搜寻外部可能的创新源，需要从单个企业到区域集聚地最大化利用创新源，需要从"硬创新"向"软创新"转变，这样才能实现从企业创新活动到国家发展战略的飞跃，实现自身的创新。具体来说，陕西省应通过与共建"一带一路"国家之间的技术交流，大力引进先进技术，进行消化、吸收并创新，同时借助"一带一路"共建国家引入的资本，扩大自身研发投入，自行创新，使创新驱动力提高并成为陕西省高技术制造业发展的不竭动力。

2）空间承载力

空间承载力又称区域承载力，是指特定空间中所有资源总和（物质资源、能量资源、信息资源、空间资源、人力资源、社会资源等）可提供给该区域综合发展的能力（熊鹰和杨雪白，2014）。空间承载力是制订区域规划、进行区域决策、实施区域管理的基本依据。随着工业化、城市化进程的加快，人口的急剧增长及城市规模的迅速扩张，陕西省正面临着资源、人口、经济、生态环境等诸多问题。在陕西省高技术制造业与共建"一带一路"部分国家产业对接过程中，一是需要提高资源利用率。陕西省资源有限，但可以通过共建"一带一路"国家获取更高端的技术，提高资源的利用率，使资源能够承载更快的经济发展。二是获取更多的资源。共建"一带一路"国家中有诸多陕西省高技术制造业可实现合作的对象，如中亚的吉尔吉斯斯坦等国家拥有廉价的人力资本、较为丰富的自然资源等，与其实现对接可提升陕西省的空间承载力。

3）集群竞争力

集群竞争力是以产业集群的各种资本要素为基础，以企业间的动态网络关系及其层次性递进为运行方式，具有对环境的较强掌控能力，在市场竞争中能为产业集群的整体绩效带来实质性功效的强劲竞争优势（刘恒江和陈继祥，2004；孙一迪，2022）。产业集群竞争力评价的核心是对产业中企业的集聚效应导致的经营能力的综合测度。集群竞争力是集群内企业整体的竞争力，也是一个地区产业的竞争力。陕西省高技术制造业集群竞争力在国际中处于中游偏下位置，限制其竞争力的最重要的因素是技术创新不足。在共建"一带一路"背景下产业竞争将更加激烈，政府需要加大投入并加以引导，使企业形成以自主创新为主体的发展战略。

2.4 陕西省高技术制造业与共建"一带一路"部分国家产业对接的手段

产业链与产业对接具有本质上的一致性，产业对接是产业间内在技术经济联系规律作用的结果，对产业对接手段的分析可以纳入到产业链理论分析框架中进行。从共建国家间政府支持这一前提条件出发，基于产业链升级理论的一般作用机理，以提升陕西省高技术制造业价值链为实现目标，探索性提出陕西省高技术制造业与共建"一带一路"部分国家产业对接的三种手段。

2.4.1 强联式对接的手段

强强联合的对接手段表现在企业具有国际市场竞争力、技术水平在同行业领先以及具有区域性的竞争优势，由此衍生出国际战略联盟、技术联盟和产业合作示范区三种具体对接手段（史马和苗泽华，1999）。

1) 国际战略联盟

国际战略联盟又称跨国战略联盟或战略经营同盟，是国际市场竞争的新战略，指两个以上的企业为了实现优势互补、提高竞争力及扩大国际市场的共同目标而制定的双边或多边的长期或短期的合作协议（易朝辉和夏清华，2007）。国际战略联盟根据联盟中企业的目标分为横向联盟和纵向联盟。横向联盟指同行业企业之间的战略联盟，纵向联盟指有关联的不同行业企业之间的战略联盟。

以丰田公司为例，丰田公司与通用汽车公司、大众汽车集团、福特汽车公司、标致雪铁龙集团、雷诺公司、大发工业株式会社、本田技研工业株式会社、Kirloskar Proprietary Limited、日野自动车株式会社、富士重工业株式会社组成横向战略联盟，与株式会社电装、日本爱信精机株式会社、丰田合成株式会社、丰田纺织（中国）有限公司、关东化学工业株式会社、爱三工业株式会社等零部件、车体及车身生产商组成纵向战略联盟。丰田公司与通用汽车公司的合作在一定程度上缓解了丰田公司在加利福尼亚及其附近地区和通用汽车公司的正面竞争。丰田公司与日本爱信精机株式会社的联盟，不仅降低了丰田公司独立生产的风险，还为其带来了成本优势。丰田公司与其供货商株式会社电装的联盟合作，成为丰田公司汽车优质的保证。丰田公司之所以有优秀的品质，部分归功于其供货商在创新、工程、制造及整体信赖度方面的优异表现。丰田公司与其供应商的合作为丰田公司生产的连续性打下了坚实的基础，良好的供应链体系保证了丰田公司的即时生产管理和对市场的及时反应，这使得丰田公司在激烈的全球竞争中占到先机。

2）技术联盟

技术联盟是由两个或两个以上的企业为达到共同的技术创新目标而采取的股权与非股权形式的、共担风险、共享技术成果与利益的相互合作关系（李云娥和丁娟，2007）。联盟合作伙伴之间的关系是既合作，又竞争。企业之间可以通过资源优势互补，建立一个相对长期、稳定的合作伙伴关系，同时增强双方的市场竞争力，这就是企业技术联盟的精髓所在。技术创新战略联盟的兴起有其内因和外因。首先，内因是科学技术发展的日新月异。随着技术研究与开发的大规模发展，许多研究设备大型化，设备费用昂贵，开发的风险性也越来越高，一个国家或一个企业对此难以承担。通过合作，可以避免重复制造相似设备所造成的资源不必要浪费，也可分摊巨额费用、分享技术成果和情报、优化资源配置、增强企业的技术能力，而且多数企业还可从中获得必要的知识和技术。其次，外因源于技术联盟能促使企业适应于国际市场的竞争压力。技术联盟能使成员企业在技术水平上率先创新，依靠技术领先推动市场先入，并借力形成新的行业标准、新的竞争规则，促使企业整体技术力量上升到产业领先的层次，从而形成技术壁垒。企业的竞争能力借助技术战略联盟得到提升。跨国公司在进入国外市场时一般采用技术联盟形式，延伸其核心技术的市场先入能力，共同建立行业技术标准，形成市场先入的竞争优势。

以福特公司为例，福特公司每年投向技术研究与开发的费用为70亿美元，在全球范围内拥有从发动机到方向盘等技术专利5000多项。但是随着科学技术的发展，福特公司也觉得技术自主研发的压力和风险越来越大，于是不断寻求技术联盟的机会。例如，福特公司合作的对象广泛地分布在政府、学术组织以及公司的供应商和竞争对手等领域。这进一步表明科技政策越来越趋向于鼓励企业与各种研发机构的合并与联合。技术的发展具有很大的不确定性，联盟的目的在于降低自主研发的风险，同时也避免其他公司的技术模仿。另外，技术的发展还具有很强的系统外部性，如在发动机、燃烧装置、动力系统之间的技术适用和协调性。在信息技术和电子商务中的联盟，更多的是出于巩固竞争地位的需要。不难看出，技术联盟是竞争从传统的零合竞争向非零合竞争的转变，见表2.1。

表 2.1　福特公司的技术战略联盟

联盟对象	合作项目	技术领域
美孚公司	燃料电池的设计、改装	环保技术
美孚公司	定位系统、发动机	环保技术

续表

联盟对象	合作项目	技术领域
巴拉德动力系统公司，戴姆勒-奔驰公司	以燃料电池为动力的车型	环保技术
加州燃料电池合作伙伴联盟	以燃料电池为动力的轿车	环保技术
新一代汽车合作伙伴计划	汽油燃烧效率	环保技术
福瑞德振动电机公司，戴姆勒-奔驰公司	无级变速器、汽油燃烧效率、制动装置等	质量改进
天狼星XM控股公司	电子卫星通信	信息技术
荷兰皇家壳牌石油公司	以甲醇为原料的燃料电池	环保技术
雅虎	电子商务	新的市场或新的交易方式
甲骨文公司	电子商务	新的市场或新的交易方式
通用汽车公司，戴姆勒-克莱斯勒集团公司	电子商务	新的市场或新的交易方式
斯普林特公司	数字通信技术	信息技术

资料来源：福特公司官方网站（https://www.ford.com/）

3）产业合作示范区

产业合作示范区指划定特定区域，赋予该区域特殊的财政税收、投资贸易及配套的产业政策，并对区内部分地区进行跨境海关特殊监管，吸引人流、物流、资金流、技术流、信息流等各种生产要素在此聚集，实现该区域加快发展，进而通过辐射效应带动周边地区发展（李天籽，2014），见表2.2。2012年4月经国务院批复设立图们江区域（珲春）国际合作示范区，该示范区是我国面向东北亚合作与开发开放的重要平台，也是东北亚地区重要的综合交通运输枢纽和东北亚地区商贸物流中心。2014年签署协议的连云港农业国际合作示范区是共建"一带一路"国家中首个农业国际合作示范区，对于江苏和连云港主动参与"一带一路"倡议，深化我国与共建"一带一路"国家的农业合作，带动和提升农业合作水平，发挥好示范区对全国农业对外合作的示范带动作用，具有非常重要和深远的意义。2017年12月，粤澳（江门）产业合作示范区管委会揭牌，该示范区将依托环保电镀发展电子、汽车零部件、珠宝、钟表等高端制造以及循环经济产业，目标是打造粤港澳高端装备制造基地和小微企业创业创新中心，同时，发挥澳门国际环保合作发展论坛等平台优势，面向国内外企业开展招商引资，推动传统产业的转型升级，谋划打造国际环保产业集聚和技术展示区以及交易平台。2018年5月，商务部复函支持青岛创建全国首个"中国—上海合作组织地方经贸合作示范区"，青岛肩负打造共建"一带一路"国家国际合作新平台、加强我国同上海合作组织国家互联互通，着力推动东西双向互济、陆海内外联动的开放格局的重要使命。2020年1月，中国、马来西亚积极探索建设"两国双园"跨国自由贸易合作示范区，由中国和马来西亚共建的中马钦州产业园和马中关丹产业园，开创了"两国双园"的共建"一带一路"国家产业合作新模式，将建设成为中马投资合作旗舰项目和中国—东盟合作示范区。中马钦州产业园已经形成棕榈油、燕窝、清真食品、生物医药、高新电子、新能源等为主的产业集聚；马中关丹产业园区形成了以钢铁、轮胎、玻璃、铝型材等为主的产业集群。2020年6月，中韩（长春）国际合作示范区揭牌仪式在长春举行，各方全力以赴推进中韩（长春）国际合作示范区发展，力求把示范区打造成为吉林对外开放的亮丽名片、东北亚合作发展的耀眼明珠。2020年4月，国家发展和改革委员会批准在大连、天津、上海、苏州、青岛、成都6市设立中日地方发展合作示范区，对日开展自动驾驶等智能网联关键技术，依托中国一重核电设备制造基地与日本合作，培育新一代核电技术装备产业集群，加强与日本石化重点企业、精细化工企业、半导体材料等企业合作。

表2.2 我国签署的部分产业合作示范区

示范区名称	成立时间	连接国家和地区	业务
图们江区域（珲春）国际合作示范区	2012年4月	中国、东北亚	汽车零部件制造、农畜产品、海产品加工
连云港农业国际合作示范区	2014年4月	中国、东北亚、东南亚	农产品
粤澳（江门）产业合作示范区	2017年12月	粤港澳	电子、汽车零部件、珠宝、钟表等高端制造
中国—上海合作组织地方经贸合作示范区	2018年5月	共建"一带一路"国家	能源、农产品
"两国双园"跨国自由贸易合作示范区	2020年1月	中国、马来西亚	生物医药、高新电子、新能源
地方发展合作示范区	2020年4月	中国、日本	石化重点企业、半导体材料
中韩（长春）国际合作示范区	2020年6月	中国、韩国	智能制造、医药产品、健康食品产业

资料来源：中央人民政府网、连云港市人民政府网、中国一带一路网

2.4.2 互补式对接的手段

互补式对接手段的实现是基于产业之间发展的不均衡性，这种不均衡性不仅包括经济发展条件等方面的差异，在当前新的经济环境下也表现在消费者需求的差异、经济活动方式和活动内容的不均衡性（翟松天和徐建龙，1999）。

1）定牌生产

卖方按买方的要求在其出售的商品或包装上标明买方指定的商标和牌号，被称为定牌生产（聂丹和郭智勇，1997）。本质上是指拥有优势品牌的企业为了降低成本、缩短运距、抢占市场，委托其他企业进行加工生产，并向这些生产企业提

供产品的设计参数和技术设备支持,来满足对产品质量、规格和型号等方面的要求,生产出的产品贴上委托方的商标出售的一种生产经营模式。

以新加坡为例,新加坡玩具消费完全依赖进口,市场容量为 5000 万美元至 7000 多万美元。产品主要来自中国、日本、马来西亚、美国、泰国、德国、韩国、丹麦、意大利、泰国、菲律宾等。而以上国家的名牌玩具基本上是在中国南部省份(广东和福建)定牌生产。在中国定牌生产的国际知名品牌及非名牌玩具总量占新加坡玩具总需求量的 50%左右,国际知名品牌占绝对比例,而且中国定牌生产的比重逐年提高。

2)兴办合资企业

合资企业是由本国投资者和外国投资者共同出资、共同经营、共负盈亏、共担风险的企业(朱方伟等,2013)。外国投资者可以是企业、其他经济组织或个人。合资企业能够使投资者双方进行资源共享、优势互补,充分利用本国企业的网络及已经建立的知名品牌,顺利进入本国市场;合资可以使外国投资者利用本国企业的地理优势,合理、合法地减少各项财务支出,大大降低经营成本;由于政策缘故,合资企业可以享受到外商投资者优惠。

合资是中国石油化工集团有限公司与跨国石油公司进行战略合作的一种典型形式,中国石油化工集团有限公司与德国巴斯夫公司自 1986 年共同出资设立上海高桥巴斯夫有限公司以来,先后于 1997 年设立扬子巴斯夫苯乙烯合资公司,2000 年设立扬子石化-巴斯夫有限责任公司。特别是在炼油化工和成品油销售领域,通过与跨国公司的合资合作,中国石油化工集团有限公司在资金、技术、管理经验和进入国际市场的渠道等方面获得了重要的支持;同时,跨国石油公司通过与中国石油化工集团有限公司的合作,有效地克服了市场进入壁垒,使其能在更加广阔的市场范围内运用自己的核心能力,并为进一步整合全球资源,建立新的竞争优势创造了条件。

3)许可协议

许可协议是技术贸易的一种主要形式,指许可企业同意受许可企业使用、制造或销售其专利物,或同意受许可人使用其商标,而由受许可企业支付一定的报酬作为取得此项使用权的对价的一种合同(黄如花和李楠,2016)。

2.4.3 转移式对接的手段

新时期建设背景下,国际产业转移呈现出更为显著的特点,包括产业内国际分工的深化,跨国公司实施新经营战略,跨国投资加快,产业结构贸易变化以及全球化等。绿地投资和跨国并购是两种最具有代表性和适应性的产业转移手段(栾文莲,2006)。

1）绿地投资

绿地投资指跨国公司等投资主体在东道国境内依照东道国的法律设置的部分或全部资产所有权归外国投资者所有的企业（林莎等，2014）。绿地投资会直接导致东道国生产能力、产出和就业的增长。绿地投资作为国际直接投资中获得实物资产的重要方式，由来已久。早期跨国公司海外拓展业务基本上都采用这种方式。绿地投资有两种形式：一是建立国际独资企业，其形式有国外分公司、国外子公司和国外避税地公司；二是建立国际合资企业，其形式有股权式合资企业和契约式合资企业。绿地投资有利于选择符合跨国公司全球战略目标的生产规模和投资区位，能够使投资者在较大程度上把握风险。

苏丹石油勘探项目是中国最大的海外绿地投资项目之一。中国石油天然气集团有限公司自 1996 年起就已经在苏丹生产石油和天然气，并随后对该国进行了 50 亿美元的投资。这家公司控制了苏丹和 2011 年 7 月成立的南苏丹两个国家的石油勘探。中国石油天然气集团有限公司在南苏丹开采的石油占了南苏丹收入的大部分份额，而中国也成为苏丹的主要贸易伙伴并因此获得了丰厚回报。

2023 年 10 月，青岛森麒麟轮胎股份有限公司（简称森麒麟）投入资金 2.97 亿美元在共建"一带一路"北非国家"桥头堡"摩洛哥投资建设 4.0 智能制造工厂，展现出森麒麟深度融入共建"一带一路"的大格局，同时加快推进森麒麟"833plus"规划、优化全球产能布局，在扩大对外开放中强动力、增活力，打开发展的新视野。这座新工厂位于摩洛哥丹吉尔科技城，总占地面积 20 万平方米，年产 600 万条高性能轿车、轻卡子午线轮胎，是中国在非洲的首座轮胎智能制造工厂。

2）跨国并购

跨国并购是跨国兼并和跨国收购的总称，指一国企业（又称并购企业）为了达到某种目标，通过一定的渠道和支付手段，将另一国企业（又称被并购企业）的所有资产或足以行使运营活动的股份购买下来，从而对另一国企业的经营管理实施实际的或完全的控制行为（蒋冠宏和蒋殿春，2017）。

例如，2017 年 10 月，上海复星医药（集团）股份有限公司（简称复星医药）宣布以 71.42 亿元收购印度仿制药企业 Gland Pharma 74%股权的交易完成交割。据悉，这项并购案是中国在印度开展的规模最大的收购。Gland Pharma 是印度第一家获得美国食品药品监督管理局批准的注射剂药品生产制造企业，并获得全球各大法规市场的 GMP（good manufacturing practice，良好生产规范）认证，其业务收入主要来自美国和欧洲。Gland Pharma 目前主要通过共同开发、引进许可，为全球各大型制药公司提供注射剂仿制药品的生产制造等服务。收购 Gland Pharma，有利于复星医药打开国际销售市场。此外，该公司的最大单品肝素钠是目前全球临床用量最大的抗凝血药物，而中国是目前全球最大的肝素原料药生产与出口国，此次收购将有利于复星医药将 Gland Pharma 在肝素行业的能力嫁接入国内。

2019年1月，海尔智家股份有限公司宣布以4.75亿欧元收购意大利家电品牌Candy公司100%股权。Candy公司在意大利拥有超过70年的历史，它的主要业务是洗衣机、电冰箱等的生产和销售，其中最为突出的洗衣机板块收入高达Candy总收入的半壁江山，Candy公司影响力遍及意大利，甚至辐射整个欧洲及亚洲。这次收购增强了中国企业在全球家电市场的竞争力，打破了欧洲高端市场的壁垒，进行了外延式蓬勃发展。

2.5 陕西省高技术制造业与共建"一带一路"部分国家产业对接的方案

以陕西省高技术制造业未来的发展目标为导向，陕西省高技术制造业内、外在条件为基础，兼顾产业对接的实现手段，设计其对接共建"一带一路"部分国家产业的方案，创造合作共赢的发展局面。

2.5.1 陕西省高技术制造业与共建"一带一路"部分国家产业对接的依据

从陕西省高技术制造业与共建"一带一路"部分国家的资源禀赋差异、产业发展水平和产业结构差异三个方面出发，以实现产业互补、技术水平和产业关联度提升为主要依据。

1）资源禀赋差异

产业对接对地区资源禀赋有很强的依赖性，陕西省高技术制造业与共建"一带一路"部分国家产业对接无法脱离资源禀赋条件来实现。地区的产业发展受到自然、经济和社会等条件的影响，不同的基础条件对应着不同的产业布局，在确定地区产业对接的方案时，应该从当地的区情出发，考虑地区的具体条件，选择本地区的比较优势产业，充分发挥本地区比较优势。

2）产业发展水平

部分发展水平高的地区具有发展经济的诸多优势，如科技文化发达、经济地理位置优越、工业基础好等，但与此同时，也存在制约经济发展的不利因素，如能源紧张、淡水资源缺乏、产业结构不合理等。反观落后地区，特点是既富饶又贫困，具体表现为地域辽阔，自然资源丰富，经济发展水平较低，技术力量薄弱，交通不便，人才缺乏等。因此，陕西省高技术制造业与共建"一带一路"部分国家产业对接应将重点放在充分利用资源优势选择与发展具有竞争优势的产业。

3）产业结构差异

经济发展的不同阶段有着不同标准的产业结构与其相适应，同一地区发展的不同阶段产业结构存在差异，不同地区之间同样也是，因此应当根据不同国家和区域产业结构互补性设计产业对接方案。地理学家 Ullman（1957）在 20 世纪 50 年代中期首次提出空间相互关系的概念，并认为不同地区之间的互补性是空间相互作用形成与演化的基础。陕西省与共建"一带一路"部分国家经济发展和产业结构都存在差异，这反映出经济主体间存在产业互补性，经济主体间具有展开产业合作的动力和物质基础。根据陕西省高技术制造业与共建"一带一路"部分国家产业结构的互补性，应进行地区间合理分工，拓展陕西省与共建"一带一路"部分国家产业合作的领域，开拓和发展一些新形式的互补性合作，如资源、技术的输入输出，优化升级双方的产业结构，实现区域产业合作的互利共赢。

2.5.2 共建"一带一路"部分国家及其产业的选择

由于各个国家产业水平存在很大的差别，有必要对共建"一带一路"部分国家的产业发展状况以及优势资源进行分析。在同一地理区域的国家，其商品贸易出口和进口结构大致相似，按地理区域分类研究可以照顾到位置、资源、环境等因素，还能够更加鲜明地体现出不同区域比较优势和竞争优势的特点。因此，兼顾地理位置，从共建"一带一路"国家中选取 61 个国家，划分为 8 个区域并确定对接国家，见表 2.3。

表 2.3 共建"一带一路"部分国家

地区	国家
区域 1	蒙古国
区域 2	新加坡、马来西亚、印度尼西亚、缅甸、泰国、老挝、柬埔寨、越南、文莱、菲律宾
区域 3	伊朗、伊拉克、土耳其、叙利亚、约旦、黎巴嫩、巴勒斯坦、沙特阿拉伯、也门、阿曼、阿联酋、卡塔尔、科威特、巴林、格鲁吉亚、希腊、塞浦路斯、埃及
区域 4	巴基斯坦、孟加拉国、阿富汗、斯里兰卡、马尔代夫、尼泊尔
区域 5	土库曼斯坦、乌兹别克斯坦、塔吉克斯坦、吉尔吉斯斯坦、哈萨克斯坦
区域 6	俄罗斯、白俄罗斯、阿塞拜疆、亚美尼亚、摩尔多瓦
区域 7	捷克、斯洛伐克、匈牙利、波兰
区域 8	立陶宛、爱沙尼亚、拉脱维亚、斯洛文尼亚、克罗地亚、波黑、黑山、塞尔维亚、阿尔巴尼亚、罗马尼亚、保加利亚、北马其顿

注：共建"一带一路"国家样本选择于中国一带一路网

1）区域 1

区域 1 选取蒙古国为代表。蒙古国的高新技术产业发展并不突出，仅有矿产资源较为丰富。蒙古国重要的特色工业产业主要分布在西部、杭爱、中部和东部四个地区。西部地区包括扎布汗省、乌布苏省、科布多省、巴彦乌列盖省和戈壁阿尔泰省，其特色工业产业是地质探勘、采矿、食品加工和轻工业。杭爱地区包括库苏古尔省、布尔干省、鄂尔浑省、后杭爱省、前杭爱省和巴彦洪戈尔省，其特色工业产业是地质探勘、毛皮加工和建筑业。其中，额尔登特市为蒙古国第三大城市，以拥有世界前10名的额尔登特铜矿厂而闻名。中部地区包括色楞格省、达尔汗乌拉省、中央省、中戈壁省、东戈壁省、戈壁苏木贝尔省和南戈壁省，其特色工业产业是地质探勘、采矿、轻工业和建材业。其中，首都乌兰巴托是蒙古国的政治、经济、文化和交通中心，集中了全国一半以上的工业产值，市内有畜产品综合加工厂和火电厂等。东部地区包括肯特省、东方省和苏赫巴托尔省，其特色工业产业是地质探勘和采矿业。

区域1主要国家的资源禀赋和优势产业分布见表2.4。

表2.4 区域1主要国家的资源禀赋和优势产业

国家	资源禀赋	优势产业
蒙古国	矿产资源、煤炭资源、铜、金矿储量居世界前列	畜牧业、农业、工业、加工业、建筑业、旅游业、电信业

资料来源：《对外投资合作国别（地区）指南》（2022年）

2）区域2

区域2的国家中，高技术制造业发达的国家主要有新加坡、越南、马来西亚、菲律宾、泰国、缅甸6个国家，其余4国高技术制造业不发达。中国—中南半岛经济走廊是中国与共建"一带一路"国家规划建设的六大经济走廊之一。该走廊以中国广西南宁和云南昆明为起点，以新加坡为终点，纵贯中南半岛的越南、老挝、柬埔寨、泰国、缅甸、马来西亚等国家，是中国连接中南半岛的大陆桥，也是中国与东盟合作的跨国经济走廊。东盟各国由于其经济发展水平不同，电子业发展也不平衡。这里有电子业相对较为发达的国家，如新加坡、马来西亚、泰国、菲律宾等；也有电子业发展缓慢，甚至几乎没有产业竞争力的国家，如缅甸、老挝等。新加坡是世界重要的电子业生产中心之一，全球著名的电子业巨头都在新加坡设有基地。马来西亚电子产品出口约占该国总出口额的一半。在泰国，电子元件业是最大的出口产业。目前，菲律宾是半导体、微处理器的最大组装厂，电子产业成为菲律宾最重要的出口产业。

新加坡的高技术制造业、化工、生物科学、工程、教育、医疗、运输与资讯科技等产业的优化与发展，促使新加坡成为区域服务中心，并促进及培养本国的优秀企业成为跨国企业。①电子工业。电子工业是新加坡传统产业之一，2021年产值2171.04亿新加坡元，占制造业总产值的40.7%。经济发展局计划将新加坡发展为世界级的电子和精密工程中心，谋求制造业在全球市场中的位置并占据高附加值的环节。②信息产业。20世纪70年代末，新加坡政府制定了"80年代新加坡发展计划"，着重发展以信息产业为代表的12项高科技产业。20世纪80年代中期又提出全面实现电子计算机化，使新加坡尽快成为东南亚和亚太地区的信息咨询服务中心。1996年政府设立2亿美元的"信息技术组合发展基金"，支持信息科技项目的试验活动。2021年信息行业产值为298.7亿新加坡元，占GDP总额的5.6%。③精细化工。新加坡的化学工业开始于1961年在布克姆岛建立的贝壳精炼厂，之后于70年代成立新加坡精炼公司。这些精炼厂为新加坡的化学工业打下了基础，目前包含石油化工、特殊化工及生命科学等新兴产业。1998年美国加利福尼亚得克萨斯石油公司将其总部由美国迁到新加坡，为新加坡发展成为世界级石油和石化的工业中心打下基础，2021年产值714.79亿新加坡元。④生物制药。新加坡的生物制药包括医药品、生物工艺、医用器械、保健服务等公司，从事知识密集型产业，诸如临床研究、高技术制造业等。生物制药是经济发展局21世纪工业发展规划中的四大支柱制造业之一，2021年产值784.13亿新加坡元，占制造业总产值的14.7%。

越南在优先发展农业的同时，大力发展工业和服务业，产业结构逐步得到调整和改善，已形成20多种出口主力产品，如原油、天然气、计算机软件、化工、成衣和鞋类等，这些产品出口额占全国出口总额的74%，出口额年均增长21%。信息通信产业已成为越南整体经济发展的重点项目，支持性政策和资金促进了信息技术部门的发展。ICT投资者的激励措施包括前4年的免税期和后5年时间企业所得税减半。越南国内IT市场处于快速增长阶段，贸易自由化和经济能力的日益提高，推动企业和消费者购买力的提升。越南是一个优秀的全球外包目的地，在软件开发行业具有特别的优势。2021年，越南手机及零部件出口额575亿美元，电子、电脑及零部件出口额508亿美元，合计达1082亿美元左右，占出口总额的32%。三星电子有限公司（简称三星）、微软公司、鸿海精密工业股份有限公司等大型企业均在越南投资设厂。其中，三星投资额近185亿美元，2021年越南地区内三星营收约742亿美元，出口额655亿美元，约占越南对外出口总额的20%。在此过程中，越南的软件产业、硬件产业、数字内容产业、IT服务产业等得到了很好的发展，尤其是数字内容产业和IT服务产业，迎来了迅速增长。此外，越南资源丰富，种类多样。2021年，越南开采原油1100万吨，开采天然气70.9亿立方米。

马来西亚电子制造业发展迅速，已经成长为国民经济的重要支柱产业。马来西亚电子制造业主要涵盖电子元件和电路板制造、消费电子产品制造、计算机和周边设备、通信设备制造等领域。2016年，马来西亚电子制造业总产值837.6亿美元，增加值为101.5亿美元，占制造业的比重为18.3%，从业人员31.5万人。其中，电子元件和电路板制造产业总产值为398.7亿美元；消费电子产品制造产业总产值为 144.9 亿美元；计算机和周边设备制造产业总产值为 122.8 亿美元；通信设备制造产业总产值为 49.0 亿美元。世界上有 1/3 的半导体是在马来西亚的槟城装配的，众多的电子供应商、采购商和制造商聚集在槟城，使今日的槟城有"东方硅谷"之称。

泰国作为东盟区域内的电子产业先进国家，多年来始终把发展电子产业作为国家工业发展的龙头产业之一。经过长期不懈的努力，泰国的电子产业在 20 世纪 90 年代就已扭转了电子产品主要依靠进口的被动局面，不仅能够满足国内市场的需求，而且也在国内外市场的销售方面取得了可喜的业绩。2022 年，电子产品的出口额占出口总额的 16%。泰国电子产业的快速发展，不仅在占国家出口总额的比例上有所增加，同时也在国际市场某些电子产品的市场份额上有所增加。虽然在近期受到邻国劳动力成本低廉的影响导致电子产业出口占比有所下降，但电子产业仍然是泰国的龙头产业。

菲律宾的电子业始于 20 世纪 70 年代中期，兴盛于 80 年代后期，最终于 90 年代后期取代农业成为菲律宾出口创汇的主要工业。2021 年菲律宾电子行业出口额为 459 亿美元，自 2016 年以来保持着 5%～7% 的增长。菲律宾是电子产品主要出口国之一，电子产品是菲律宾首要出口产品，是菲律宾工业增长的支柱之一，直接或间接就业人数达 260 万人。

缅甸拥有非常丰富的矿产资源，比如非金属矿产磷矿等，金属矿产铅锌矿、铁矿、铬矿、铝土矿、宝石等，以及能源矿产石油、天然气、煤炭等，且具有很强的互补性，资源型的矿产业、能源产业是与其他地区经济合作的重要产业。从产业梯度看，缅甸是典型的农业国，资源要素丰裕。缅甸资源丰富，尤其是石油和天然气的储量大，且大多数还没有得到开发和利用，具有巨大的开发潜力。

区域 2 主要国家的资源禀赋和优势产业见表 2.5。

表 2.5　区域 2 主要国家的资源禀赋和优势产业

国家	资源禀赋	优势产业
新加坡	无	电子工业、信息产业、精细化工、生物制药业、海事工程业、商业服务业、批发零售业、金融保险业、运输仓储业、资讯通信业、旅游业
马来西亚	石油、天然气、锡、铁、金、钨、煤、铝土、锰等矿藏	农业、采矿业、电子制造业、建筑业、服务业
印度尼西亚	石油、天然气、铝、镍、铁、铜、锡、金、银、煤等矿藏	农林渔业、采矿业、制造业、旅游业
缅甸	非金属矿产磷矿等，金属矿产铅锌矿、铁矿、铬矿、铝土矿、宝石等，以及能源矿产石油、天然气、煤炭等	农业、能源产业、矿产业、加工制造业、旅游业

续表

国家	资源禀赋	优势产业
泰国	有色金属、稀有金属、煤、石油、天然气、铀矿和多种建筑材料	电子产业、农业、工业、旅游业、制造业、汽车工业
老挝	金、铜、锡、铅、钾、铁、石膏、煤、盐等矿藏、水力资源	农业、电力行业、采矿业、旅游业
柬埔寨	木材、石油、天然气、磷酸盐、宝石、金、铁、铝土等矿藏	农业、制衣业、建筑业、旅游业、能源业
越南	石油、煤炭、天然气、农作物、海洋资源	信息通信产业、软件产业、硬件产业、数字内容产业、IT服务产业、农业、渔业、采矿业、汽车工业、电力工业、油气工业
文莱	石油储量和天然气储量丰富，林业资源丰富	油气产业、农林渔业、清真产业、金融业
菲律宾	铜、金、银、铁、铬、镍等矿产、木材、植物、水产资源	电子产业、农业、工业、建筑业、电力能源产业、旅游业、交通、通信及仓储业

资料来源：《对外投资合作国别（地区）指南》（2022年）

3）区域3

区域3以伊朗、土耳其最为典型，其具有较发达的高技术制造业或者丰富的资源，适合作为产业对接的对象。区域3是世界石油宝库，是全球最重要的能源输出地，但同时也是军事、文化、宗教最为复杂的地方。区域3石油储量占世界总储量的60%以上，被誉为"21世纪的能源战略基地"。石油是世界范围内最重要的能源资源，对一国发展具有极其重要的战略意义。

伊朗自然资源丰富，尤其是固体矿产资源非常丰富，已探明各种矿产68种，探明储量380亿吨，占世界总储量的7%，居世界第15位，同时拥有潜在矿产储量超过580亿吨。截至2021年底，伊朗已探明石油储量1578亿桶，约214亿吨，占世界总储量的11.4%，居世界第4位；已探明天然气储量为34万亿立方米，位居世界第2位，占全球天然气总储量的18.2%。支柱产业是采矿业，伊朗每年生产约200亿美元矿产品，其中一半用于国内消费，其余用于出口。2018年向世界各国出口了约87亿美元的各种矿产，2021年3月至2022年3月，伊朗矿产品出口额105.3亿美元，同比增长91%，出口量915万吨，同比增长12%。

区域3主要国家的资源禀赋和优势产业见表2.6。

表2.6 区域3主要国家的资源禀赋和优势产业

国家	资源禀赋	优势产业
沙特阿拉伯	石油、天然气、银、铜、铁、铝土、磷等矿藏	石化产业、农业

续表

国家	资源禀赋	优势产业
伊朗	石油、天然气、煤炭、铁、铜、锌、铬、金矿储量丰富，以及大量的锰、锑、铅、硼、重晶石、大理石等矿产	石油开采业、农业、纳米技术、新能源、生物医药
格鲁吉亚	石油、天然气、锰矿石、煤、铜矿石、多金属矿石和重晶石，石锰矿石储量丰富，农业用地、森林、水资源	水电业、旅游业、制造业、农业、金融业
阿联酋	石油和天然气储量丰富，分别居世界第6、5位，植物，水产资源	石油产业、天然气产业、炼铝业
约旦	磷酸盐、钾盐、铜、锰、油页岩和少量天然气	农业、工矿业、旅游业
科威特	石油、天然气，海底气田储量丰富	石化工业、旅游业、农业与渔业
阿曼	油气、渔业资源，铜、金、银、铬、铁、煤矿等矿产，石灰石、大理石、石膏、磷酸盐、盐、石英石等工业矿产	石化工业、农业和渔业
卡塔尔	石油和天然气储量丰富，淡水资源丰富	石化产业
土耳其	硼、铬、铁、铜、铝矾土及煤等矿物，森林、水力资源	纺织业、汽车业、农业、旅游业
伊拉克	石油、天然气、磷酸盐	工业、农牧业、旅游业
叙利亚	石油、天然气、磷酸盐、岩盐、沥青、大理石等矿产资源	农业、工业、服务业、石油矿业
黎巴嫩	水资源丰富，铁、铅、铜、褐煤	旅游业
巴勒斯坦	水资源丰富，石油、天然气、磷酸盐等矿产资源	农业、手工业、服务业
也门	石油、天然气、金、银、铅、锌	石化工业、渔业
巴林	石油、天然气	冶炼和石化工业、金融业、会展业
希腊	褐煤、铝矾土、镍、铬、镁、石棉、铜、铀、金、石油、大理石	农业、航运业、旅游业
塞浦路斯	石油、天然气、铜、硫化铁、黄铁、铬、石棉、大理石、土性无机颜料等	旅游业、海运业、金融服务业、房地产业
埃及	水资源、石油、天然气，以及磷酸盐、锰、煤、金、锌、铬、银、钼等矿产资源	农业、油气产业、纺织和服装业、汽车业、钢铁业、旅游业

资料来源：《对外投资合作国别（地区）指南》（2022年）

4）区域4

巴基斯坦是一个发展中国家，属于不发达的资本主义市场经济体。经济以农业为主，农业人口占总人口的48%，产值为GDP的23.02%，吸纳就业人口占总就业人口的38.5%。巴基斯坦已探明的主要矿藏储备有：天然气6056亿立方米、石油1.84亿桶、煤1860亿吨、铁4.3亿吨、铝土7400万吨，还有大量的铬矿、大理石、宝石、白云石、石膏、石灰石、菱镁矿、岩盐等，森林覆盖率为 4.8%。巴基斯坦工业基础薄弱，体现在：一是总体规模、行业规模和企业规模不大，二是门类不够齐全。目前工业产业主要有纺织业、冶金与金属加工业、燃料和电力工业、机械制造业、化肥工业、水泥工业、化学工业、制糖业、烟草业、造纸业、采矿业、IT 业、小型工业和手工业等。其中，以农业为基础的棉纺织业是巴基斯坦国民经济的支柱产业。而能源、IT 业和中小型工业则是发展最快的部门。

孟加拉国拥有非常丰富的矿产资源，比如非金属矿产磷矿，金属矿产铅锌矿、铁矿、铬矿、铝土矿、宝石等，以及能源矿产石油、天然气、煤炭等，且具有很强的互补性。孟加拉国工业以原材料和初级产品生产为主，重工业基础薄弱，制造业欠发达，该国是世界上主要的纺织品出口国，在发展劳动密集型工业等初级工业方面具有优势。

区域 4 主要国家的资源禀赋和优势产业见表 2.7。

表 2.7　区域 4 主要国家的资源禀赋和优势产业

国家	资源禀赋	优势产业
巴基斯坦	煤、石油、天然气、铁、铝土、铬矿、大理石、宝石、白云石、石膏、石灰石、菱镁矿、岩盐等	纺织业、冶金与金属加工业、燃料和电力工业、机械制造业、化肥工业、水泥工业、化学工业、制糖业、烟草业、造纸业、采矿业、IT 业、小型工业和手工业
孟加拉国	非金属矿产磷矿，金属矿产铅锌矿、铁矿、铬矿、铝土矿、宝石等，以及能源矿产石油、天然气、煤炭等	服务业、服装业、渔业、皮革业、医药业
阿富汗	铁、烙铁、铜、铅、锌、镍、锂、铍、金、银、白金、钯、滑石、大理石、重晶石、宝石和半宝石、盐、煤、铀、石油和天然气等矿藏	农牧业、轻工业、手工业、服务业、通信业、能矿业
斯里兰卡	农业资源、森林资源、宝石和石墨等矿产资源	农业、建筑业、采矿采石业、食品制造业、纺织服装业、服务业
马尔代夫	海洋资源、水产资源	旅游业、渔业、交通运输业
尼泊尔	铜、铁、铝、锌、磷、钴、石英、硫磺、褐煤、云母、大理石、石灰石、菱镁矿等矿产资源	农业、轻工业、电信业、旅游业、电力业

资料来源：《对外投资合作国别（地区）指南》（2022 年）

5）区域 5

哈萨克斯坦自然资源丰富，尤其是固体矿产资源非常丰富，境内有 90 多种矿藏，1200 多种矿物原料，已探明的黑色、有色、稀有和贵重金属矿产地超过 500 处。不少矿藏储量占全球储量的比例很高。哈萨克斯坦石油储量非常丰富，已探明储量居世界第 7 位。支柱产业是采矿业。2021 年采矿业总产值 418.04 亿美元，同比增长 1.7%，在工业总产值中占比达 48.07%。目前，几乎世界所有的著名石油公司，包括中国三大石油公司（中国石油天然气集团有限公司、中国石油化工集团有限公司、中国海洋石油集团有限公司）都进入了哈萨克斯坦石油开采领域。

区域 5 主要国家的资源禀赋和优势产业见表 2.8。

表 2.8 区域 5 主要国家的资源禀赋和优势产业

国家	资源禀赋	优势产业
土库曼斯坦	矿产资源，农作物	纺织业、农牧业、采矿业
哈萨克斯坦	固体矿产资源、石油、天然气、水资源	采矿业、制造业、建筑业、农业、服务业
吉尔吉斯斯坦	矿产资源、水资源	农业、工业
乌兹别克斯坦	矿产资源、非矿产资源	汽车工业、纺织业、采矿业、农业
塔吉克斯坦	水资源、矿产资源	铝业、煤炭工业、石油工业、农牧业

资料来源：《对外投资合作国别（地区）指南》（2022 年）

6）区域 6

在区域 6 中，俄罗斯、白俄罗斯、摩尔多瓦具有在世界领先水平的航空航天产业。其中，俄罗斯在许多领域保持世界领先水平，如航天工业、核能工业、空间服务、武器和军事技术等。苏联鼎盛时期建立起强大的航空航天产业体系，能够研制、试验、生产几乎所有类型的现代航空装备。在创造辉煌的 20 世纪 60～80 年代，全苏联的航空航天产业企业、研究机构已达到 300 余家，整个行业从业人数高达 70 万人。但一场巨变结束了 70 年历史的苏联，也使其引以为傲的航空航天产业深受重创。苏联解体后，俄罗斯继承了苏联的航空航天能力，但是连年的资金短缺使得俄罗斯在国际航空航天市场的份额不断下降。在 2015 年制定的航空航天产业发展战略中，俄罗斯计划占据世界航天服务市场至少 15%的份额。由于苏联时代遗留的航天设备老化、资金不足，更新迟迟不能进行，俄罗斯航天发射的事故率有所升高。虽然近年产业发展不顺利，但航空航天产业作为俄罗斯的老牌优势产业，依靠苏联时期留下的航空航天产业基础，依然在世界航空航天产业内占据重要的地位。

俄罗斯是空间科学大国，是能独立而全面掌握空间站制造、发射和回收技术的国家之一，它的卫星设计技术、载人飞船部件、空间飞行系统技术等都处于世界前列。俄罗斯积极参加国际空间站的建造，并且分享尖端科技成果，到 2021 年，俄罗斯共发射了 170 多颗卫星，拥有多种运载火箭，成功研制出可回收式火箭助推器，并正在开发宇航核动力装置。在核能技术上，俄罗斯是世界上最早研究核聚变能的国家之一，核能发电量约占全国总发电量的 16%。2020 年，俄罗斯 10 座核电站中共有 36 个工业发电机组，总设定功率 30.25 千兆瓦，俄罗斯专家还开发出了可以把核裂变能量变成激光的超大功率激光装置。此外，俄罗斯矿产资源丰富，铁、铝、铜等金属矿产的储量和产量都居于世界前列，矿石开采和冶金行业在俄罗斯经济中发挥着重要作用。冶金行业是俄罗斯重要的工业部门之一，其产值约占俄罗斯GDP的5%，占工业生产总值的18%。冶金产品是俄罗斯主要出口商品之一。从出口创汇额来看，俄罗斯冶金行业占俄罗斯所有行业创汇额的14%，仅次于燃料动力综合体，列第2位。

白俄罗斯工业基础较好。白俄罗斯具有优势的产业主要包括：机器制造业，化学和石化工业，电子工业，无线电技术，IT业等。2009年至今，白俄罗斯的机器制造业是其工业的支柱和主导部门，拥有600多家企业，产值约占全国工业产值的1/4；机器制造业具有较先进的设备和工艺技术，主要有汽车和拖拉机制造、机床制造、农机制造等行业，其中重型矿山自卸车的研发和生产具有世界先进水平，世界上几乎1/3的矿山自卸车产自白俄罗斯，化学和石化工业是该国的支柱产业。按照产品产量和从业人员的数量，排在前几位的是化纤工业、矿物化学工业（钾肥的开采）、基础化学和石化工业。这些工业企业产品，占白俄罗斯石化行业产品总量的80%，是石化工业主要的出口商品。白俄罗斯在电子特别是在微电子领域有着强大的研发能力和世界先进水平的集成电路制造设备生产设计基础，长期为俄罗斯尖端设备配套，并向中国提供了多套集成电路生产设备。白俄罗斯无线电技术工业包括60多家企业、科学生产联合公司、科学研究和规划设计研究所。该领域企业生产的产品占独联体国家同类产品总数的1/3强。主要产品包括多功能程序技术成套设备、专用和家用程序计算机、电子自动电话交换台、通信产品、自动化和动力电子学产品、电子柜员机、测量仪器、家用电子技术产品及医学产品等。

区域6主要国家的资源禀赋和优势产业见表2.9。

表 2.9　区域 6 主要国家的资源禀赋和优势产业

国家	资源禀赋	优势产业
俄罗斯	天然气储量居世界第1位，石油储量占世界的5%，煤储量居世界第2位，铁、铝、铜、铀、黄金、镍、锡、钾盐等矿产均在世界排行前列	石油天然气行业、冶金行业、核能工业、国防工业（军用飞机、海军舰艇、陆军装备、防空武器）
白俄罗斯	非金属矿产、森林资源	机器制造业、化学和石化工业、电子工业、无线电技术、IT业
阿塞拜疆	油气和矿产资源	石油、天然气开采及相关产业，运输业
亚美尼亚	非金属矿藏	合成橡胶业、水泥业、建筑业、服务业
摩尔多瓦	非金属矿藏	农业、葡萄酒种植和酿造业

资料来源：《对外投资合作国别（地区）指南》（2022 年）

7）区域 7

区域 7 的捷克、波兰、匈牙利和斯洛伐克四国均在环保和生物技术产业具有领先优势，除此之外还各具特色。

捷克的高技术制造业主要是环保工业、电气电子工业、飞机制造业、制药和生物技术、纳米技术等行业。环保工业中环保设备，特别是污水及工业和城市垃圾处理设备是主要出口产品之一，环保设备具有相当高的水平，其技术工艺具有一定的特点，并出口许多国家。捷克环保设备和技术的先进性主要表现在以下方面：一是生物污水处理技术先进，具有捷克特色。二是微生物净化、城市垃圾处理和干法脱硫工艺具有较高水平。电气电子工业主要包括电流电气技术，计算机，无线电、电视和通信设备，仪器和自动化这四大行业。电气电子工业是捷克制造业第一大出口行业，出口产品主要有强电流设备、计算机设备和电子配件等。捷克的飞机制造业除了传统的喷气教练机、轻型战斗机之外，主要生产民用、运动和私人小型飞机。捷克是欧洲仅次于德国的超轻型飞机生产国，每年约生产 550 架轻型飞机、运动飞机和 1400 个螺旋桨，产品 80%以上出口。快速发展的超轻型飞机与传统喷气教练机、轻型战斗机、运动飞机、滑翔机，还有飞机零配件、雷达设备和机场空管系统，已成为捷克飞机制造业的主流产品。捷克的生物技术发展迅速，其应用范围涵盖多个领域，包括医疗保健、农业和工业。捷克拥有完善的生物技术研究机构网络，经验丰富。制药技术水平较高，治疗心血管疾病药物、化疗辅助药物具有世界先进水平。纳米技术是对小于 100 纳米的材料和现象进行研究和应用的跨学科领域，涵盖范围较广。纳米技术已经并且还将在机械工程、电子、生物技术、医药、发电和环境保护等众多重要领域中发挥重要作用。

波兰的高科技产业主要是化学工业、ICT 行业、环保技术、电子工业四大行业。化学工业是波兰的优势产业之一。波兰化工企业数量多，小型企业占绝大多数。全国共有 1.62 万家化工企业，其中从事橡胶和塑料制品生产的有 1.3 万家，占 80%；从事化工原料、化工品生产的有 3200 家企业，占 20%。2021 年，波兰 ICT 行业收入 202 亿美元，占 GDP 比重的 3.3%。IT 行业收入超过 125 亿美元，其中 IT 硬件占 51%、IT 服务占 32%、IT 软件占 17%。波兰通过细致的政策法规与强大的数据、技术支持，在废水和固体废弃物管理、能源效率、生物能源和风能、清洁工业加工和测量等环保技术方面取得了明显的成效。在电子工业方面，波兰已成为电视机显示器和液晶显示器以及多数品牌家用电器的重要生产地。2021 年，计算机和光电产品从业人数为 6 万人，出口产值约 1051.7 亿兹罗提，同比增长 21.1%；电子设备从业人数为 10.2 万人，出口产值 976.5 亿兹罗提，同比增长 17.5%，二者合计约占整体工业产值的 6.7%。政府将资源集中于波兰有竞争力、可能取得全球领导地位的产业，如航空、军火工业、汽车零部件、造船、IT、化学工业、家具、食品加工等。

匈牙利的高技术制造业主要包括制药、生物技术、电子等产业。匈牙利制药业历史悠久，是该国最富竞争力的产业之一。匈牙利也是中东欧地区第一大药品生产和出口国，2021 年产值达 26.2 亿美元，同比增长 4.8%。2021 年，匈牙利登记注册的制药企业有 70 余家，从业人员约 1.5 万人，药品生产种类 1400 种左右。在政府的大力支持下，匈牙利生物技术产业取得迅速发展。2021 年，匈牙利约有 85 家核心生物科技企业，从业人员约 900 人。匈牙利是中东欧地区最大的电子产品生产国和世界电子工业主要生产基地，年产值保持在 100 亿欧元左右，占中东欧和欧盟电子工业总产值的 30%和 4.5%。2021 年，电子工业产值达 118.1 亿美元，同比增长 8.3%，创造 11 万个就业岗位。

区域 7 主要国家的资源禀赋和优势产业见表 2.10。

表 2.10 区域 7 主要国家的资源禀赋和优势产业

国家	资源禀赋	优势产业
捷克	褐煤、硬煤、铀	环保工业、电气电子工业、飞机制造业、制药和生物技术、纳米技术
斯洛伐克	油气、褐煤、铁、铅、锌、银、陶瓷等矿产资源	汽车工业、电子工业、冶金工业、机械制造业、农业
匈牙利	农业资源、旅游资源	制药业、生物技术产业、电子业
波兰	煤、硫磺、铜、银等矿藏	化学工业、ICT 行业、环保技术、电子工业

资料来源：《对外投资合作国别（地区）指南》（2022 年）

8）区域 8

区域 8 的主要国家中，高技术制造业发达的国家主要有立陶宛、爱沙尼亚、斯洛文尼亚、克罗地亚、塞尔维亚 5 个国家，其优势主要在医药和电子方向，其余 7 国高技术制造业不发达。因此，选择立陶宛、爱沙尼亚、斯洛文尼亚、克罗地亚、塞尔维亚进行具体分析。

立陶宛的高技术制造业主要是生物技术产业。立陶宛在生物技术领域是中东欧国家中的佼佼者，现在正依靠遗传工程药品及遗传工程相关的生物科学和化学媒介进入西方市场。该国生物技术公司向许多国家出口产品，并且发展较快。在国际市场上，立陶宛在分子生物和开发的不同生物技术应用方面获得了相当高的评价，其生物技术专家已在东欧和远东地区享有一定的声誉。立陶宛的主要生物技术公司有 UAB Fermentas、UAB Sicor Biotech、UAB Biocentras 等。

爱沙尼亚的高技术制造业主要为电子通信行业。爱沙尼亚电信和 IT 业发达，在欧盟处于领先地位。截至 2021 年，电信及 IT 从业人员约 2.9 万，占全国劳动人口总数的 4.43%；实现增加值 22.98 亿欧元，比上年增长 21.5%，对 GDP 增长的贡献率为 1.5%，增长 0.9 个百分点。

化学工业在斯洛文尼亚发展较早。从19世纪中期第一家为奥匈帝国生产军用黑火药的化学工厂成立至今，斯洛文尼亚已经形成以生产医药及医药中间体、化妆品、化学制剂、橡胶与塑料制品等为主的现代化学工业格局。电气电子工业是斯洛文尼亚几大出口行业之一，斯洛文尼亚的主要电子产品为电动机、家用电器、电信设备、电子仪表设备、电子测量系统、医疗设备和光学器械、配电设施、电子元器件。信息和通信业是斯洛文尼亚最具活力的部门，也是国家优先发展的行业。斯洛文尼亚电信业主要产品是电信设备、电信服务、IT 服务、软件、硬件、设备供应、网络服务。

克罗地亚在医药工业方面有一定的开发和生产能力，每年生产各类医药产品 1700 多吨。普利瓦（Pliva）药业公司是中东欧地区最大的制药企业之一。

ICT 产业是塞尔维亚具有比较优势的产业之一。2022 年，塞尔维亚共有 1600 余家 ICT 企业，约 14 000 名从业人员。微软也在塞尔维亚投资设立了研发中心，拥有 130 余名技术人员。塞尔维亚工程师、技术人员良好的教育背景（70%以上具有大学及以上学历）和相对较低的薪金水平（税前工资 1000～2000 欧元）是塞尔维亚 ICT 产业的核心竞争优势。同时，ICT 产业也是塞尔维亚政府大力推动发展的核心产业之一，计划将其打造为塞尔维亚经济的支柱产业。此外，塞尔维亚进一步向国外投资者开放了数字电视、有线和无线宽带网络基础设施等信息通信市场，希望吸引更多的外商投资。

区域 8 主要国家的资源禀赋和优势产业见表 2.11。

表 2.11 区域 8 主要国家的资源禀赋和优势产业

国家	资源禀赋	优势产业
立陶宛	泥煤、石灰石、铁矿、花岗岩等矿产资源，森林和动植物资源	共享服务和商业外包产业、ICT 产业、机械工程业、电子制造业、生命科学产业
爱沙尼亚	森林、油页岩、石灰石、泥煤等	机械制造业、木材加工业、光学仪器制造业、建筑业、房地产业、交通运输业、IT 和电信业、金融业、化学工业
拉脱维亚	石灰石、石膏、白云石、石英砂等矿产资源、森林资源	航空业、旅游业、食品加工业、化工医药业
斯洛文尼亚	森林资源、天然气	汽车工业、金属加工业、化学与医药业、能源产业、信息和通信业、电气电子工业
克罗地亚	森林资源、水利资源、石油	旅游业、造船业、医药工业、农业、林业
波黑	海洋资源、水产资源	旅游业、渔业、交通运输业
黑山	矿产、水资源、森林资源	能源产业、木材加工业、金属加工业、食品加工业
塞尔维亚	褐煤、石油、天然气	农业、汽车工业、ICT 产业、钢铁产业
阿尔巴尼亚	水力资源、铬、石油	农业、轻工业、电信业、旅游业、电力业

续表

国家	资源禀赋	优势产业
罗马尼亚	铜、铁、铝、锌、磷、钴、石英、硫磺、褐煤、云母、大理石、石灰石、菱镁矿等矿产资源	农业、服务业
保加利亚	褐煤	纺织服装业、化工工业、葡萄酒酿造业、IT业、乳制品加工产业、房地产业
北马其顿	煤、铁、铅、锌、铜、镍等矿产	冶金工业、金属制造业、电气设备制造业、化工工业、纺织和皮革业、建筑业

资料来源：《对外投资合作国别（地区）指南》（2022 年）

2.5.3 陕西省高技术制造业空间格局分布

依据资源的分布特点和产业优势状况，陕西省可被划分为关中、陕北、陕南三大产业基地，各具分布特点。其中，关中地区以先进制造业为重点，陕北地区以化工能源为重点，陕南地区以生态环保为重点发展高技术制造业。

1）关中地区

关中地区是陕西省高技术制造业发展态势最好的地区，优势高技术制造业是电子及信息产业、医药制造业、航天航空产业。

从 20 世纪 90 年代建立西安高新技术产业开发区以来，陕西省高技术产业集群有了很大的发展，已经初步建成了以西安为中心，以陇海铁路陕西段和潼宝高速公路为轴线，以线串点、以点带面形成的高新技术和先进技术为特点的关中高技术产业开发带。关中高技术产业带位于陕西省中部，是陕西省的精华所在，是国家战略布局的重点地区，形成了高等院校、科研院所及国有大中型企业相对密集且辐射西北与西南经济发展的特殊地带。关中高技术产业带中城镇连绵、产业密布，聚集了全省80%的科技实力、73%的GDP，具有带动全省经济快速增长的巨大潜能。截至 2023 年底，已建成 7 个国家级高技术产业开发区，以及陕西航空（原高技术产业基地）、陕西航天和西安 3 个国家级经济技术开发区。此外，还有数个省级高技术产业开发区和经济技术开发区。西安已经成为全国仅有的四个既是国家级软件产业基地又是国家软件出口基地的城市之一。目前，陕西省关中高技术产业开发带具有了一定的规模，开发带内的产业群体已成为经济发展中最具活力的增长点。关中高技术产业开发带以五个高新区为基础在整个产业带范围内初步形成了电子信息产业集群、电子器件产业集群、机械电子产业集群、汽车制造产业集群、新材料产业集群、精细化工产业集群、环保农资集群、农牧良种产业集群、食品加工产业集群的雏形。另外，陕西省不断加大科技企业孵化器和众创空间建设力度，健全和完善科技孵化体系，推进科技企业孵化器创新服务模式，拓展服务功能，提升服务能力，发挥引领示范作用。到 2023 年初，全省共有各类省级以上科技孵化器 148 余家,为培育科技型中小企业、服务实体经济发展、促进产业转型升级提供了重要支撑。

以五个国家级高新区和两个经济技术开发区为核心的关中高技术产业开发带,在 2002 年 3 月由科技部批准成为第二条国家级高技术产业开发带。经过多年建设,关中高技术产业开发带已具有一定的规模,开发带内的高新区已成为陕西及关中经济发展中最具活力的增长点。区内增加值由 2000 年的 101.71 亿元提高到 2021 年 4097 亿元,年均增长 19.24%,分别占当年全省地区生产总值的 6.3% 和 12.5%,成为带动陕西经济发展的"火车头"。特别是西安国家高新区,成立至今其综合指标一直位居所有国家级高新区的前列。

关中高技术产业开发带高技术产业集群分布见表 2.12。

表 2.12　关中高技术产业开发带高技术产业集群分布

开发区名称	集群构成
西安国家级高新区	电子信息、生物医药、先进制造、汽车四大产业集群
宝鸡国家级高新区	新材料、先进制造业等产业集群
杨凌国家级高新区	环保农资、农牧良种、食品加工和生物制药为特色的产业集群
咸阳国家级高新区	电子器件、新型机械和医药及生物技术产业集群
渭南国家级高新区	精细化工、现代医药、机械电子等产业集群
陕西航天经济技术开发区	航天航空产业集群
陕西航空经济技术开发区	

资料来源:工业和信息化部火炬高技术产业开发中心(http://www.chinatorch.gov.cn/kjfw/)

2)陕北地区

陕北地区的发展重点为依靠其丰富的能源资源,实现能源产业的国际化、高端化。陕北地区拥有丰富的煤炭、石油和天然气资源,是国内少有的资源富集区和国家规划的能源化工基地。陕北地区高技术产业集群分布见表 2.13。

表 2.13　陕北地区高技术产业集群分布

开发区	高新技术产业
榆林国家级高新区	新能源、新材料、新型加工制造、生物医药
延安高新区	新能源、高精尖装备制造
王益经济技术开发区	高端装备制造和新型绿色建材产业

丰富的能源资源基础是陕北资源型城市能源产业得到迅速发展的主要原因,煤电载能工业、煤制油、煤盐化工和油气化工等产业成为陕北地区能源化工基地

的主导产业。为了促进资源型城市的可持续发展，中央政府和陕西省地方政府出台了一系列的指导性文件，但是由于相关政策等相对滞后，引发了一些能源产业的不可持续问题，主要表现在资源浪费和生态环境破坏方面，资源综合利用效率较低，资源枯竭的压力巨大等。在传统能源升级改造的同时，新能源利用率也已经快速增长。

陕北地区的能源产业发展迅速，然而经济发展速度却在下降，陕北地区产业转型升级迫在眉睫。习近平同志在党的二十大报告中指出，"推动西部大开发形成新格局"[①]。陕北地区在政策的引导下，凭借其丰富的能源储备量，以煤炭、石油、天然气开发及能源化工为主导的能源产业得到了快速的发展，并且有着较强的发展态势。作为陕西省煤炭主产地的陕北地区，在全国性煤炭产能过剩的大环境下，除了价格下跌的损失外，外销量下降也比较明显，煤炭行业遭受的冲击可见一斑。能源经济的持续疲软，也让陕北经济长期依靠固定资产投资、大项目带动的粗放式发展弊病暴露无遗，长期被经济高速增长掩盖的诸多经济社会发展短板逐一显现。除了产业结构的问题，陕北地区目前的大宗工业产品，如兰炭、金属镁、甲醇、聚氯乙烯等均处于低端、下游阶段，产品在国内、国际市场上缺乏核心竞争力，如榆林金属镁占国内产量的 45%、全球的 1/3，尽管如此，榆林金属镁依然难以掌握市场定价权，同时由于本土后续加工应用企业较少，优势产能没有得到最大程度的释放，不少企业处于停产的状态。这也是陕北地区目前经济下滑的关键因素之一。

因此，陕北地区应当充分发挥自身在能源方面的比较优势，积极扶持装备制造业等产业，寻求更高的产品附加值来带动陕北地区的经济发展。

3）陕南地区

陕南地区整体高技术制造业水平相对滞后，仅绿色产业是陕南地区的比较优势和资源优势所在，也是其未来发展的空间和潜力所在。陕南高技术产业集群分布见表2.14。

表 2.14　陕南高技术产业集群分布

开发区名称	高技术制造业
安康国家级高新区	水产业、富硒食品、生物医药、新型材料、装备制造
汉中高新区	高端装备制造、航空零部件、新能源汽车及零部件、生物医药
商洛高新区	太阳能光伏、新能源汽车、现代材料、现代医药
商南经开区	新材料、装备制造和绿色食药产业

[①]《习近平：高举中国特色社会主义伟大旗帜　为全面建设社会主义现代化国家而团结奋斗——在中国共产党第二十次全国代表大会上的报告》，https://www.gov.cn/xinwen/2022-10/25/content_5721685.htm。

陕南地区在绿色产业上的主要优势有：①地理气候优势。陕南地区包括汉中、安康、商洛三市。陕南地区的气候受秦岭庇护，冬暖夏湿，为我国延伸最北的亚热带地区。水热资源丰富，气候温暖湿润，地形复杂，地形小气候资源丰富多样，多地形逆温和暖区暖层，为亚热带经济林果的安全越冬及冬季蔬菜的生产提供了有利条件。在社会经济发展上，由于秦巴山区特殊的地理位置，也具有南北交汇、承东启西的区位优势。②自然资源优势。由于陕南地处温湿带和北亚热带边缘，因此植物区系成分比较多样而且复杂，相邻地区的植物交会生长，植物种类较多。这里有种子植物 4000 余种，占我国种子植物的 1/7，年开采量在 5000 千克以上的经济植物有 3000 多种，而且还生长着亚热带针叶和常绿阔叶树，以及常绿草本植物、丰富的竹类植物。同时，这里还盛产驰名中外的名贵药材，如杜仲、赤芍、天麻、党参、黄连、太白贝母、麝香等。陕南有野生动物 580 种，国宝大熊猫、金丝猴、金毛牛角羚等 12 种被列为国家重点保护动物。陕南既有重大科学研究意义的古老珍稀动、植物种群，又有具有重要经济价值的丰富林特产资源，这对于陕南开发绿色产业有着十分重要的作用。③环境优势。陕南地区地理位置偏僻，工业发展相对落后，从而污染相对较轻，而且由于陕南特殊的地形特点，绝大部分区域都存在结构型污染，即除了部分城镇污染较为突出外，广大农村地区的工业污染受害程度较低。连绵不断的高山不仅阻隔了工业污染源向更大范围的扩散，而且成为许多河流流域的分水岭，使得工业污染的影响仅局限于某些区域之内。陕南农业发展缓慢，农民收入少，以传统生产方式为主，向土地投入较少，化肥、农药等施用量明显低于东部地区。加之地域辽阔，大气环境、水环境、土壤环境等均优于中东部地区，这就给陕南地区发展绿色产业提供了得天独厚的环境条件。④政策优势。在国家实施西部大开发的巨大机遇面前，政府的优惠政策为陕南绿色产业开发提供了强大的发展动力。自"十三五"以来，国家政府部门高度重视绿色产业开发，邀请了国内外专家进行讨论总结，并把绿色产业定为产业结构调整的一大目标。环保部门倡议和推行的"三绿工程"（"绿色通道""绿色市场""绿色消费"），促进了绿色产业健康、快速发展。绿色产业开发同时也得到了地方政府的密切关注，强调要坚持不懈地保护好环境，坚定不移地发展好绿色产业。

自"十三五"提出将陕南建成国家绿色示范区以来，陕南不断突破建设中的劣势和短板，加快交通基础设施建设，进一步突破秦巴山区的封闭状态，提升陕南的战略地位。目前陕南的绿色产业已经形成了独具特色、初具规模的资源优势。除传统的林、茶、果、菜、猪等外，各县不断拓展种植、养殖范围，大力发展核桃、板栗、木瓜、柿子、杜仲、银杏、西洋参、天麻等的种植，积极开展水产业养殖，许多县已经呈现出"一县一品"的鲜明特色。陕南在绿色种植、养殖业上凸显出的品种、数量、规模优势，是其他地区不可比拟的。既提高了森林覆盖率，改善了生态环境，同时也为今后绿色产业发展积累了物质条件。

"十四五"期间，陕南将继续坚持生态优先、绿色发展理念，探索生态环境保护和绿色产业发展相融合的新模式，打造全国优质生态产品供给基地。推动陕南地区打造特色鲜明、优势集聚、市场竞争力强的特色农产品优势区，培育"小木耳、大产业"式的区域特色农业产业，持续壮大优质水稻、蔬菜等传统农业，做强黑米、魔芋、高山蔬菜等特色产品，大力发展林业经济，提升核桃、板栗、柑橘、猕猴桃、樱桃等果业品质，支持茶产业、中药产业全产业链发展。加快发展粮经饲统筹、种养加一体、农牧渔结合的现代农业，促进农业结构不断优化升级。陕南以各类农业园区为抓手，打造优质绿色农产品基地，改善生态环境的同时发展经济。

2.5.4 陕西省高技术制造业与共建"一带一路"部分国家产业具体对接方案

基于陕西省高技术制造业的比较优势，以强联式、互补式和转移式为对接手段，设计陕西省关中、陕北、陕南三个主要地区高技术制造业对接共建"一带一路"部分国家产业的方案。

1. 陕西省高技术制造业与区域1产业对接方案

关中地区的航空、航天器及设备制造业，电子及通信设备制造业，计算机及办公设备制造业，医疗仪器设备及仪器仪表制造业与蒙古国的制造业进行转移式对接。蒙古国具有高技术制造业欠发达、矿产资源丰富、与中国邻近等主要特点，其中，高技术制造业欠发达的特点决定了其对接适用于转移式，丰富的矿产资源的特点适合发展四大高技术制造业，邻近中国的地理位置能够完善陕西省高技术制造业的配套水平。因此，陕西省高技术制造业应以转移式方式与蒙古国对接，将其发展为陕西省高技术制造业的下游产业，为陕西省高技术制造业提供下游的加工中间品。蒙古国地域广阔，矿产资源分布在各个地区，土地价格便宜，便于兴办工厂，适合以绿地投资作为转移式对接的手段。

2. 陕西省高技术制造业与区域2产业对接方案

关中地区的电子及通信设备制造业、计算机及办公设备制造业，与新加坡、马来西亚、印度尼西亚、菲律宾、泰国的电子产业进行互补式对接，陕南地区的医药制造业与新加坡的医药制造业进行转移式对接。区域2国家体量较小，高技术制造业具有一定规模的新加坡、马来西亚、印度尼西亚、菲律宾、泰国5个国家均在电子信息产业方面较强。新加坡和马来西亚的软件、泰国的电子元件、菲律宾的半导体、微处理器，印度尼西亚的电路板都在国际上处于领先地位。这些国家可以与陕西省关中地区在价值链地位上实现技术优势互补，形成有效的供求关系。兴办合资企业与签署许可协议是有效的互补式手段，可以综合各地区间不同的技术优势，生产出更优质的产品。此外，新加坡的医药制造业技术优势明显，然而国家面积有限，导致无法形成大规模的产业规模，从而有效地占据国际市场。陕南地区则医药制造资源丰富却缺乏技术，因此适合从新加坡承接医药制造业产业转移。承接产业转移以跨国并购为主，新加坡可以直接并购陕南地区众多的种植、养殖企业。

3. 陕西省高技术制造业与区域3产业对接方案

关中地区的电子及通信设备制造业、医疗仪器设备及仪器仪表制造业、计算机及办公设备制造业与阿联酋的电子、通信、计算机软件、医疗器械业进行互补式对接，陕南地区的医药制造业与伊朗的生物医药业进行互补式对接。阿联酋在世界竞争力排名中连续第七年在中东地区排名第一，全球排名第十，是世界上最富裕的国家之一，在电子、通信方面均具有先进的技术水平，同时拥有丰富的资源，但医疗器械资源相对匮乏，大部分高端医疗器械依赖进口，所以其与陕西省具有优势的电子及通信设备制造业、计算机及办公设备制造业进行对接适用强联式，与陕西省的医疗设备及仪器仪表制造业进行对接适用互补式。适合采用定牌生产或许可协议等对接手段，将阿联酋的先进技术与陕西省丰富的资源结合起来。伊朗是一个发展潜力巨大的新兴医疗市场，由于复杂的国际关系，在伊朗，美国公司的医疗产品很少见，医疗市场上主要是价格较为昂贵的日本和德国产品。伊朗当地的医疗设备生产能力不足，因此在伊朗中国企业的商业机会非常多。陕南医药制造业与伊朗生物医药对接可以有效结合陕南地区的资源优势与伊朗的市场优势，适用于互补式对接方式。

4. 陕西省高技术制造业与区域4产业对接方案

关中地区的电子及通信设备制造业、计算机及办公设备制造业与孟加拉国的信息产业进行互补式对接，陕南地区的医药制造业与孟加拉国的医药制造业进行互补式对接，关中地区的航空、航天器及设备制造业，电子及通信设备制造业，计算机及办公设备制造业，医疗仪器设备及仪器仪表制造业与巴基斯坦的制造业进行转移式对接。孟加拉国的信息产业以软件开发、IT服务和电子商务等领域为主。其中，软件开发占据了市场的大部分份额，包括承接一些国际项目。陕西省的电子及通信设备制造业、计算机及办公设备制造业与孟加拉国的信息产业可以在市场方面实现优势互补。关中地区拥有庞大的软件需求，同时孟加拉国较为薄弱的制造业导致其可以为关中地区电子及通信设备制造业、计算机及办公设备制造业提供市场。对接手段依靠软件行业产品可复制的特性主要采用定牌生产。孟加拉国医药产业发展迅速，国内所需药品自给率达到98%。全国有267家药厂，生产26 910种药品。目前，孟加拉国药品和药品原料已经出口到包括美国、英国等发达国家在内的147个国家和地区。因此陕南地区的医药制造业与孟加拉国应当进行互补式对接，陕南地区成为孟加拉国医药制造业下游的原材料供应商，使双方形成更完整的产业价值链。巴基斯坦情况类似于蒙古国，高技术制造业不发达，矿产资源丰富，与中国邻近。不同的是，巴基斯坦地域小，而投资环境远远好于蒙古国。因此，与巴基斯坦产业对接最合适的手段是与投资环境更相关的跨国并购。

5. 陕西省高技术制造业与区域5产业对接方案

关中地区的航空航天制造业、电子及通信设备制造业与哈萨克斯坦的航空、信息产业进行互补式对接，哈萨克斯坦作为世界上最大的内陆国家，拥有丰富的石油、天然气等自然资源，其航空领域发展迅速，但在高端制造、电子技术方面仍有提升空间。关中地区航空航天制造业、电子及通信设备制造业方面具有较强的技术优势，与哈萨克斯坦的航空、能源、通信产业存在明显的互补性，可用技术转移、合资合作等对接手段，将陕西省的先进技术与哈萨克斯坦的丰富资源结合起来，共同推动产业升级。陕南地区的医药制药业与哈萨克斯坦的生物医药进行互补式对接。哈萨克斯坦的医药市场对中低端药品需求较大，陕南地区可以利用自身资源优势，向哈萨克斯坦出口药品。同时，双方可以合作开展生物医药研发，利用哈萨克斯坦的自然资源和陕西省的技术优势，共同开发新产品。

6. 陕西省高技术制造业与区域6产业对接方案

关中地区的航空、航天器及设备制造业与俄罗斯的航天航空产业进行强联式对接，关中地区的电子及通信设备制造业、计算机及办公设备制造业、医疗仪器设备及仪器仪表制造业与俄罗斯、白俄罗斯的制造业进行互补式对接。俄罗斯在航天航空产业拥有较大的比较优势。俄罗斯继承了20世纪中期就处于世界领先地位的苏联的航天航空产业的宝贵财产，其航天航空产业基础十分雄厚，而陕西省关中地区的航空、航天器及设备制造业实力也非常强劲。航天航空产业集群之间，应当采取强联式对接模式。航天航空产业产品具有较强的战略性，可以使用国际战略联盟对接手段。俄罗斯、白俄罗斯拥有较好的制造业水平，其中，俄罗斯拥有丰富的资源优势，白俄罗斯在机械制造方面拥有技术优势，陕西省与这两个国家都可以使用互补式对接方式。此外，俄罗斯在地理位置上邻近中国，相比于欧洲或西亚国家，与俄罗斯进行产业对接可以拥有更小的产业配套半径。

7. 陕西省高技术制造业与区域 7 产业对接方案

关中地区的电子及通信设备制造业与捷克、斯洛伐克、波兰和匈牙利的电子工业进行强联式对接，关中地区的航空、航天器及设备制造业可以与捷克的飞机制造业进行互补式对接，陕南地区的医药制造业与捷克和匈牙利的医药制造业进行转移式对接，陕北地区各高技术制造业承接区域 7 相对应的高技术制造业。区域 7 高技术制造业较为发达，优势产业比较类似。捷克、斯洛伐克、波兰与匈牙利均拥有实力强劲的电子工业，此外，捷克、匈牙利的医药制药业，以及捷克的飞机制造业都是其优势产业。超轻型飞机与传统喷气教练机、轻型战斗机、运动飞机、滑翔机，还有飞机零配件、雷达设备和机场空管系统是捷克飞机制造业的优势。捷克的医药制造业优势在于医疗保健品。陕西省优势产业——航空、航天器及设备制造业，电子及通信设备制造业可以与区域 7 国家进行互补式对接。此外，区域 7 国家的经济发展水平较高，而土地面积小，资源少，会倾向于在世界范围内寻找投资对象，进行绿地投资或者跨国并购。陕北地区作为高技术制造业不发达而能源产业发达的地区，可以依靠其资源与能源优势，承接区域 7 国家的产能，完成自己的高技术制造业升级目标。

8. 陕西省高技术制造业与区域 8 产业对接方案

关中地区的电子及通信设备制造业与爱沙尼亚的电子通信行业、斯洛文尼亚的电气电子工业、塞尔维亚的信息通信技术产业进行互补式对接，陕南地区的医药制造业与立陶宛的生物科学产业和克罗地亚的医药工业进行转移式对接。区域 8 国家高技术制造业发展较为集中，爱沙尼亚、斯洛文尼亚与塞尔维亚在电子信息设备制造业方面具有优势，立陶宛与克罗地亚的优势在医药制造业。各个国家发展的方向不相同，爱沙尼亚的电子通信行业、斯洛文尼亚的电气电子工业、塞尔维亚的信息通信技术产业是各自在电子信息设备制造业中比较优势的所在。这些国家与陕西省的电子及通信设备制造业的产业链的优势环节不同，应当以优势互补为目标，进行互补式对接。立陶宛精于遗传工程药品及遗传工程相关的生物科学，克罗地亚的优势在医药工业。陕南地区医药制造资源丰富却缺乏技术，因此适合与立陶宛、克罗地亚两国进行转移式产业对接，从两国承接优秀的制药技术。陕南地区种植、养殖企业众多，产业对接的手段适合以跨国并购为主。

9. 陕西省产业链与各国家产业链对接方案

产业链对接是指不同产业中的各个环节之间建立联系和合作，以实现资源共享、优势互补、降低成本、提高效率等目的。通过产业链对接，各环节可以互相分享资源，实现优势互补，提高整体产业的竞争力；可以减少重复投资和浪费，降低生产成本，通过合作对接可以共享某些设施、设备和技术，整个产业链会更加高效；可以汇聚更多的创新资源，加速新技术、新产品的研发和应用；可以降低面临的市场和生产风险，因为对整个产业链的了解和合作可以更好地适应市场变化，减轻单一环节的冲击。从产业对接升级到产业链对接，是为了更全面、深入地推动各个环节之间的合作，实现整个产业链的优化和协同发展。这种全产业链对接的合作模式有助于应对复杂多变的市场环境，提高整个产业的可持续发展能力。

党的二十大报告提出，"着力提升产业链供应链韧性和安全水平"[①]。这对于推动经济高质量发展，加快建设现代化经济体系，促进产业链提质增效具有重要指导意义。当前国家之间的竞争越来越体现在产业链的竞争上，产业发展也由传统制造业逐步向高新技术产业转移，推动产业链优化升级是我国经济高质量发展的重要组成部分。2021年，陕西省明确23条重点产业链布局，加速建设了秦创原创新驱动平台，依托秦创原平台，有效打通了创新链与产业链的融合，促进技术产业化发展。根据陕西省产业实际，"十四五"期间围绕六大支柱14个重点产业领域，筛选出数控机床、光子、航空、重卡、生物医药、钛及钛合金、新型显示、集成电路、太阳能光伏、输变电装备、乳制品、民用无人机等23条重点产业链。截至2023年，陕西省有24条重点产业链（增加白酒产业链），其中生物医药属于医药制造业，航空、民用无人机属于航空、航天器及设备制造业，光子、重卡、新型显示、集成电路、乘用车（新能源）、智能终端、传感器属于电子及通信设备制造业，物联网属于计算机及办公设备制造业，钛及钛合金属于医疗仪器设备及仪器仪表制造业。

积极参与全球产业链供应链竞争合作，支持高端装备制造、航空、汽车制造、电子信息、新材料等优势产业龙头企业"走出去"。优化对外投资海外市场布局，在生物医药领域加强与新加坡医药研发和创新产业链的对接，在航空领域加强与俄罗斯航空器制造和装备供应链的对接，在民用无人机方面加强与捷克无人机制造与零部件供应链的对接，在光子、重卡、新型显示、乘用车（新能源）、智能终端等领域分别加强与蒙古国医疗健康产业链、爱沙尼亚绿色交通与新能源车辆产业链、阿联酋新能源汽车技术研发产业链、新加坡的智能设备产业链的互补对接，在传感器领域加强与波兰技术研发产业链的优势对接，在物联网领域加强与孟加拉国智能健康医疗产业链的优势对接，在钛及钛合金领域加强与伊朗钛合金产品开发产业链的互补对接。陕西省产业链与共建"一带一路"部分国家产业链对接情况，见表2.15。

---

① 《习近平：高举中国特色社会主义伟大旗帜　为全面建设社会主义现代化国家而团结奋斗——在中国共产党第二十次全国代表大会上的报告》，https://www.gov.cn/xinwen/2022-10/25/content_5721685.htm。

表 2.15　陕西省产业链与共建"一带一路"部分国家产业链对接情况

高技术制造业	产业链	优势对接	互补对接
医药制造业	生物医药	新加坡医药研发和创新产业链	/
航空、航天器及设备制造业	航空	俄罗斯航空器制造和装备供应链	
	民用无人机	捷克无人机制造与零部件供应链	
电子及通信设备制造业	光子	/	蒙古国医疗健康产业链
	重卡	/	爱沙尼亚绿色交通与新能源车辆产业链
	新型显示	/	泰国电子产品生产产业链
	集成电路	/	印度尼西亚半导体制造产业链
	乘用车（新能源）	/	阿联酋新能源汽车技术研发产业链
	智能终端	/	新加坡的智能设备产业链
	传感器	波兰技术研发产业链	/
计算机及办公设备制造业	物联网	孟加拉国智能健康医疗产业链	
医疗仪器设备及仪器仪表制造业	钛及钛合金	/	伊朗钛合金产品开发产业链

2.6　小　　结

本章探索性地设计了陕西省高技术制造业与共建"一带一路"部分国家产业的对接方案。首先，基于比较优势理论，以企业为研究对象解析高技术制造业跨区域参与竞合活动的主要模式。其次，从内、外在条件剖析陕西省高技术制造业与共建"一带一路"部分国家产业对接的条件。再次，基于专业化分工、经济联系、重点发展方向三个维度提出陕西省高技术制造业与共建"一带一路"部分国家产业的对接目标。最后，结合陕西省关中、陕北、陕南三大区域的比较优势，兼顾对接手段，提出陕西省高技术制造业与共建"一带一路"部分国家产业对接的方案。研究结果如下。

（1）结合高技术制造业的规模经济性、范围经济性，基于产业对接路径研究视角，以陕西省高技术制造业与共建"一带一路"部分国家产业为对接主体，以实现陕西省高技术制造业的转型升级为对接目标，根据对接路径与适用产业的不同，对适用陕西省高技术制造业与共建"一带一路"部分国家产业进行对接的模式归类，主要有强联式、互补式和转移式三类。

（2）立足于"一带一路"倡议赋予陕西省的使命，凸显陕西省自身的研发投资存量高、高新技术产业园区实力雄厚等一系列比较优势，分析得到陕西省高技术制造业具有国际性战略视野和政府支持这两个主要外部条件，同时具备产业高度集聚和科教研实力雄厚的内在发展条件。

（3）基于专业化分工、经济联系、重点发展方向三个维度提出陕西省高技术制造业与共建"一带一路"部分国家产业的对接目标有实现优势互补、提升产业配套水平和综合发展能力。

（4）对适用陕西省高技术制造业与共建"一带一路"部分国家产业进行对接的模式进行归类，提出强联式（国际战略联盟、技术联盟、产业合作示范区）、互补式（定牌生产、兴办合资企业、许可协议）和转移式（绿地投资、跨国并购）三种模式下具体的对接手段。

（5）以实现陕西省高技术制造业的转型升级为对接目标，以要素禀赋和产业发展水平作为对接的依据，设计陕西省关中、陕北、陕南三个主要区域对接共建"一带一路"部分国家产业的方案，主要有：关中地区的航空、航天器及设备制造业，电子及通信设备制造业，计算机及办公设备制造业，医疗仪器设备及仪器仪表制造业，分别与俄罗斯的航天航空产业，以及捷克、斯洛伐克、波兰和匈牙利的电子工业进行强联式对接，与爱沙尼亚的电子通信行业、斯洛文尼亚的电气电子工业、塞尔维亚的信息通信技术产业、捷克的飞机制造业，以及俄罗斯、白俄罗斯的制造业，阿联酋的新能源，以及新加坡、马来西亚、菲律宾、泰国的电子产业进行互补式对接，与巴基斯坦和蒙古国的制造业进行转移式对接；陕北地区的电子及通信设备制造业、医疗仪器设备及仪器仪表制造业，与捷克、斯洛伐克、波兰和匈牙利的电子工业、飞机制造业进行转移式对接；陕南地区的医药制造业与孟加拉国、伊朗的生物医药业进行互补式对接，与立陶宛的生物科学产业、克罗地亚的医药工业，与捷克、匈牙利、新加坡的医药制造业进行转移式对接。生物医药领域与新加坡医药研发和创新产业链对接，航空领域与俄罗斯航空器制造和装备供应链对接，民用无人机方面与捷克无人机制造与零部件供应链对接，光子、重卡、集成电路、乘用车（新能源）、智能终端等领域分别与蒙古国的医疗健康产业链、爱沙尼亚绿色交通与新能源车辆产业链、印度尼西亚半导体制造产业链、阿联酋新能源汽车技术研发产业链、新加坡的智能设备产业链互补对接，在传感器领域加强与波兰技术研发产业链的优势对接，在物联网领域与孟加拉国智能健康医疗产业链优势对接，在钛及钛合金领域与伊朗钛合金产品开发产业链互补对接。

第 3 章　陕西省高技术制造业竞争力评估

陕西省高技术制造业集群表现出较高的技术水平和竞争能力。2022 年 2 月陕西省科技厅对外发布的数据显示，陕西省科技创新指标稳中向好，综合科技创新水平指数为 71.6%，连续 8 年排名全国第 9 位。其中，科技活动产出指数为 77.11%，排名全国第 4 位，但核心技术缺少、成果转化率低、品牌效应亟待加强等问题是其发展中的短板。本书评估陕西省高技术制造业竞争力，重点在于对竞争力水平进行定量分析。

3.1　陕西省高技术制造业竞争力的影响因素模型

高技术制造业竞争力的实质是在国际自由贸易条件下，一个国家或地区的高技术制造业以其相对他国的更高的生产力，向国际市场提供符合消费者或购买者需求的更多产品，并持续获得赢利的能力（滕堂伟和曾刚，2007）。波特通过对许多国家的产业国际竞争力的实证研究，发现一个国家的某一特定产业是否具有国际竞争力，取决于生产要素、需求条件、相关与支持性产业、机遇、政府行为、知识吸收与创新能力，以及战略、结构和同业竞争这 7 个主要因素（芮明杰等，2010）。这 7 个因素组成的新钻石体系是一个互动的体系，内部的每一个因素都会强化或改变其他因素的表现，而产业的竞争优势，则是各关键因素彼此长时间强化而衍生出来的。

3.1.1　生产要素及其对高技术制造业国际竞争力的影响分析

生产要素指一个国家在特定产业中有关生产方面的表现，包括人力资源、资本资源、知识资源、天然资源与基础设施等，按等级不同可分为初级生产要素和高级生产要素。根据比较优势理论，如果由于生产要素的绝对比较利益或相对比较利益，以及要素禀赋的相对丰沛程度，使得一国相对另一国在某种商品的生产上效率较高，此国家在这种商品上的竞争力就较另一国更高。该国就可以通过专业化生产自己有绝对优势的产品并用其中一部分来交换其具有绝对劣势的商品，国家间就会产生贸易活动。生产要素有些是先天决定的，有些是需要靠长期的开发与培育的，波特认为后者应该更重要，也是形成竞争力的主要来源。

1. 初级生产要素

初级生产要素是指一国天然形成或花费很小代价就可以拥有的生产要素，包括区位要素、气候、自然资源等。初级生产要素可以为一国提供一些初始的优势，这些优势随着在高级生产要素方面的投资得到加强和扩展。波特指出，在大多数产业的竞争优势中，生产要素通常是创造得来而非自然生成的，并且会因各个国家及其产业性质而有极大的差异。无论在任何时期，被创造、升级和专业化的高级人为要素比天然的初级生产要素更重要。

1）区位要素

陕西省地理位置优越，具有便捷的交通条件，对高技术制造业的竞争力有较强的促进作用。区位要素对高技术制造业竞争力的影响主要是通过位置、交通、通信等综合作用而发挥出来的（朱传耿和赵振斌，2002）。从动态看，新经济背景下，伴随信息网络化和经济全球化，位置因素的影响作用有所下降，但交通与通信，尤其是干线和远程通信的作用明显增强；从静态看，区位要素的优劣，直接影响区域投资环境的好坏，进而影响区域产业竞争力的形成与演变。区位要素主要通过影响生产要素的流动而作用于产业竞争力。位置优越，交通便利，信息灵通，既直接为产业的发展提供良好的基础条件，也间接影响其他生产要素的流动，从而为产业发展的要素优化提供便利。另外，区位状况影响产业结构变革。区位的优越性意味着开放性，开放性又意味着先进性。开放的区位通过开拓新市场，为产业竞争力的提高注入动力与活力。陕西省位于中国西北部，周边与山西、河南、湖北、四川、甘肃、宁夏、内蒙古、重庆 8 个省区市接壤，是国内邻接省区数量最多的省份。西安—包头、西安—安康、西安—南京铁路干线的相继建成，使陕西省承东启西，连贯南北。陕西省纵跨黄河、长江两大流域，是新亚欧大陆桥和中国西北、西南、华北、华中之间的门户，这为陕西省高技术制造业发展提供了便捷的交通条件。陕西省优越的地理位置以及便捷的交通条件促进了高技术制造业的发展。

2）气候

陕西省气候具有温带大陆性半湿润和半干旱、季风气候的特征，大部分地区都属于气候湿润区，有利于高技术制造业的发展。气候环境对高技术制造业的发展起着至关重要的作用。王铮等（1999）的计算表明，在仅考虑大学分布和高技术企业分布时，二者的空间位置相关系数仅为 0.284，而考虑气候作用后，这个系数达到 0.587。对于这种现象，王铮等提出高技术产业带的分布与区域气候有明显的关系，王铮等（2005）解释这种现象的发生是因为高技术制造业活动依赖于研发活动，而在对于人类来说不舒适的气候环境中，如天气太热、太冷，或者海拔高、大气供氧不足，研发活动效率都将降低，因此高技术企业可能由于缺乏原创力而处于竞争劣势归于失败。某些高技术产品如生物医药类产品，生产过程对水资源的耗费也导致这样的企业需要设立在气候湿润区。陕西省地跨北温带和亚热带，整体属大陆性季风气候，由于南北延伸很长，所跨纬度多，从而境内南北间气候的差异明显。长城沿线以北为温带干旱半干旱气候，陕北其余地区和关中平原为暖温带半湿润气候，陕南盆地为北亚热带湿润气候，山地大部为暖温带湿润气候。

3）自然资源

陕西省拥有丰富的自然资源，土地总量多、矿产资源储量大。根据《陕西统计年鉴》（2023年），陕西省土地总面积为20.56万平方公里。其中，耕地面积298.93万公顷，园地面积114.89万公顷，林地面积1245.33万公顷，草地面积219.20万公顷，湿地面积4.74万公顷，城镇村及工矿用地93.66万公顷，交通运输用地31.72万公顷，水域及水利设施用地28.16万公顷。陕西省拥有丰富的水利资源，河流流域面积20.56万平方公里，其中长江流域7.27万平方公里，黄河流域13.29万平方公里。水资源总量达365.75亿立方米，其中地表水资源量330.65亿立方米，地下水资源量139.9亿立方米，地表水与地下水资源重复量104.8亿立方米。陕西省土地资源多，为承接产业转移提供了土地要素条件。截至2024年，陕西省已发现各类矿产138种（含亚矿种），其中已查明有资源储量的矿产91种；探明矿产地1057处，其中大型矿产地245处，中型矿产地237处。陕西省保有资源储量居全国前列的重要矿产有：盐矿、煤、石油、天然气、钼、汞、金、石灰岩、玻璃石英岩、高岭土、石棉等，不仅资源储量可观，且品级、质量较好，在国内、省内市场具有明显的优势。此外，陕西省矿产资源分布区域特色明显。陕北和渭北以优质煤、石油、天然气、水泥灰岩、黏土类及盐类矿产为主；关中以金、钼、建材矿产、地下热水、矿泉水为主；陕南秦岭巴山地区以黑色金属、有色金属、贵金属及各类非金属矿产为主。陕西省可以利用资源优势，特别是积极吸引大型企业集团进入陕西省开发特色资源，以其强大的技术与资金投入提高矿产资源的综合开发率，并吸引和带动资源深加工产业，延伸产品链，增加产品附加值，由过去的原料基地变为重要的资源深加工基地。自然资源对陕西省高技术制造业竞争力有一定的影响（张鹏等，2015）。丰富的自然资源是发展高技术制造业、带动产品更新的支柱。

2. 高级生产要素

高级生产要素是指需要通过长期投资或培养才能拥有的生产要素，包括研发投入、固定资产投资等。波特认为，竞争力中更重要的，不是天然取得的初级生产要素，而是经过不断地、大量地投资，以及创新和升级所取得的高级生产要素。初级生产要素的重要性，因对其需求的下降和容易得到，而不断受到破坏。这使得无论在什么地方，初级生产要素的报酬均很低。例如，无论美国还是德国，无技术的劳动力工资下降的压力在不断增加。丰富的初级生产要素只能使一国简单地利用这种优势，而不去想办法提升这些要素。相反，要素劣势却迫使企业想办法充分利用和提升自己要素的质量。例如，日本常常强调"自己是没有资源的岛国"，其创造的准时制生产技术却最有效地利用了昂贵的空间。因此，初级生产要素有优势的国家，由于对其优势的依赖而使其国际竞争力反而可能下降，真正能够提高竞争力的是经过创造、升级或专业化了的高级生产要素。

1）研发投入

陕西省高技术制造业研发投入呈上升趋势，技术创新能力逐渐增强。从研发经费支出水平看，2021 年陕西省研发经费内部支出已达 145.60 亿元，是 2012 年的 2 倍多，研发经费投入明显提高，说明陕西省高技术制造业的技术创新能力增强，产业竞争力提高。从研发人员折合全时当量来看，陕西省研发人员折合全时当量呈稳中有升的趋势，2016 年达 21 725 人年，明显高于 2012 年，2018 年由于中美贸易摩擦影响而大幅下降，随后又逐渐回升，2021 年再创新高；从研发机构来看，2021 年研发机构经费支出与 2012 年相比明显提高，说明陕西省高技术制造业的科技实力和技术创新能力增强，见表 3.1。

表 3.1 2012~2021 年陕西省高技术制造业研发活动情况

指标	2012 年	2013 年	2014 年	2015 年	2016 年	2018 年	2019 年	2020 年	2021 年
研发人员折合全时当量/人年	17 367	21 120	24 057	20 250	21 725	18 608	19 707	21 005	22 842
研发经费内部支出/亿元	50.62	58.31	67.44	76.89	83.76	81.26	97.80	102.38	145.60
研发机构数量/个	185	151	155	160	177	143	162	174	174
研发机构人员/人	14 203	14 801	14 299	11 613	13 194	11 860	14 255	15 539	13 986
研发机构经费支出/万元	183 594	192 870	213 156	182 304	209 883	235 599	316 176	345 005	529 128

资料来源：《中国高技术产业统计年鉴》（2013~2022 年）

注：《中国高技术产业统计年鉴》（2018 年）未发布，故 2017 年数据缺失，下同

分行业看，航空、航天器及设备制造业，电子及通信设备制造业和医疗仪器设备及仪器仪表制造业是研发投入重点行业。2012~2021 年陕西省高技术制造业分行业研发活动情况见表 3.2。2021 年，医药制造业研发人员折合全时当量较 2012 年增长了 101.8%；研发经费内部支出增长了 265.37%。电子及通信设备制造业研发人员折合全时当量总体呈增长趋势，增长了 197.66%，研发经费内

部支出大幅上涨，增长 988.51%。医疗仪器设备及仪器仪表制造业研发人员折合全时当量增长了 4.13%，研发经费内部支出增长了 25.1%。计算机及办公设备制造业仍然较为薄弱。从省内五大高技术制造业研发活动分别所占的比重来看，医药制造业、电子及通信设备制造业、医疗仪器设备及仪器仪表制造业研发人员折合全时当量与研发经费内部支出所占比重均有不同程度的提高，见表 3.2。

表 3.2　2012~2021 年陕西省高技术制造业分行业研发活动情况

行业	指标	2012 年	2013 年	2014 年	2015 年	2016 年	2018 年	2019 年	2020 年	2021 年
医药制造业	研发人员折合全时当量/人年	947	1 139	1 558	1 776	1 618	1 574	1 968	2 021	1 911
	占全省比重/%	5.45	5.39	6.48	8.83	7.45	17.10	17.64	14.68	16.57
	研发经费内部支出/万元	20 333	28 852	41 452	76 984	81 396	49 888	70 690	81 991	74 291
	占全省比重/%	3.68	4.95	6.16	10.28	9.72	10.27	13.91	12.72	9.39
航空、航天器及设备制造业	研发人员折合全时当量/人年	11 833	11 842	12 274	11 349	12 137	/	/	/	/
	占全省比重/%	68.14	56.07	51.02	56.44	55.87	/	/	/	/
	研发经费内部支出/万元	410 069	398 900	434 733	422 309	434 142	/	/	/	/
	占全省比重/%	74.14	68.4	64.6	56.38	51.83	/	/	/	/
电子及通信设备制造业	研发人员折合全时当量/人年	2 434	3 897	5 047	5 662	5 293	5 184	6 015	8 075	7 245
	占全省比重/%	14.02	18.45	20.98	28.16	24.36	56.32	53.91	58.65	62.84
	研发经费内部支出/万元	57 930	83 408	102 217	200 119	226 604	343 229	361 439	470 108	630 574
	占全省比重/%	10.47	14.3	15.19	26.72	27.05	70.68	71.12	72.91	79.69
医疗仪器设备及仪器仪表制造业	研发人员折合全时当量/人年	2 083	4 202	5 129	1 321	2 495	2 400	3 143	3594	2 169
	占全省比重/%	11.99	19.9	21.32	6.57	11.48	26.08	28.17	26.10	18.81
	研发经费内部支出/万元	63 961	71 246	94 543	49 609	63 016	90 982	74 891	89 343	80 010
	占全省比重/%	11.56	12.22	14.05	6.62	7.52	18.76	14.74	13.86	10.11
计算机及办公设备制造业	研发人员折合全时当量/人年	69	40	49	/	13	46	31	79	205
	占全省比重/%	0.4	0.19	0.2	/	0.06	0.5	0.28	0.57	1.78
	研发经费内部支出/万元	825	745	/	/	472	1 518	1 222	3 380	6 407
	占全省比重/%	0.15	0.13	/	/	0.06	0.29	0.23	0.51	0.81

资料来源：根据《中国高技术产业统计年鉴》(2013~2022 年) 整理

2）固定资产投资

2012~2016年，陕西省高技术制造业固定资产投入不断增加，但占全国的比重仍然较低，总体面临投入不足的问题。2012~2016年陕西省高技术制造业固定资产投资情况见表3.3。从施工项目数看，陕西省高技术制造业的施工项目数和新开工项目数明显增加，与2012年相比，2016年施工项目数和新开工项目数增长幅度较大，但占全国高技术制造业施工项目数的比重仍然较低。从固定资产交付使用率看，陕西省的固定资产交付使用率呈先下降后上升趋势，说明陕西省的投资效率不稳定。

表3.3 2012~2016年陕西省高技术制造业固定资产投资情况

指标	施工项目/个	新开工项目/个	固定资产投资额/亿元	新增固定资产/亿元	固定资产交付使用率/%
2012年	308	179	222.09	127.19	57.27
占全国比重/%	1.96	1.75	1.72	1.52	/
2013年	326	172	403.63	147.97	36.66
占全国比重/%	1.84	1.48	2.59	1.49	/
2014年	337	183	620.7	205.78	33.15
占全国比重/%	1.83	1.52	3.55	1.74	/
2015年	376	224	740.20	474.08	63.45
占全国比重/%	1.88	1.59	3.71	3.31	/
2016年	462	309	703.32	356.24	50.65
占全国比重/%	1.95	1.77	3.09	2.71	/

资料来源：根据《中国高技术产业统计年鉴》（2013~2017年）整理

分行业看，2012~2016年，陕西省电子及通信设备制造业的新增固定资产比重呈现升高趋势，医药制造业新增固定资产比重呈现上下波动趋势，医疗仪器设备及仪器仪表制造业的新增固定资产比重呈现下降趋势，见表3.4。从施工项目数比重看，陕西省医药制造业、航空、航天器及设备制造业、电子及通信设备制造业施工项目数所占比重在波动上升，计算机及办公设备制造业施工项目数所占比重降低。从新开工项目数比重看，医药制造业、电子及通信设备制造业所占比重在上升，计算机及办公设备制造业、医疗仪器设备及仪器仪表制造业所占比重在降低。从投资额比重看，医药制造业投资额所占比重呈现先减少后增加的趋势，医疗仪器设备及仪器仪表制造业、计算机及办公设备制造业投资额所占比重上下波动，航空、航天器及设备制造业投资额所占比重呈现波动增加趋势。

表 3.4 2012~2016 年陕西省高技术制造业分行业固定资产投资占全省比重情况　单位：%

行业	指标	2012 年	2013 年	2014 年	2015 年	2016 年
医药制造业	施工项目数比重	34.09	36.50	43.62	42.02	40.04
	新开工项目数比重	36.31	36.63	48.63	45.54	43.04
	投资额比重	27.82	17.55	17.36	18.00	23.19
	新增固定资产比重	32.44	27.74	31.42	15.50	21.60
航空、航天器及设备制造业	施工项目数比重	16.88	24.54	18.40	17.82	18.83
	新开工项目数比重	14.53	30.81	13.11	12.95	17.80
	投资额比重	13.76	16.00	19.13	27.27	15.08
	新增固定资产比重	13.09	21.59	24.22	35.71	8.69
电子及通信设备制造业	施工项目数比重	28.90	25.77	25.82	26.86	31.17
	新开工项目数比重	29.61	20.35	26.78	25.00	30.74
	投资额比重	37.86	57.71	50.31	44.67	54.08
	新增固定资产比重	35.81	32.67	31.65	41.89	58.85
医疗仪器设备及仪器仪表制造业	施工项目数比重	17.86	11.04	10.68	9.04	8.66
	新开工项目数比重	18.44	10.47	10.38	10.71	8.41
	投资额比重	17.88	8.30	11.06	5.13	6.11
	新增固定资产比重	16.58	17.21	12.41	4.15	7.85
计算机及办公设备制造业	施工项目数比重	2.27	2.15	1.48	2.66	1.08
	新开工项目数比重	1.12	1.74	1.09	3.13	0.00
	投资额比重	2.68	0.44	2.14	3.72	1.24
	新增固定资产比重	2.08	0.79	0.30	0.92	2.45

资料来源：根据《中国高技术产业统计年鉴》（2013~2017 年）整理

3）数据

党的十九届四中全会通过的《中共中央关于坚持和完善中国特色社会主义制度 推进国家治理体系和治理能力现代化若干重大问题的决定》提出，"健全劳动、资本、土地、知识、技术、管理、数据等生产要素由市场评价贡献、按贡献决定报酬的机制"，首次将数据列为与劳动、资本、土地、知识、技术、管理并列的生产要素。党的二十大报告提出，"加快发展数字经济，促进数字经济和实体经济深度融合，打造具有国际竞争力的数字产业集群"[1]。数据要素既是继土地、劳动、管理、技术、资本等之后的生产要素新形态，也是优化生产资

---

[1] 《高举中国特色社会主义伟大旗帜 为全面建设社会主义现代化国家而团结奋斗——在中国共产党第二十次全国代表大会上的报告》，https://www.gov.cn/xinwen/2022-10/25/content_5721685.htm。

源高效配置、促进数字经济和实体经济的融合、推动高质量发展和塑造国际竞争新优势的助推器。

陕西省区位优势明显，科教资源丰富，科研实力雄厚，传统产业链条完整，发展数字经济的基础好、潜力大。据西部数字经济研究院测算，陕西省数字经济总量 2021 年超过 8000 亿元，2022 年达到 12 618 亿元，2022 年陕西省数字经济增速为 13.9%，位列全国第 5 位。在数字产业化方面，陕西省推动半导体及集成电路、新型显示、智能终端、太阳能光伏、物联网、智能传感器、增材制造、光子、无人机等 9 条数字产品制造业重点产业链加快发展，不断提升产业链配套水平，着力打造一批具有较强竞争力的"链主"，企业培育形成新一代信息技术产业集群。单晶硅片产量全球第一，高端液晶面板等成为"陕西智造"新名片。2022 年，大数据、半导体、网络安全等数字经济核心产业保持快速增长，产业增加值占陕西省地区生产总值的比重为 7%。在产业数字化方面，数字技术加速向制造业、服务业、农业等领域渗透和应用，行业领域数字化转型升级稳步推进，新业态、新模式持续涌现。以数据管理能力成熟度评估模型标准为牵引，由点扩线至面，逐步构建大数据产业生态圈。陕西省成为国家数据管理能力成熟度评估模型贯标试点地区，首批确定 60 户试点企业，覆盖乘用车、重卡、输变电装备、煤制烯烃、钢铁深加工、钛及钛合金、新型显示等制造业重点产业链链主或者龙头企业 17 户，初步实现数据链与产业链耦合。陕西省数字经济呈现出加速推进、蓬勃发展、生态优化的良好发展态势，为高技术制造业的转型升级提供了强劲的驱动力。

3. 生产要素对高技术制造业国际竞争力的影响分析

生产要素能够影响一国高技术制造业的国际竞争力水平。高技术制造业的生产要素既有初级生产要素，也有高级生产要素。由于初级生产要素具有普遍可获得性，其对高技术制造业竞争力的影响程度开始逐渐下降；而高级生产要素由于其获得时间长且具有一定的困难，其对高技术制造业的竞争力影响越来越大。高级生产要素的获得不仅需要大量人力资本的投入，还需要良好的政策环境和社会环境，所以与初级生产要素相比，高级生产要素相对稀缺和重要。高级生产要素的稀缺性和重要性决定其在提升高技术制造业竞争力上占据核心地位。影响高技术制造业竞争力的生产要素主要指劳动力和资本。劳动力和资本等生产要素能够影响企业的创新能力。劳动力分为一般人力资本和高级人力资本。高级人力资本体现了一个国家的创新能力，对提升一国的高技术制造业竞争力有极其重要的作用，因为技术创新能力最终还是要依靠高技术人才来实现。

任何一个行业的运行都少不了资金的支持，高技术制造业更需要大量资本的投入来保障正常的运转。资本充裕才能保证资本密集型产业的发展，同时技术创新水平的提高也需要有较强的资本支持。充裕的资本是实现企业规模经济与范围经济的前提，同时产品的质量与资本的丰裕度之间也有较大的关系。因此，想要提升产品的质量与性能，首先要有充足的资本保证，在此基础上加速生产要素的流动，依靠技术创新、人力资本生产出有市场竞争力的高技术产品。因此，资本要素对高技术制造业竞争力的提升是不可或缺的。

资本根据来源可分为国内资本和国外资本。外商直接投资能够对一国的产业发展起到积极的带动作用，同时也会产生一些负面的影响。外商直接投资的积极影响表现在：一是外商直接投资能够给当地带来充足的资本要素以及先进的管理经验和技术，可以更加有效地利用当地的优势要素，优化要素禀赋结构；二是外资的进入加剧了市场竞争的激烈程度，迫使当地企业进行产品、技术、管理上的升级；三是外商直接投资能够产生技术外溢的效应。外商直接投资的负面影响为跨国公司对高附加值关键环节的绝对控制会造成接受外商投资的国家或地区被锁定在低端环节，难以进行产业升级。

3.1.2 需求条件及其对高技术制造业国际竞争力的影响分析

需求条件是指对某产业向市场所提供的产品或服务的需求状况。一个产业的市场需求由本土需求和国际需求构成。波特指出，本土需求能够促进企业的技术创新与改革，对产业的发展提供巨大的动力；国际需求则会促进该产业在国际市场上形成竞争优势，进而提升竞争力。

1. 本土需求

中国的高技术产品需求量庞大，进口额与国内新产品销售收入均保持持续上升趋势。2016 年，中国高技术制造业新产品销售收入为 47 857 亿元，高技术产品进口额为 5493 亿美元，相比 2001 年分别增加了 16.94 倍和 7.56 倍。与庞大的本土需求量相对的是陕西省高技术制造业出口交货值 394 亿元，仅占全国的 0.82%，见表 3.5。究其原因，虽然陕西省中小型高技术企业从事的产品和项目都具有很强的用户针对性和广阔的潜在市场，但缺乏强大的知名品牌，不能对高端市场做出响应。因此，充分利用自身的地理优势，响应中国的高技术本土需求，拓展全国市场对其发展具有重大意义。

表 3.5　2012~2016 年陕西省高技术制造业分行业出口交货值　　单位：亿元

年份	医药制造业	航空、航天器及设备制造业	电子及通信设备制造业	计算机及办公设备制造业	医疗仪器设备及仪器仪表制造业	合计
2012	4.9	64.3	34.0	/	6.4	109.6
2013	7.8	58.4	37.7	/	6.7	110.6

续表

年份	医药制造业	航空、航天器及设备制造业	电子及通信设备制造业	计算机及办公设备制造业	医疗仪器设备及仪器仪表制造业	合计
2014	8.0	52.3	97.7	/	8.4	166.4
2015	9.8	75.4	197.1	/	7.4	289.7
2016	14.5	69.7	301.8	/	8.0	394

资料来源：《中国高技术产业统计年鉴》（2013~2017 年）

2. 国际需求

高技术制造业的出口交货值是衡量高技术制造业国际市场需求的重要指标。出口交货值是指企业生产的交给外贸部门或自营（委托）出口，用外汇价格结算的批量销售，在国内或在边境批量出口等的产品价值，还包括外商来样、来料加工、来件装配和补偿贸易等生产的产品价值。在计算出口交货值时，要把外汇价格按交易时的汇率折成人民币。该指标是衡量高新技术产业集群生产的产品进入国际市场的一个重要指标，是现阶段衡量我国大型工业企业融入世界经济的一个主要参数。电子及通信设备制造业的出口交货值在 2013 年到 2016 年增速较快，2016 年出口交货值在五个行业内最高，已达到 301.8 亿元，占陕西省高技术制造业出口交货值的一半以上；航空、航天器及设备制造业的出口交货值呈现先上升后下降的趋势，出口交货值较高；医药制造业的出口交货值较低，但是逐渐增加；医疗仪器设备及仪器仪表制造业出口交货值在五大行业位于中间水平，变化不是很大，见表 3.5。因此，陕西省高新技术产业集群国际市场竞争力仍比较低。

3. 需求条件对高技术制造业国际竞争力的影响分析

高技术制造业的需求要素是其竞争力的重要影响因素，有需求才会有市场，市场需求旺盛与否对高技术制造业竞争力的强弱起着决定作用。高技术制造业的需求要素主要来自两方面：国内市场和国外市场，其中国内市场的需求大于国外市场需求。国内市场需求包括许多方面，如需求大小、需求性质、需求目的、需求变换能力等。波特认为国内市场需求使得一国具有更高的产业竞争力在于满足以下三个条件：一是有细分市场需求的结构；二是有内行且挑剔的消费者；三是有预期性的需求。如果一国消费者在细分市场上对产品有较大需求，那么该国将在市场结构下占有较强的竞争优势。内行且挑剔的消费者对产品质量、产品价格、产品性能等方面要求较高，他们较高的要求给企业的生产制造过程带来压力，然而企业不可避免地会遇到这种情况，并且需要尽力去满足这类消费者的需求。所以在国内市场，高技术企业可以及时地了解到国内市场的需求反馈，客户的要求会促进企业不断地创新、改进产品生产技术，提高服务质量，从而形成更符合客户需求和时代发展的产品，形成更具竞争力的产业优势。这种客户与企业间的隐形互动只有在国内市场中才能更好地表现出来。预期性的需求通常是指国内外对高技术制造业的某种需求，它是一个国家产业发展的动力，可以刺激相关产品的改进和创新。如果一国高技术产品市场预期性需求能够很快得到满足，那么该国产品则比其他国家的产品更具有竞争优势。

3.1.3 相关与支持性产业及其对高技术制造业国际竞争力的影响分析

高技术制造业与其相关和支持性产业之间存在着密切的协同效应，相关和支持性产业的竞争力会影响高技术制造业的竞争力。当高技术制造业的相关与支持性产业具备国际竞争力时，它会通过以下方式为高技术制造业创造竞争优势：以最有效的方式及时地为国内企业创新；促进信息在产业内传递，加快整个产业的创新速度。高技术制造业的相关与支持性产业主要包括金融产业和科技服务业。

1. 金融产业的支持

高技术制造业的发展离不开资金的投入和金融政策的支持。目前陕西省的高新技术产业处于成长期，资金缺口不断加大，除了国家财政补贴、税收优惠，更需要风险投资来保障其对大量流动资本的需求。但是这一阶段企业产品和市场都不够成熟，经营风险较大，银行出于规避风险考虑，不愿提供贷款，而陕西省的资本市场品种和规模狭小、效率不高，因此，融资渠道狭窄、融资方式单一、融资成本高等问题已成为陕西省高新技术企业发展的瓶颈，这就需要构建一个区域性资本市场来解决陕西省高新技术企业融资难的问题。

2. 科技服务业的支撑

随着科技创新的推进和产业结构的优化升级，陕西省科技服务业的规模不断扩大，涵盖了金融、科技研发、技术咨询等多个领域。2021年，西安市科技局发布《关于公布西安市2021年第一批科技服务业示范机构名单的通知》，浦发银行西安分行获评西安市2021年第一批科技服务业示范机构，成为陕西地区唯一入选的股份制银行。2022年，认定陕西空天动力研究院有限公司等11家单位为西安市2021年第二批科技服务业示范机构。2023年12月19日，西安市第三、四批科技服务业示范机构授牌仪式在西安科技大市场服务中心举行。四联智能技术股份有限公司被西安市科技局授予"西安市第三批科技服务业示范机构"奖牌。陕西省科技服务业逐渐成为推动陕西省高技术制造业发展的重要引擎。

3. 相关与支持性产业对高技术制造业国际竞争力的影响分析

相较于竞争对手，当高技术制造业上下游相关产业能发展得更健全，且更具有竞争优势时，则高技术制造业在国际竞争中也将更具有优势。高技术制造业的相关与支持性产业主要是金融业和科技服务业等。金融业为高技术制造业的发展提供了资金支持，科技服务业为高技术制造业的发展提供了人力、技术等，可以互相合作、共享信息。由于各产业间互为投入产出，相关与支持性产业对于该产业的影响，可以通过产业关联的直接与间接效果表现出来。而除了相关与支持性产业本身是否具有竞争优势外，产业间的互动，特别是协调与合作的机制，以及研发成果间的外溢与扩散程度，都是影响产业竞争力的重要原因（Narula，1993）。上游产业与下游产业的相互配合有助于提高高技术制造业国际竞争力，而且上游产业和下游产业具有相辅相成的关系，主要表现在：上游产业可以为下游产业提供原材料、初级产品、新创意、新技术等，而下游产业为上游产业所提供的材料、创意、技术提供试验基地进行生产和应用。因此，上下游产业之间的相互配合使得相关与支持性产业在提升产业国际竞争力时发挥了重要作用。

3.1.4 企业的战略、结构和同业竞争及其对高技术制造业国际竞争力的影响分析

企业战略、结构和同业竞争通常指一个企业在一定的时期和环境中所做的管理规划、目标等。企业战略、结构和同业竞争通常会对整个产业产生影响，特别是大的公司的战略规划，很容易影响一个行业的发展和重塑。企业战略是指企业根据市场需求，结合自身资源状况和发展能力，选择适合本企业的经营产品和领域形成核心竞争力，通过产品的差异化在竞争中取得胜利。企业战略是对企业各种战略的总称，涵盖了营销战略、竞争战略、品牌战略、人才战略、技术战略等多个方面。企业结构在这里其实是指行业结构，是指经营同种产品的企业群体数量及其所占比重。在行业结构下，决定一个企业在该行业中的盈利能力的因素包括五种竞争力量：新企业的进入、现存企业之间的竞争、替代品的威胁、卖方讨价还价能力和买方讨价还价能力。同业竞争是指从事相同或相近行业的企业或个人之间构成的直接或间接的竞争关系。同业竞争的最终结果必然导致双方在市场机制的作用下，不能按照完全竞争的规则进行平等竞争。

1. 企业战略

在企业战略方面，陕西省主要将提高自主创新能力作为高技术制造业的发展

方向。一个企业只有从经营模式、品牌战略、人才培养、科研投入等各方面不断努力,才能逐渐形成企业的核心竞争力。"十一五"以来,按照省委、省政府提出的建设创新型陕西的总体要求,通过实施科技创新工程,陕西省高技术制造业自主创新能力稳步提高,高技术制造业规模逐步扩大,产业集聚效应初步显现。"十二五"时期,陕西省继续扩大高技术制造业规模,着力推进自主创新基础能力建设,增强自主创新能力已成为陕西省高技术制造业发展的战略基点和调整高技术制造业结构、转变产业增长方式的中心环节。"十三五"期间,陕西省高技术制造业增加值年均增长 16.4%,高于规上工业年均增速 10.3 个百分点,高于全国高技术制造业年均增速 6.0 个百分点,对规上工业带动作用明显。2016 年至 2020 年,陕西省高技术制造业增加值分别同比增长 27.3%、13.9%、14.2%、11.1%和 16.1%,均处于高位运行,分别高于规上工业增加值增速 20.2 个、5.7 个、5.0 个、5.9 个和 15.1 个百分点。"十四五"期间,陕西省还将加快秦创原创新驱动平台建设,鼓励各地市积极融入秦创原创新驱动平台建设,高起点、高水平打造双链融合示范区;加快创建西安综合性国家科学中心和区域科创中心,集中优势资源攻关重点领域关键核心技术,为实现高水平科技自立自强提供有力支撑;加强产业创新发展,实施产业基础再造工程,大力推进数字技术与实体经济、社会民生融合发展,突出数字赋能,开创数字陕西建设新局面;培育发展科技型中小企业、高新技术企业、瞪羚企业、专精特新企业,着力加强创新人才引育,深化科技体制机制创新,优化创新生态系统,为高质量发展提供有力支撑。

2. 企业结构

企业结构用大中型企业的数量这一指标来衡量,大中型企业对产业竞争力的影响是通过企业规模来发挥作用的。大中型企业都具有较大的企业规模,企业规模对产业竞争力产生影响的根本原因在于企业规模具有经济性,这种经济性主要表现在:一是对生产成本的影响。企业规模的扩大会导致生产成本的降低,有利于提高劳动生产率,从而增强其国际竞争力。二是对企业创新能力的影响。高技术制造业是技术密集型的产业,企业规模的扩大意味着研发投入能力的增强,相对而言高技术制造业研发新产品的速率也会提高,能通过快速的产品更新来增强和维持产业竞争力。三是对议价能力的影响。规模大的企业在上游原材料的购买和下游产品的销售上都具有较强的议价能力,能够比较容易地转嫁自身的成本,较强的议价能力可以使得原料的购买成本降低和产品的销售收入提高,从而提高产业的竞争能力。所以大中型企业数量也是影响产业竞争力的一个因素。2012~2021 年陕西省高技术制造业的个数整体呈逐渐增加的趋势,见表 3.6。这说明陕西省高技术制造业发展逐步稳定。虽然陕西省高技术制造业的大中型企业数在增加，但数量仍然较少，说明陕西省高技术制造业的中小企业和微型企业占主体地位，对产业的带动作用不大。

表 3.6　2012～2021 年陕西省高技术制造业生产企业数　　单位：个

年份	企业数	大型企业数	中型企业数
2012	379	12	80
2013	402	35	90
2014	435	38	90
2015	475	39	97
2016	525	42	99
2018	597	44	97
2019	683	47	104
2020	749	49	106
2021	787	44	107

资料来源：《中国高技术产业统计年鉴》（2013～2022 年）

3. 同业竞争

在高技术制造业中，企业之间的激烈竞争可以促使产业国际竞争力的提高。截至 2021 年底，中国高技术企业数已达 45 646 个，而陕西省的高技术企业数有 787 个，仅占中国高技术企业总数的 1.7%。同时，陕西省的高技术制造业产值虽在不断上升，但其增加值占地区生产总值的比重较低，对地区生产总值的贡献率不高，这说明高技术制造业的集聚度不高，同业竞争十分激烈。

一个高技术企业若能率先开发出竞争对手所没有的新技术、新产品，或能开发出比竞争对手技术水平高的技术从而降低产品成本、提高产品品质等，就可以在竞争中取胜。技术改造指企业在坚持科技进步的前提下，将科技成果应用于生产的各个领域（产品、设备、工艺等），用先进技术改造落后技术，用先进工艺代替落后工艺、设备，实现以内涵为主的扩大再生产，从而提高产品质量，促进产品更新换代，节约能源，降低消耗，全面提高综合经济效益。因此，技术改造经费支出可以反映高技术制造业在市场中的竞争情况。2012～2015 年，陕西省高技术制造业技术改造经费支出整体呈现增加趋势，见表 3.7。航空、航天器及设备制造业的技术改造经费支出在五大行业中占比最大，2016 年已达到 120 942 万元，其竞争力较强。其次是电子及通信设备制造业，虽然也在增加，但是远远低于航空、航天器及设备制造业的技术改造费用支出。医药制造业和医疗仪器设备及仪器仪表制造业的技术改造费用相差不大。

表 3.7 2012～2021 年陕西省高技术制造业分行业技术改造经费支出情况   单位：万元

年份	医药制造业	航空、航天器及设备制造业	电子及通信设备制造业	计算机及办公设备制造业	医疗仪器设备及仪器仪表制造业	合计
2012	6 565	88 355	39 605	/	8 893	143 419
2013	5 573	98 152	25 326	/	7 391	136 442
2014	9 328	195 485	60 397	/	9 407	274 618
2015	6 801	197 013	20 815	/	2 057	206 686
2016	4 589	120 942	46 391	/	8 236	180 158
2018	4 765	/	14 364	/	15 388	34 517
2019	4 559	/	40 159	/	10 675	55 393
2020	8 960	/	35 088	/	5 825	49 873
2021	6 293	/	31 112	523	2 622	40 550

资料来源：《中国高技术产业统计年鉴》（2013～2022 年）

4. 企业的战略、结构和同业竞争对高技术制造业国际竞争力的影响分析

高技术企业的规模大小和战略决定了该产业在市场中的地位。不同国家在发展优势产业时，具有不同的企业规模和竞争战略。企业怎样创立、组织和管理，国内竞争程度如何，是决定其竞争力的重要因素。比如，意大利将中小企业为主的传统轻工业作为国家优势产业，德国则以大企业与中小企业并存的模式参与竞争，而美国获得国际竞争优势的企业，主要集中在计算机信息技术和生物技术等高技术制造业，而且拥有一批国际上非常有实力的大的跨国企业。高技术企业规模的扩大会降低企业的生产成本，提高企业的研发能力，同时也能提高企业的议价能力，从而提高企业的竞争力。

3.1.5 机遇及其对高技术制造业国际竞争力的影响分析

1. 便利的合作通道、合作平台及资源禀赋优势促成的完整产业链

"一带一路"倡议和创新驱动发展等国家重大政策的实施，为陕西省高新技术产业发展带来更多先试先行的政策机遇和市场机遇，有利于加快建设创新型省份、全面创新改革试验区、国家双创示范基地、国家自主创新示范区。面对新形势，我们只有站在新起点、谋划新发展，抓住机遇、应对挑战、破解难题、补齐短板，只有依靠以科技创新为核心的全面创新，才能保持中高速发展，迈向中高端。陕西省高技术制造业面临的机遇主要包括以下三个方面。

一是凭借地理区域位置优势建立连接国内外区域经济合作通道。陕西省是连接中国东、中部地区和西北、西南的重要枢纽,起到承东启西、连接西部区域的作用;同时又是通向中亚、西亚、南亚的有利通路,处于对外开放中的重要位置。在这一天然地理优势基础上建立起铁路、公路和航空等交通基础设施,形成多元化的互联互通网络,在承接东部产业转移的同时打开对外区域经济合作的通道,推动外向型经济发展。

二是筹建金融贸易平台为高技术制造业合作提供资金保障。随着陕西省与中亚、东盟等地区经济贸易的开展,多家银行已开始提供跨境人民币交易业务,在向企业提供对外贸易便利的同时,也可以吸引外商对陕西省的经济贸易进行投资。陕西省建立区域化的金融贸易平台,不仅可以解决政府、企业的重要项目融资问题,还能为陕西省高技术制造业发展提供资金保障,促进高技术制造业发展。

三是利用要素禀赋优势形成完整的高技术产业链。由于共建"一带一路"部分国家与陕西省的高技术制造业在要素结构、资源禀赋、产品需求等方面存在明显差异,各地间具有国际优势的产品类目较少重叠,要素差异和产品差异使得各细分行业的竞争力存在一定的梯度,从而使得高技术制造业处于不同的价值链环节,因此陕西省高技术制造业位于价值链的生产环节。"一带一路"国际合作使得陕西省与部分共建国家的产业链交互耦合,从而打造自身的区域价值链,促进其高技术制造业发展。

2. 机遇对高技术制造业国际竞争力的影响分析

在高技术制造业发展中,机遇也起到了一定的作用。机遇是可遇而不可求的,我们自己虽然不能创造机遇,但是可以在机遇来临之前做好充足的准备。在迎接产业竞争力的机遇到来前,一国可以在生产要素、需求条件、政府政策、相关及支持性产业、企业战略、产业结构、同业竞争等方面做好充分准备。抓住发展机遇同样是促进高技术制造业竞争力提升的一个重要因素。

3.1.6 政府行为及其对高技术制造业国际竞争力的影响分析

1. 政策引导

政府可通过产业政策、税收政策、人才政策等政府行为影响上述几个因素,支持和引导发展地区高技术制造业。陕西省高新技术产业的发展在很大程度上得益于历年国家层面和地方政府层面的政策倾斜和支持,具体政策文件见表 3.8。

表 3.8　国家和陕西省关于高新技术产业发布的政策文件汇总

序号	文件名称	发文机构	发布时间	核心内容
1	《中共中央关于国有企业改革和发展若干重大问题的决定》	中国共产党第十五届中央委员会	1999年9月22日	国有企业是我国国民经济的支柱。发展社会主义社会的生产力，实现国家的工业化和现代化，始终要依靠和发挥国有企业的重要作用。在经济全球化和科技进步不断加快的形势下，国有企业面临着日趋激烈的市场竞争。发展是硬道理。必须敏锐地把握国内外经济发展趋势，切实转变经济增长方式，拓展发展空间，尽快形成国有企业的新优势
2	《陕西省促进关中高新技术产业带创业投资业发展暂行规定》	陕西省人民政府	2003年7月12日	为吸引境内外创业资本，促进关中高新技术产业带创业投资业发展，加速高新技术产业化，结合本省实际，制定本规定
3	《国家中长期科学和技术发展规划纲要（2006—2020年）》	国务院	2006年2月9日	到2020年，我国科学技术发展的总体目标是：自主创新能力显著增强，科技促进经济社会发展和保障国家安全的能力显著增强，为全面建设小康社会提供强有力的支撑；基础科学和前沿技术研究综合实力显著增强，取得一批在世界具有重大影响的科学技术成果，进入创新型国家行列，为在本世纪中叶成为世界科技强国奠定基础
4	《中华人民共和国国民经济和社会发展第十一个五年规划纲要》	国务院	2006年3月14日	主要阐明国家战略意图，明确政府工作重点，引导市场主体行为，是未来五年我国经济社会发展的宏伟蓝图，是全国各族人民共同的行动纲领，是政府履行经济调节、市场监管、社会管理和公共服务职责的重要依据
5	《陕西省中长期科学和技术发展规划纲要（2006—2020年）》	陕西省人民政府	2006年9月28日	到2020年，建立起比较完善的适应社会主义市场经济体制的新型区域创新体系，建成一批国内一流的科研机构和大学以及具有市场竞争力的企业研发机构，形成比较合理的科学技术布局。依靠科技进步基本解决我省走新型工业化道路、农业现代化和建立节约型社会及可持续发展的重大瓶颈技术问题。掌握一大批重要的知识产权和产业核心技术，发明专利授权量进入全国前10位，科技进步贡献率达到60%以上，科技创新能力和综合科技实力居于中西部领先地位，使陕西进入创新型省份行列，为引领经济社会更长远发展奠定坚实的科学技术基础
6	《陕西省人民政府关于实施科技规划纲要增强自主创新能力建设创新型陕西若干政策规定的通知》	陕西省人民政府	2006年11月17日	到2010年全社会科技投入占全省生产总值的比重达到3.5%左右。鼓励企业大幅度增加技术开发经费的投入。企业每年用于研究开发（R&D）经费应达到销售收入的2%以上，其中高新技术企业每年用于研究开发（R&D）的经费不得低于销售收入的5%。加强面向企业技术创新的服务体系建设，省上设立高新技术产业发展资金和科技型中小企业发展专项资金，支持科技成果转化及其产业化，鼓励中小企业自主创新
7	《西部大开发"十一五"规划》	国家发展和改革委员会、国务院西部地区开发领导小组办公室	2007年1月30日	"十一五"西部大开发总的目标是，经济又好又快发展，人民生活水平持续稳定提高。基础设施和生态环境建设实现新突破，重点地区和重点产业的发展达到新水平，基本公共服务均等化取得新成效，构建社会主义和谐社会迈出扎实步伐

续表

序号	文件名称	发文机构	发布时间	核心内容
8	《陕西省人民政府关于贯彻国家自主创新基础能力建设"十一五"规划的实施意见》	陕西省人民政府	2007年11月2日	到2010年，自主创新基础能力建设投资达到100亿元，比"十五"翻一番，建成一批具有国际竞争力的科研开发和成果转化平台；在优势领域取得重大科技成果4000项，比"十五"翻一番，取得一批具有国际重大影响的科技成果；突破资金投入瓶颈，推进自主创新基础能力建设市场化、产业化；突破人才制约，建立高素质人才支撑体系，培养一批具有世界水平的科学家和研发团队；突破体制机制束缚，深化改革开放，自主创新动力不断增强
9	《西部大开发"十二五"规划》	国家发展和改革委员会	2012年2月20日	更加注重基础设施建设，着力提升发展保障能力；更加注重生态建设和环境保护，着力建设美好家园和国家生态安全屏障；更加注重经济结构调整和自主创新，着力推进特色优势产业发展；更加注重社会事业发展，着力促进基本公共服务均等化和民生改善；更加注重优化区域布局，着力培育新的经济增长极；更加注重体制机制创新，着力扩大对内对外开放，推动西部地区经济社会又好又快发展，促进民族团结和谐，共同建设美好家园，为实现全面建设小康社会目标打下坚实基础
10	《陕西省战略性新兴产业发展"十二五"规划》	陕西省人民政府	2012年7月10日	以科学发展观为指导，以统筹科技资源改革为动力，以支撑和引领全省经济社会发展为目的，以营造良好的产业发展环境为重点，坚持依靠自主创新推动技术进步，坚持依靠市场需求推动产业发展，坚持依靠创新驱动推动经济社会转型，积极培育高端装备制造、新一代信息技术、新能源、新材料等产业做大做强，成为支柱产业；大力推进生物、节能环保、新能源汽车等产业发展壮大，成为先导产业，推动产业结构优化升级，促进全省经济社会又好又快发展
11	《"十二五"国家自主创新能力建设规划》	国务院	2013年1月15日	"十二五"时期，我国自主创新能力建设的总体部署是：加强政府统筹规划指导，更加发挥市场在资源配置中的基础性作用，引导社会创新主体积极参与，重点推进科学研究实验设施和各类创新基地建设，加强科资源整合共享和高效利用，健全国家标准、计量、检测和认证技术体系，支撑科技跨越发展；加快推进重点产业关键核心技术研发和工程化能力建设，提升重点社会领域创新能力和公共服务水平，构建各具特色、协调发展的区域创新体系，支撑经济社会创新发展；加强创新主体能力、人才队伍和制度等创新环境建设，深化国际交流与合作，强化知识产权创造、运用、保护和管理能力，激发全社会创新活力，提高创新效率和效益
12	《中华人民共和国国民经济和社会发展第十三个五年规划纲要》	国务院	2016年3月17日	"十三五"时期是全面建成小康社会决胜阶段。必须认真贯彻党中央战略决策和部署，准确把握国内外发展环境和条件的深刻变化，积极适应把握引领经济发展新常态，全面推进创新发展、协调发展、绿色发展、开放发展、共享发展，确保全面建成小康社会

续表

序号	文件名称	发文机构	发布时间	核心内容
13	《陕西省"十三五"战略性新兴产业发展规划》	陕西省人民政府	2016年9月3日	全面贯彻党的十八大和十八届三中、四中、五中全会以及习近平总书记系列重要讲话精神，牢固树立创新、协调、绿色、开放、共享发展理念，紧紧把握全球新科技革命和产业变革重大机遇，坚持科技创新与体制机制创新双轮驱动，全面释放创新创业活力，突破关键核心技术，协同优化服务体系，加快推进产业集聚，做大做强新一代信息技术、高端装备制造、新材料、生物技术、新能源、节能环保、新能源汽车等战略性新兴产业，促进产业融合发展，大力实施十大产业创新发展工程，抢占发展制高点，打造经济社会发展新引擎，推进供给侧结构性改革，为全面建成小康社会提供重要支撑
14	《"十三五"国家战略性新兴产业发展规划》	国务院	2016年11月19日	战略性新兴产业代表新一轮科技革命和产业变革的方向，是培育发展新动能、获取未来竞争新优势的关键领域。"十三五"时期，要把战略性新兴产业摆在经济社会发展更加突出的位置，大力构建现代产业新体系，推动经济社会持续健康发展
15	《陕西省"十三五"科学和技术发展规划》	陕西省发展和改革委员会	2017年3月15日	到2020年，在重点领域核心关键技术上取得重大突破，自主创新能力和科技成果转化能力显著提升，企业技术创新主体地位突出，军民融合更加深入，科技体制改革取得实质性突破，高端人才和核心研发团队不断聚集，科技资源配置更加优化，创新要素流动更加顺畅，科技对经济社会发展的支撑引领作用更加凸显，创新型省份建设进入新阶段，更多领域的创新发展进入全国第一方阵
16	《陕西省促进科技成果转化条例》	陕西省人民代表大会常务委员会	2017年9月29日	鼓励和支持企业联合研究开发机构、高等院校建立以企业作为投资主体、管理主体、需求主体和市场主体的产业技术研究院、工程技术研究中心、重点实验室等新型研发平台，提供共性技术研究开发、中间试验、工业性试验、工程化开发等服务，提高科技成果成熟度，优化科技成果市场供给
17	《中共中央 国务院关于新时代推进西部大开发形成新格局的指导意见》	中共中央、国务院	2020年5月17日	强化举措抓重点、补短板、强弱项，形成大保护、大开放、高质量发展的新格局，推动经济发展质量变革、效率变革、动力变革，促进西部地区经济发展与人口、资源、环境相协调，实现更高质量、更有效率、更加公平、更可持续发展，确保到2020年西部地区生态环境、营商环境、开放环境、创新环境明显改善，与全国一道全面建成小康社会；到2035年，西部地区基本实现社会主义现代化，基本公共服务、基础设施通达程度、人民生活水平与东部地区大体相当，努力实现不同类型地区互补发展、东西双向开放协同并进、民族边疆地区繁荣安全稳固、人与自然和谐共生

续表

序号	文件名称	发文机构	发布时间	核心内容
18	《中华人民共和国国民经济和社会发展第十四个五年规划和2035年远景目标纲要》	国务院	2021年3月12日	推进科研院所、高等院校和企业科研力量优化配置和资源共享。瞄准人工智能、量子信息、集成电路、生命健康、脑科学、生物育种、空天科技、深地深海等前沿领域，实施一批具有前瞻性、战略性的国家重大科技项目。从国家急迫需要和长远需求出发，集中优势资源攻关新发突发传染病和生物安全风险防控、医药和医疗设备、关键元器件零部件和基础材料、油气勘探开发等领域关键核心技术
19	《陕西省人民政府关于促进高新技术产业开发区高质量发展的实施意见》	陕西省人民政府	2021年6月17日	全省高新区要充分发挥在区域经济中的示范引领和辐射带动作用，联合全省高校、科研院所、企业等创新主体，围绕关中先进制造、陕北能源化工、陕南绿色发展等区域创新发展需求，加强创新资源开放集聚和优化配置，加速产业链和创新链深度融合，加快科技成果转化，建设立体联动"孵化器"、成果转化"加速器"、"两链"融合"促进器"，共同打造全省创新驱动高质量发展的强大引擎
20	《陕西省"十四五"制造业高质量发展规划》	陕西省人民政府办公厅	2021年11月21日	以习近平新时代中国特色社会主义思想为指导，全面贯彻党的十九大和十九届二中、三中、四中、五中、六中全会精神，认真学习贯彻习近平总书记来陕考察重要讲话重要指示精神，贯通落实"五项要求""五个扎实"，立足新发展阶段、贯彻新发展理念、构建新发展格局，以推动高质量发展为主题，以深化供给侧结构性改革为主线，以打造全国重要先进制造业基地为目标，以创新、改革和开放为动力，以提升制造业发展质量和效益为着力点，着力提升产业链供应链现代化水平，着力构建"6+5+N"的现代制造业新体系，着力推动陕西制造业实现"三个转型两个升级"，进一步做实做强做优制造业，为奋力谱写陕西高质量发展新篇章提供坚实支撑
21	《陕西省"十四五"创新驱动发展规划》	陕西省人民政府办公厅	2021年12月12日	以习近平新时代中国特色社会主义思想为指导，深入贯彻党的十九大和十九届二中、三中、四中、五中、六中全会精神，认真贯彻习近平总书记来陕考察重要讲话重要指示精神，贯彻新发展理念，坚持科技自立自强，坚持创新在现代化建设全局中的核心地位，大力实施创新驱动发展战略
22	《关于加强新时代高技能人才队伍建设的意见》	中共中央办公厅、国务院	2022年10月7日	到"十四五"时期末，高技能人才制度政策更加健全、培养体系更加完善、岗位使用更加合理、评价机制更加科学、激励保障更加有力，尊重技能尊重劳动的社会氛围更加浓厚，技能人才规模不断壮大、素质稳步提升、结构持续优化、收入稳定增加，技能人才占就业人员的比例达到30%以上，高技能人才占技能人才的比例达到1/3，东部省份高技能人才占技能人才的比例达到35%。力争到2035年，技能人才规模持续壮大、素质大幅提高，高技能人才数量、结构与基本实现社会主义现代化的要求相适应

资料来源：依据国务院、国家发展和改革委员会、陕西省人民政府、陕西省科技厅、陕西省发展和改革委员会发布的政策文件整理

政府是以社会财富最大化为己任的，在对高技术制造业进行资助前会进行相关的信息收集、处理、比较，并对研发资助进行规划，以达到按需求和能力进行分配以及抑制逆向选择的目的，最终甄选投入价值高的项目进行资助。因此，政府研发资助这一行为可以看作对项目的认可和对行业的扶持，从而降低高技术制造业整体资源投入方向的不确定性，明确产品市场，减少浪费。刘筱等（2006）以深圳市为例对政府在高技术制造业中的作用进行了分析，认为政府应该通过增加各种服务支持高技术制造业发展，并指出在产业发展的不同阶段政府所起作用的不同。近年来，陕西省高技术制造业研发的政府资金逐渐增加。2012~2021年陕西省高技术制造业研发政府资金从183 243万元增加到了365 135万元，年均增长率呈现稳中有升的趋势，见表3.9。

表3.9　2012~2021年陕西省高技术制造业研发政府资金情况

指标	2012年	2013年	2014年	2015年	2016年	2018年	2019年	2020年	2021年
资金额/万元	183 243	234 036	267 345	332 730	321 929	249 561	298 908	233 658	365 135
年均增长率/%		40.65	27.72	14.23	24.46	−3.25		19.77	−21.83	56.27

资料来源：《中国高技术产业统计年鉴》（2013~2022年）

2. 政府行为对高技术制造业国际竞争力的影响分析

政府行为与其他关键要素之间具有互动关系。一方面，政府可以实施一系列的政策，间接地影响其他因素的变化。成功的政府政策不是政府直接参与创新过程，而是由政府创造一个创新和发展的环境，使企业获得竞争优势。另一方面，政府的政策也受到环境中其他关键要素的影响。一个国家创造竞争优势，往往是国家教育方式以及天然资源的培养；国家的导向（如产业政策导向）并辅以制度和价值的诱导，会使个体和企业更集中于某一行业，影响资金和人力资源的流向，从而影响某一个产业发展的绩效。

政府对于高技术制造业的支持相当重要，它对高技术制造业的发展具有相当大的影响。首先，政府制定一系列的制度法规、优惠措施等能够促进高技术制造业发展。制度法规对于约束高技术企业行为，规范市场秩序起到了重要作用，优惠的政策鼓励了高技术制造业的发展，并提高了人们从事高技术行业的积极性。其次，高技术制造业是一个高投入、高风险的产业，它的发展需要大量资金的支持，政府通过对高技术制造业进行直接投资，或建立投资、融资机构，贷款担保，贴现等措施对高技术制造业进行财政资金投入，以应对高技术企业的发展。最后，对于高技术制造业发展过程中的不确定性，政府通过建立风险投资基金等试图规避其风险。因此，政府行为也是影响高技术制造业发展的重要因素。

3.1.7 知识吸收与创新能力及其对高技术制造业国际竞争力的影响分析

知识吸收与创新能力主要是指技术创新、能力创新、知识更新等方面，其可以对高技术制造业竞争优势的创造和保持产生重大影响。对于高技术制造业而言，创新能力越高，产业内企业运用内外部资源的效率就越高，就越容易形成技术垄断，生产出创新产品所需的时间也就越短，企业就会越具有竞争力，整个高技术制造业就会越具有竞争优势。

新产品是产业与企业技术创新最终产出成果的主要指标，因此新产品指标可以衡量技术创新能力的产出效果，而一般用新产品开发项目数、新产品开发经费支出和新产品销售收入作为衡量新产品的指标，它们能够有效地反映技术创新的经济效益。陕西省的新产品开发项目数、新产品开发经费支出、新产品销售收入都呈现增加趋势，说明陕西省高技术制造业的技术创新能力在逐渐提高，见表 3.10。从新产品开发项目来看，陕西省的新开发项目数呈增加的趋势，2021 年达到 2985 项。从新产品开发经费支出来看，从 2012 年的 57.2371 亿元稳步上升到 2021 年的 97.5527 亿元，增速较快。从新产品销售收入情况看，陕西省高技术制造业从 2012 年的 221.3520 亿元增加到 2021 年的 681.3053 亿元，收入呈现增加趋势。

表 3.10 2012～2021 年陕西省分行业高技术制造业新产品开发和销售情况

年份	指标	医药制造业	航空、航天器及设备制造业	电子及通信设备制造业	计算机及办公设备制造业	医疗仪器设备及仪器仪表制造业	合计
2012	项目数/项	204	477	936	4	475	2 096
	经费支出/万元	37 487	361 043	110 162	825	62 854	572 371
	销售收入/万元	231 344	859 070	518 669	1 077	603 360	2 213 520
2013	项目数/项	252	541	886	70	546	2 295
	经费支出/万元	52 308	452 509	101 583	745	69 006	676 151
	销售收入/万元	307 634	1 180 669	508 496	3 526	182 881	2 183 206
2014	项目数/项	309	587	886	5	509	2 296
	经费支出/万元	61 065	466 788	161 968	1 460	100 335	791 616
	销售收入/万元	453 165	1 232 991	1 133 573	4 195	204 670	3 028 594
2015	项目数/项	311	263	418	5	192	1 189
	经费支出/万元	69 291	476 774	198 081	1 550	34 666	780 362
	销售收入/万元	374 437	1 698 448	1 338 414	4 184	125 103	3 540 586

续表

年份	指标	医药制造业	航空、航天器及设备制造业	电子及通信设备制造业	计算机及办公设备制造业	医疗仪器设备及仪器仪表制造业	合计
2016	项目数/项	341	267	434	12	194	1 248
	经费支出/万元	88 352	480 658	248 962	1 229	41 925	861 126
	销售收入/万元	588 342	2 195 896	780 722	9 513	342 304	3 916 777
2018	项目数/项	412	/	441	15	297	1 165
	经费支出/万元	94 784	/	347 793	2 035	96 949	541 561
	销售收入/万元	519 315	/	861 050	11 564	544 965	1 936 894
2019	项目数/项	419	/	868	36	420	1 743
	经费支出/万元	73 377	/	429 764	2 770	102 268	608 179
	销售收入/万元	1 195 369	/	1 414 874	13 827	488 784	3 112 854
2020	项目数/项	577	/	1 085	150	506	2 318
	经费支出/万元	87 846	/	469 510	2 790	105 439	665 585
	销售收入/万元	723 976	/	1 124 296	13 494	369 953	2 231 719
2021	项目数/项	672	/	1 598	66	649	2 985
	经费支出/万元	85 860	/	767 280	7 068	115 319	975 527
	销售收入/万元	913 667	/	5 130 932	32 018	736 436	6 813 053

资料来源：《中国高技术产业统计年鉴》（2013~2022年）

分行业看，2012~2016年陕西省电子及通信设备制造业在新产品开发项目数上位于第一位，航空、航天器及设备制造业在新产品开发经费支出和新产品销售收入上位于第一位。2012~2021年，除新冠疫情期间略有下降外，陕西省医药制造业的新产品开发项目数、新产品开发经费支出和新产品销售收入大都呈现增加趋势，2021年已分别达到672项、85 860万元和913 667万元。电子及通信设备制造业新产品开发项目数先减少后增加，2013~2014年稳定在886项，2015~2016年降低到418项、434项，2018年后逐年增加；新产品开发经费支出呈现增加趋势，2021年已达到767 280万元；新产品销售收入在2015年增加到最高值1 338 414万元，2016年下降到780 722万元，2018年后回升，2021年达到历史峰值5 130 932万元。计算机及办公设备制造业新产品开发经费支出和销售收入呈现增加趋势。医疗仪器设备及仪器仪表制造业新产品开发项目数稳中有升；经费支出呈不稳定趋势，2014年最高达100 335万元，之后呈现增长趋势；新产品销售收入在2012年达到603 360万元，2013年开始呈现先下降后上升的趋势，2021创下历史新高。

在高技术制造业竞争力中，知识吸收与创新能力起着关键的作用。知识吸收与创新能力有利于提高产业生产率，降低成本；有利于企业产品差异化战略的实现，进行新产品的市场垄断（暂时垄断）；有利于促进生产与管理方式的改善等。特别是在经济全球化和知识经济的条件下，知识吸收与创新能力对高技术制造业竞争力的形成和提升具有更为突出的作用。美国电子信息、国防工业，日本的家电业、汽车业等产业竞争力的提升无不说明，知识吸收与创新能力是产业竞争力的根本性因素。一国的技术水平越高，就越能够生产更多的技术密集型产品，从而获得更多的附加值，高技术制造业的竞争力水平也就越高。在全球价值链中，高技术水平的研发环节通常掌握在发达国家手中，跨国公司只会将附加值低的环节转移到其他地区并牢牢掌握着核心技术。越是接近价值链上游环节所需要的技术水平越高。微观上来看，企业占有市场并获得利润的根源在于能够提供差异化或品质高的产品，产品的更新则离不开创新，只有掌握了核心技术，生产出具有竞争力的产品，才能占领市场、获得利润。技术创新能够通过对设备、工艺、产品等方面进行改造的方式来促进对传统产业的升级。不论是宏观上的产业发展还是微观上的企业发展，都离不开技术进步，它会为产业和企业的发展提供活力，如果缺乏一定的技术创新能力，则很难保证对市场的占有率，进而失去竞争力。

3.2 陕西省高技术制造业竞争力评估实证分析

目前学术界对于竞争力的评估方法很多，最常用的是基于进出口数据，使用单一指标或构建指标体系来反映高技术制造业竞争力。然而，研究发现，在全球价值链分工体系下，国际分工形式已经从"产业间分工"转换成"产品内分工"形式，传统的直接采用进出口数据计算高技术制造业竞争力的方法存在"统计假象"的问题，需要探索新的方法加以矫正。根据研究的逻辑框架，合理设计并选择评估方法是评价陕西省高技术制造业国际竞争力水平的关键一环，这直接关系到竞争力评价的准确性和深度，也是陕西省高技术制造业国际竞争战略定位和政策制定的前提。

3.2.1 评估方法的选取

为判断陕西省高技术制造业的真实状态和发展态势，按照研究逻辑：第一步测评中国高技术制造业位于共建"一带一路"部分国家的产业国际竞争力水平，第二步测评陕西省高技术制造业位于中国的竞争力水平，基于以上两阶段测评结果解析陕西省高技术制造业位于共建"一带一路"部分国家产业的国际竞争力水平。首先，参考黄先海和杨高举（2010）提出的基于非竞争型投入占用产出法的完全国内增加值率和完全就业系数，从不同的角度分析中国高技术制造业位于共建"一带一路"部分国家的产业国际竞争力水平。其次，根据 Rodrik（2006）所提出的出口复杂度指数测度陕西省高技术制造业及其细分行业在中国国内的竞争力水平。最后，对中国高技术制造业位于共建"一带一路"部分国家内的竞争力与陕西省高技术制造业及其细分行业在国内的竞争力排名进行比对，从而间接分析得到陕西省高技术制造业位于共建"一带一路"部分国家内的竞争力。

1. 非竞争型投入占用产出法

按照全球价值链理论的分析思路，可以发现本国某一产业在国际化生产链条上的定位，即现有的国际竞争力状态（谭力文等，2008）。产品内分工所带来的分工细化导致了国与国之间的比较优势更多地体现为全球价值链上某一特定环节的优势，而非传统的最终产品优势。在产品内分工条件下，处于全球产业链高端的国家主要投入高级要素，如技术、知识、营销和资本等，因而其生产效率高，能获得高收益。而后发国家主要依赖于资源、非技术劳动力等要素投入，其劳动生产率和收益相对低。可见，通过外贸获利能力（对国内经济的拉动作用）和生产效率的比较，可以较准确地判断不同国家在高技术领域的国际分工地位。非竞争型投入占用产出法通过改进的区分高技术制造业和传统制造业的非竞争型投入占用产出模型，计算一国单位高技术产品最终需求的完全国内增加值系数和完全就业系数，即对国内增加值和就业的拉动效应。完全国内增加值系数等于 1 减去垂直专业化率，反映的是一国出口的获利能力，以及对国内经济的拉动作用；而完全就业系数可以看作单位出口产品需要多少国内劳动者参与生产，本质上反映了一国出口部门的劳动生产率；由于出口中高附加值和高生产效率的产品的比例越大，计算的完全国内增加值率和劳动生产率也就越高，从而这两个指标在一定程度上还反映了出口贸易结构的优化程度（徐久香和方齐云，2013）。因此，采用非竞争型投入占用产出法计算高技术单位出口产品对国内增加值和就业的拉动效应，并就不同时期的结果进行跨国比较，可全面地反映各国高技术制造业在国际分工中的地位及其变动状况。

本书在非竞争型投入占用产出法的统一分析框架下，计算高技术产品单位出口的完全国内增加值和劳动生产率，以衡量一地区高技术制造业的国际分工，即竞争力状态。而对国际分工地位在各个地区间差异的比较分析，需要各个地区的非竞争型投入产出表。在 Lau（2010）的非竞争型投入占用产出法的基础上，将一般的投入产出表中属于高技术制造业的部分分离出来，使之成为一个独立的产业群体，得到改进的区分高技术制造业和传统产业的非竞争型投入产出表，由于所有的投入产出表都基于国际标准产业分类法（ISIC Rev.3）划分为 48 个产业，统一按 OECD 的四分法将其中的高技术制造业独立出来，根据生产的技术密集度和投入要素的层次，把工业按 OECD 的制造业技术分级的方法细分为低技术、中低技术、中高技术、高技术和其他工业五部分，而把服务业中的研发部门、商业部门也作为独立的产业，加上农业部门和其他服务业部门，这样总体构成区分高技术和传统产业、体现产业链特点的九部门非竞争型投入产出表，见表 3.11。

表 3.11 高技术制造业非竞争型投入产出表

产出 投入			中间使用			最终使用					国内总产出和进口
			传统产业国内生产 $(1, 2, \cdots, n)$	高技术产业国内生产 $(1, 2, \cdots, n)$	中间使用合计	消费	资本形成总额	出口	其他	最终使用合计	
投入部分	国内产品中间投入	传统产业中间投入 $(1, 2, \cdots, n)$	X^{TT}	X^{TH}	/	U^{TC}	U^{TI}	U^{TE}	/	U^{T}	X^{T}
		高技术产业中间投入 $(1, 2, \cdots, n)$	X^{HT}	X^{HH}	/	U^{HC}	U^{HI}	U^{HE}	/	U^{H}	X^{H}
	进口品中间投入 $(1, 2, \cdots, n)$		X^{MT}	X^{MH}	/	U^{MC}	U^{MI}	/	/	U^{M}	X^{M}
	中间投入合计		/	/	/	/	/	/	/	/	/
	增加值		V^{T}	V^{H}							
	总投入		$(X^{T})'$	$(X^{H})'$							
占用部分	劳动力		L^{T}	L^{H}							
	资金		K^{T}	K^{H}							
	自然资源		/	/							

资料来源：根据 Lau（2010）研究文献整理得到

注：右上标 T、H 和 M 分别表示传统产业、高技术产业和进口；X^{TT} 表示 T 对 T 的中间投入矩阵；U^{TC}、U^{TI}、U^{TE} 分别表示 T 的国内产出作为消费、资本形成总额及出口的列向量；X^{T} 表示 T 的总产出列向量；V^{T} 表示 T 增加值行向量；L^{T} 表示在 T 就业的劳动力行向量，其余类推

由表 3.11 水平方向可以得到传统产业、高技术产业有如下供求关系：

$$X^{TT} + X^{TH} + U^T = X^T$$
$$X^{HT} + X^{HH} + U^H = X^H \quad (3.1)$$
$$X^{MT} + X^{MH} + U^M = X^M$$

由垂直方向可以得到传统产业、高技术产业有如下供求关系：

$$uX^{TT} + uX^{HT} + uUX^{MT} + V^T = (X^T)'$$
$$uX^{TH} + uX^{HH} + uUX^{MH} + V^H = (X^H)' \quad (3.2)$$

其中，u 表示所有元素为 1 的行向量。并设：

$$A^{TT} = \left[A_{ij}^{TT} \right] = \left[X_{ij}^{TT} / X_j^T \right], \quad A^{TH} = \left[A_{ij}^{TH} \right] = \left[X_{ij}^{TH} / X_j^H \right]$$
$$A^{HT} = \left[A_{ij}^{HT} \right] = \left[X_{ij}^{HT} / X_j^T \right], \quad A^{HH} = \left[A_{ij}^{HH} \right] = \left[X_{ij}^{HH} / X_j^H \right] \quad (3.3)$$

其中，A^{TT}、A^{TH}、A^{HT} 和 A^{HH} 分别表示传统产业和高技术产业之间以及它们内部的直接消耗系数矩阵，$i,j \in [1,n]$，将式（3.3）代入式（3.1）中，则有

$$A^{TT}X^T + A^{TH}X^H + U^T = X^T$$
$$A^{HT}X^T + A^{HH}X^H + U^H = X^H \quad (3.4)$$

写成分块矩阵形式：

$$\begin{bmatrix} I - A^{TT} & -A^{TH} \\ -A^{HT} & I - A^{HH} \end{bmatrix} \begin{bmatrix} X^T \\ X^H \end{bmatrix} = \begin{bmatrix} U^T \\ U^H \end{bmatrix} \quad (3.5)$$

由此可得

$$\begin{bmatrix} X^T \\ X^H \end{bmatrix} = \begin{bmatrix} I - A^{TT} & -A^{TH} \\ -A^{HT} & I - A^{HH} \end{bmatrix}^{-1} \begin{bmatrix} U^T \\ U^H \end{bmatrix} \quad (3.6)$$

进一步简写成：

$$\tilde{X} = (I - \tilde{A})^{-1}\tilde{U} = \tilde{B}\tilde{U}，为扩展的投入产出模型，其中：\tilde{X} = \begin{bmatrix} X^T \\ X^H \end{bmatrix},$$

$(I - \tilde{A})^{-1} = \tilde{B} = \begin{bmatrix} I - A^{TT} & -A^{TH} \\ -A^{HT} & I - A^{HH} \end{bmatrix}^{-1}$，为扩展的完全需要系数矩阵（里昂惕夫逆）。

将分块矩阵记为

$$\begin{bmatrix} I - A^{TT} & -A^{TH} \\ -A^{HT} & I - A^{HH} \end{bmatrix}^{-1} = \begin{bmatrix} B^{TT} & B^{TH} \\ B^{HT} & B^{HH} \end{bmatrix} \quad (3.7)$$

其中，B^{TT} 和 B^{TH} 分别表示 T 和 H 的单位最终需求对 T 的完全需要系数矩阵；B^{HT} 和 B^{HH} 分别表示 T 和 H 的单位最终需求对 H 的完全需要系数矩阵，由矩阵运算法则可得

$$B^{TT} = (I - A^{TT})^{-1} \left[I + A^{TH} \Omega^{-1} A^{HT} (I - A^{TT})^{-1} \right]$$

$$B^{TH} = (I - A^{TT})^{-1} A^{TH} \Omega^{-1}$$

$$B^{HT} = \Omega^{-1} A^{HT} (I - A^{TT})^{-1} \quad (3.8)$$

$$B^{HH} = \Omega^{-1} = [(I - A^{HH}) - A^{HT}(I - A^{TT})^{-1} A^{TH}]^{-1}$$

再令 $\tilde{B}_V = (B_V^T \quad B_V^H)$，$B_V^T$ 和 B_V^H 分别表示 T 和 H 的完全国内增加值系数行向量；$\tilde{A}_V = (A_V^T \quad A_V^H)$，$A_V^T = [A_j^T] = [V_j^T / X_j^T]$，$A_V^H = [A_j^H] = [V_j^H / X_j^H]$ 分别为 T 和 H 的直接增加值系数行向量。则根据投入占用产出理论有

$$\tilde{B}_V = \tilde{A}_V (I - \tilde{A})^{-1} = \tilde{A}_V \tilde{B} \quad (3.9)$$

即

$$(B_V^T \quad B_V^H) = (A_V^T \quad A_V^H) \begin{bmatrix} B^{TT} & B^{TH} \\ B^{HT} & B^{HH} \end{bmatrix} \quad (3.10)$$

由矩阵的乘法可得完全国内增加值系数的公式：

$$B_V^T = A_V^T B^{TT} + A_V^H B^{HT}, \quad B_V^H = A_V^T B^{TH} + A_V^H B^{HH} \quad (3.11)$$

同理，可求得对就业的完全需要系数的计算公式如下：

$$B_L^T = A_L^T B^{TT} + A_L^H B^{HT}, \quad B_L^H = A_L^T B^{TH} + A_L^H B^{HH} \quad (3.12)$$

其中，$A_L^T = [a_{Lj}^T] = [L_j^T / X_j^T]$，$A_L^H = [a_{Lj}^H] = [L_j^H / X_j^H]$ 分别表示 T 和 H 的直接就业系数行向量。

将数据代入式（3.11），即可计算高技术产品的单位最终需求对高技术产业的完全国内增加值系数 b_{Vi}^H，即对国内经济的拉动效应。完全国内增加值是指产品的生产过程中，完全由国内生产所产生的增加值。单位产品生产的完全国内增加值则决定了一国在对外贸易中的获利大小，即所处的国际地位。国内增加值系数越大，表明高技术产品出口获得的贸易利益越大，对国内经济增长的拉动效应越明显，其国际分工地位越高，竞争力越强。但此处的最终需求没有明确区分国内消费和出口对国内经济拉动效应的差异性，即完全国内增加值系数不能明确地反映出口对国内经济的拉动效应。

根据式（3.10）计算出高技术产品的单位最终需求对高技术产业的完全国内就业系数 b_{Li}^H，其表示生产一单位出口高技术产品的劳动力，其本质为传统产业部门和高技术产业部门的劳动生产率。就业的完全需要系数越小，则表明生产一单位的出口高技术产品使用的劳动力越少，即劳动生产率越高，国际分工地位越高，竞争力越强。由于 b_{Vi}^H 正向反映国际分工地位，b_{Li}^H 负向反映国际分工地位，因而通过完全国内增加值系数除以完全国内就业系数（b_{Vi}^H / b_{Li}^H），可得到反映满足最

终需求的产品生产过程中单位劳动力所能创造的完全国内增加值的指标 DVAPP（domestic value-added per person，人均国内增加值），用以综合衡量各地区在国际分工中的相对地位。

2. 出口复杂度指数法

本书的研究通过测算 Rodrik（2006）所提出的出口产品的出口复杂度指数来衡量产业在全球价值链中的竞争力。

首先，测度产品出口复杂度：

$$\text{PRODY}_i = \sum_j \frac{\left(x_{ji}/X_j\right)}{\sum_j \left(x_{ji}/X_j\right)} Y_j \tag{3.13}$$

其中，PRODY_i 表示出口产品 i 的复杂度；i 表示产品；j 表示国家或省份；x_{ji} 表示 j 国（省）第 i 种产品的出口额；X_j 表示 j 国（省）出口贸易总额；Y_j 表示 j 国（省）人均 GDP。式（3.13）将世界上所有国家出口的 i 产品作为一个整体来计算该产品的复杂度水平，它是衡量人类社会共同生产 i 产品的技术含量水平的指标，由该产品（行业）占各国的出口份额和各国经济发展水平决定。本书的研究测度的是高技术产业产品的出口复杂度水平，因此为了计算结果的精确性，这里需要将 X_j 定义为 j 国（省）高技术产业的出口总额。

其次，在得出一种产品的出口复杂度后，需要对各个国家（省）该产品的出口复杂度进行计算，用 PRODY_{ji} 表示 j 国（省）i 产品的出口复杂度。

$$\text{PRODY}_{ji} = \frac{x_{ji}}{X_j} \text{PRODY}_i \tag{3.14}$$

其中，权重 $\frac{x_{ji}}{X_j}$ 表示第 j 个国家（省）出口第 i 种产品占本国（省）总出口额的比重，为了更好地体现出高技术产品的出口复杂度，这里将用第 j 个国家（省）出口第 i 种产品占高技术产品总出口额的比重来代替该权重。

最后，通过加总产品层面的出口复杂度，我们就能得到某个国家（省）在高技术产业层面的出口技术复杂度，即

$$\text{PRODY}_{jk} = \sum_k \frac{x_{ji}}{X_k} \text{PRODY}_i \tag{3.15}$$

其中，PRODY_{jk} 表示 j 国（省）k 产业的出口复杂度，这里的权重 $\frac{x_{ji}}{X_k}$ 表示第 j 个国家（省）出口第 i 种产品占 k 产业出口的比重，且产品 i 属于 k 产业。

3.2.2 样本选择和数据来源

1. 样本选择

考虑数据的可得性与完整性，选取 25 个共建"一带一路"国家作为样本，见表 3.12。

表 3.12 共建"一带一路"部分国家样本

地区	国家
区域 1	中国
区域 2	文莱、越南、泰国、新加坡、印度尼西亚、马来西亚、菲律宾、柬埔寨
区域 3	沙特阿拉伯、土耳其、希腊、塞浦路斯
区域 6	俄罗斯
区域 7	捷克、斯洛伐克、匈牙利、波兰
区域 8	罗马尼亚、立陶宛、克罗地亚、保加利亚、斯洛文尼亚、拉脱维亚、爱沙尼亚

资料来源：中国一带一路网

2. 数据来源

使用非竞争型投入占用产出法进行国际比较分析的数据来源于 OECD 提供的投入产出数据库、结构分析数据库，以及"年度国际贸易汇率统计数据"提供的 2001 年、2006 年、2011 年数据。使用出口复杂度指数法进行国内比较分析的数据来源为《中国高技术产业统计年鉴》（2003~2017 年）和《中国统计年鉴》（2003~2017 年）。

3.2.3 结果及分析

1. 国际比较——基于非竞争型投入产出表的中国高技术制造业比较分析

1）完全国内增加值系数

从横向看，2002~2011 年，区域 2、区域 6、区域 7、中国单位高技术产品最终需求的完全国内增加值系数呈上升趋势，竞争力逐渐上升；区域 3、区域 8 单位高技术产品最终需求的完全国内增加值系数呈下降趋势，竞争力逐渐降低，见图 3.1。在区域 2，文莱、印度尼西亚的高技术制造业完全国内增加值系数呈下降趋势，这两个国家的竞争力水平下降；越南、泰国、新加坡、菲律宾、马来西亚、柬埔寨的完全国内增加值系数呈上升趋势,说明这些国家的竞争力水平逐渐增强。在区域 6,俄罗斯的单位高技术产品最终需求的完全国内增加值系数呈上升趋势,竞争力水平逐渐增强。在区域 7,除了波兰外,捷克、斯洛伐克、匈牙利的完全国内增加值系数呈上升趋势,竞争力水平逐渐增强。在区域 3,沙特阿拉伯、塞浦路斯的完全国内增加值系数呈上升趋势,竞争力水平增强;土耳其、希腊的完全国内增加值系数呈下降趋势,竞争力水平逐渐减弱。在区域 8,立陶宛、斯洛文尼亚、拉脱维亚的完全国内增加值系数呈上升趋势,竞争力水平逐渐增强;克罗地亚、保加利亚、爱沙尼亚的完全国内增加值系数呈下降趋势,竞争力水平逐渐减弱。中国的完全国内增加值系数从 2002 年的 0.9678 上升到 2011 年的 0.9700,竞争力水平提升。

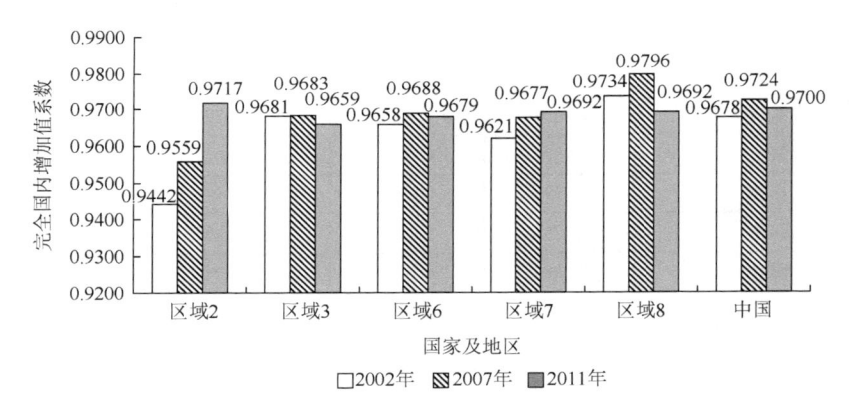

图 3.1 五大区域及中国单位高技术产品最终需求(出口)的完全国内增加值系数

从纵向看,2011 年,区域 2 单位高技术产品最终需求的完全国内增加值系数最高,竞争力最强,其次依次是中国、区域 8、区域 7、区域 6、区域 3。2002 年排名前 4 位的是克罗地亚、立陶宛、新加坡、爱沙尼亚;2011 年排名前 4 位的是泰国、新加坡、立陶宛、斯洛文尼亚,见表 3.13。中国的高技术制造业排名在中上位置,说明中国的高技术制造业竞争力水平较弱。发达国家处于高技术全球产业链和价值链的高端,它们主要从事高技术产品的研发、设计、营销及高集成度的零部件生产,这些环节不大需要从其他国家进口中间投入品。而对于后发国家如中国、印度尼西亚、爱沙尼亚、捷克、斯洛文尼亚等主要依赖从发达国家进口高集成度的零部件,按照其研发设计要求进行组装加工以出口,尽管总的出口额及所占的世界市场份额很高,但实质上获得的贸易利益和对国内经济的拉动作用非常有限。发达国家的高技术生产更多地带动了高技术部门的发展,需要相对多的高技术部门的自我投入,而发展中经济体则主要依靠传统产业或部门的投入,从而其出口的获利能力和对其国内经济的拉动效应相对低下也就在所难免。中国高技术产品单位最终需求对国内经济拉动作用的低下，说明中国的高技术制造业在国际分工中大量地从事着低端环节的生产。

表 3.13 2002~2011 年单位高技术产品最终需求（出口）的完全国内增加值系数

国家	2002 年数值	2007 年数值	2011 年数值	变化数值
文莱	0.9662	0.9405	0.9506	−0.0156
越南	0.9663	0.9702	0.9680	0.0017
泰国	0.9375	0.9426	1.0970	0.1595
新加坡	0.9854	0.9983	0.9970	0.0116
印度尼西亚	0.9446	0.9875	0.9411	−0.0035
菲律宾	0.8304	0.8689	0.8723	0.0419
马来西亚	0.9611	0.9685	0.9689	0.0078
柬埔寨	0.9618	0.9710	0.9786	0.0168
沙特阿拉伯	0.9577	0.9631	0.9619	0.0042
土耳其	0.9599	0.9586	0.9590	−0.0009
希腊	0.9753	0.9365	0.9436	−0.0317
塞浦路斯	0.9589	0.9696	0.9747	0.0158
俄罗斯	0.9658	0.9688	0.9679	0.0021
捷克	0.9601	0.9711	0.9739	0.0138
斯洛伐克	0.9516	0.9608	0.9660	0.0144
匈牙利	0.9615	0.9664	0.9634	0.0019
波兰	0.9752	0.9724	0.9734	−0.0018
罗马尼亚	0.9457	0.9412	0.9414	−0.0043
立陶宛	0.9870	0.9930	0.9953	0.0083
克罗地亚	0.9876	0.9894	0.9482	−0.0394
保加利亚	0.9634	0.9902	0.9598	−0.0036
斯洛文尼亚	0.9693	0.9796	0.9813	0.012
拉脱维亚	0.9776	0.9804	0.9781	0.0005
爱沙尼亚	0.9834	0.9835	0.9806	−0.0028
中国	0.9678	0.9724	0.9700	0.0022

注：表格中的"＋"表示增加，"−"表示降低

2）完全就业系数

从横向看，从 2002~2011 年，区域 2、区域 3、区域 6、区域 7、区域 8、中

国的单位高技术产品最终需求的完全就业系数呈下降趋势，说明作为研究样本的共建"一带一路"部分国家的产业劳动生产率逐年提高，竞争力水平逐渐增强，如图 3.2 所示。其中，中国的完全就业系数从 2002 年的 0.2778 下降到 2011 年的 0.0794，下降的幅度较大，表明中国高技术制造业的劳动生产率得到了相对快速的提高，反映了中国生产技术的快速进步，见表 3.14。

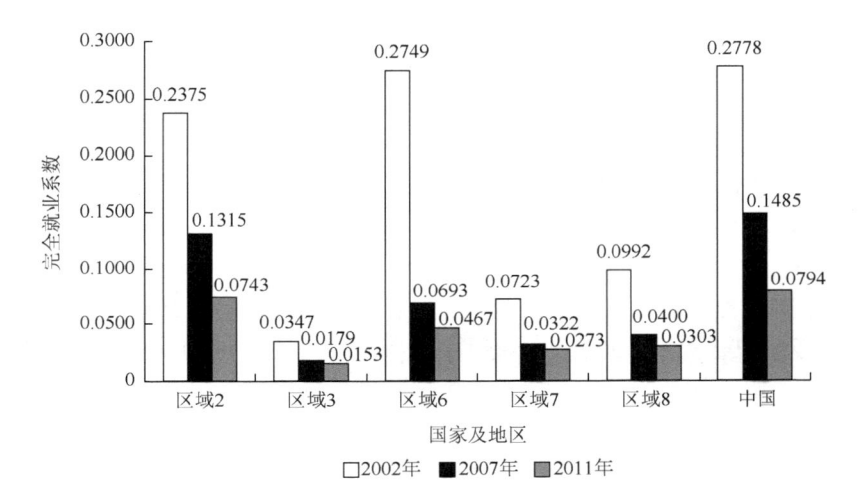

图 3.2　五大区域及中国单位高技术产品最终需求的完全就业系数

表 3.14　2002～2011 年单位高技术产品最终需求的完全就业系数

国家	2002 年数值	2007 年数值	2011 年数值	数值变化
沙特阿拉伯	0.0172	0.0110	0.0075	−0.0097
俄罗斯	0.2749	0.0693	0.0467	−0.2282
罗马尼亚	0.1571	0.0506	0.0336	−0.1235
立陶宛	0.0831	0.0305	0.0201	−0.0630
印度尼西亚	0.2375	0.1315	0.0743	−0.1632
克罗地亚	0.0515	0.0255	0.0225	−0.0290
塞浦路斯	0.0383	0.0201	0.0178	−0.0205
保加利亚	0.1700	0.0819	0.0584	−0.1116
土耳其	0.0681	0.0271	0.0226	−0.0455
斯洛文尼亚	0.0453	0.0233	0.0211	−0.0242
斯洛伐克	0.0917	0.0309	0.0235	−0.0682
波兰	0.0620	0.0355	0.0292	−0.0328
拉脱维亚	0.1071	0.0389	0.0306	−0.0765
匈牙利	0.0656	0.0320	0.0323	−0.0333

续表

国家	2002 年数值	2007 年数值	2011 年数值	数值变化
希腊	0.0299	0.0161	0.0163	−0.0136
爱沙尼亚	0.0803	0.0293	0.0261	−0.0542
捷克	0.0700	0.0303	0.0242	−0.0458
中国	0.2778	0.1485	0.0794	−0.1984

注：表格中的"＋"表示增加，"−"表示降低

从纵向看，2011 年，中国的单位高技术产品最终需求的完全就业系数最高，其次依次是区域 2、区域 6、区域 8、区域 7、区域 3。近年来，劳动生产率排名前 4 位的是沙特阿拉伯、希腊、塞浦路斯、斯洛文尼亚。中国的完全就业系数一直排名前列，说明中国高技术制造业的劳动生产率一直较低。中国和沙特阿拉伯、希腊、塞浦路斯、斯洛文尼亚等相比也有较大差距，中国的劳动生产率远低于这些国家。中国虽然通过积极参与国际分工，高技术制造业的劳动生产率逐渐提高，但由于高级生产要素投入较少，中国的高技术制造业处于全球价值链的低端。

3）单位劳动力所能创造的完全国内增加值系数

从横向看，从 2002~2011 年，区域 2、区域 3、区域 6、区域 7、区域 8、中国的单位劳动力所能创造的完全国内增加值系数呈上升趋势，说明共建"一带一路"部分国家的高技术制造业竞争力水平逐渐增强，见图 3.3。其中，中国单位劳

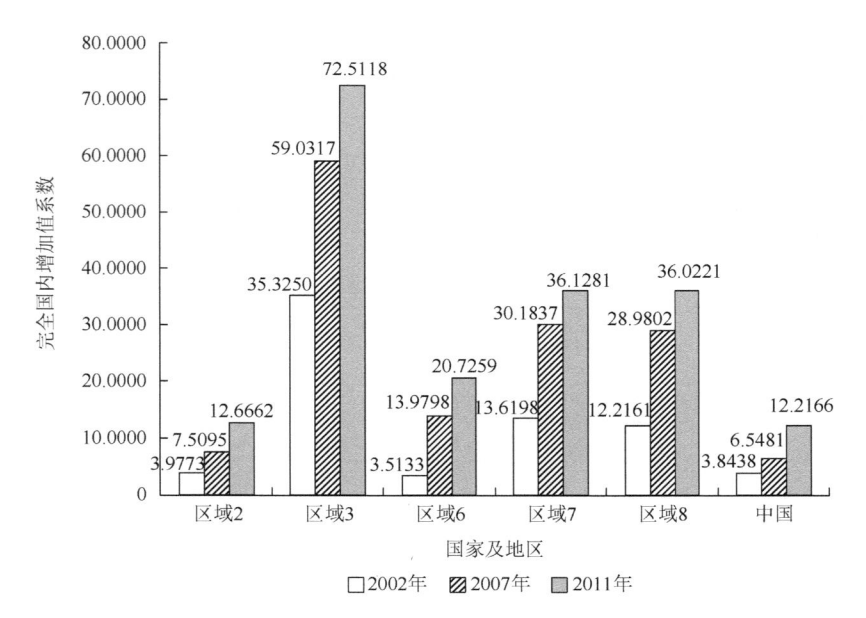

图 3.3 五大区域及中国单位劳动力创造的完全国内增加值系数

动力所能创造的完全国内增加值系数从 2002 年的 3.8438 上升到 2011 年的 12.2166，竞争力水平明显增强，见表 3.15。

表 3.15 2002~2011 年共建"一带一路"部分国家单位劳动力创造的完全国内增加值系数

国家	2002 年数值	2007 年数值	2011 年数值
沙特阿拉伯	55.6802	87.5545	128.2533
俄罗斯	3.5133	13.9798	20.7259
罗马尼亚	6.0197	18.6008	28.0179
立陶宛	11.8773	32.5574	49.5174
印度尼西亚	3.9773	7.5095	12.6662
克罗地亚	19.1767	38.8000	42.1422
塞浦路斯	25.0366	48.2388	54.7584
保加利亚	5.6671	12.0904	16.4349
土耳其	14.0954	35.3727	42.4336
斯洛文尼亚	21.3974	42.0429	46.5071
斯洛伐克	10.3773	31.0939	41.1064
波兰	15.7290	27.3915	33.3356
拉脱维亚	9.1279	25.2031	31.9641
匈牙利	14.6570	30.2000	29.8266
希腊	32.6187	58.1677	57.8896
爱沙尼亚	12.2466	33.5666	37.5709
捷克	13.7157	32.0495	40.2438
中国	3.8438	6.5481	12.2166

从纵向看，2011 年，区域 3 的单位劳动力所能创造的完全国内增加值系数最高，其次依次是区域 7、区域 8、区域 6、区域 2、中国。2002 年排名靠前的是沙特阿拉伯、希腊、塞浦路斯、斯洛文尼亚；2011 年排名靠前的是沙特阿拉伯、希腊、塞浦路斯、立陶宛。中国的高技术制造业排名从 2002 年到 2011 年有所下降，说明中国的高技术制造业竞争力水平仍需提升。结果表明，结论与前文分析的中国高技术制造业处于全球价值链低端的结论相一致，产业国际竞争力较弱。而其他国家与前文分析的研究结论存在较大的差异，其可能的原因是技术能力衡量的是各个地区整体产业的技术水平，而不是专注于高技术制造业。

2. 国内比较——基于出口复杂度的陕西省高技术制造业竞争力水平分析

选取 2002～2016 年中国 30 个省份高技术产品及各类细分产品的出口复杂度来分析高技术制造业竞争力，因西藏自治区和港澳台数据缺失故未列入统计。

1）航空、航天器及设备制造业

2002～2016 年，全国航空、航天器及设备制造业出口复杂度指数从 2002 年的 240.01 元上升到 2016 年的 794.84 元，表明我国竞争力水平逐渐增强；其中，北京、天津、辽宁、广东、福建的航空、航天器及设备制造业出口复杂度指数呈上升趋势，上海、江苏、安徽、山东、湖南呈先下降后上升趋势。其中，陕西的出口复杂度指数从 2002 年的 1510.19 元上升到 2016 年的 9031.02 元，说明陕西航空、航天器及设备制造业的竞争力水平逐渐增强。具体见表 3.16。

表 3.16 2002～2016 年中国 30 个省区市航空、航天器及设备制造业产品出口复杂度 单位：元

省区市	2002 年	2007 年	2012 年	2016 年
北京	1.71	2.61	245.02	788.02
天津	0	20.5	81.72	374.98
河北	19.05	58.91	0	0
山西	252.48	0	0	0
内蒙古	0	0	0	0
辽宁	70.28	226.68	1 287.49	4 806.18
吉林	109.96	375.13	456.4	0
黑龙江	590.97	1 272.75	10 342.43	1 650.46
上海	41.18	10.56	194.38	424.43
江苏	42.74	39.96	181.03	446.07
浙江	0	10.01	7.01	49.57
安徽	196.16	106.11	15.34	19.96
福建	87.17	399.12	1 256.1	3 292.6
江西	2 082.37	1 311.26	482.35	1.3
山东	11.41	4.21	27	75.97
河南	47.56	301.51	11.47	71.62
湖北	4.68	64.57	84.6	38.13
湖南	1 213.57	788.67	340.36	526.86
广东	0.02	15.73	46.58	290.92

续表

省区市	2002 年	2007 年	2012 年	2016 年
广西	40.14	0	0	0
海南	0	0	0	0
重庆	8.82	0	5.07	3.05
四川	295.94	1 986.16	656.99	947.08
贵州	440.85	1 114.67	2 663.79	1 006.88
云南	0	0	0	0
陕西	1 510.19	6 661.93	18 073.96	9 031.02
甘肃	133.04	141.24	0	0
青海	0	0	0	0
宁夏	0	0	0	0
新疆	0	0	0	0
平均	240.01	497.08	1 215.3	794.84

2016 年，航空、航天器及设备制造业排名靠前的省份是陕西、辽宁、福建、黑龙江、贵州，其中，陕西的航空、航天器及设备制造业出口复杂度排名第一，且远高于全国平均值，具有很强的竞争优势。这主要是由于陕西等地区位于我国航空工业的发源地，历史原因导致这些地区的航空、航天器及设备制造业发展相对成熟，具有整机制造的能力和生产发动机及部件的能力。中航西安飞机工业集团股份有限公司和中航工业陕西飞机工业（集团）有限公司主要生产军用飞机及一系列的民用飞机。与此同时，陕西的西安阎良国家航空高技术产业基地，是目前全国范围内较大的航空工业园之一，其拥有的占地面积和投资项目都处于全国先进水平，该产业园区具有整机制造、大部件制造、关键技术研发和零部件加工等重大研发制造项目，充分体现了陕西的航空、航天器及设备制造业发展水平在全国范围内处于领先地位。

2）电子及通信设备制造业

2002~2016 年，全国电子及通信设备制造业出口复杂度指数平均值从 2002 年的 4089.36 元上升到 2016 年的 23 599.42 元，说明中国电子及通信设备制造业的竞争力水平逐渐增强；数据显示，北京、天津、河北、山西、辽宁、黑龙江、上海、江苏、浙江、安徽、福建、江西、山东、河南、湖南、广东、海南、云南、陕西、甘肃、青海的电子及通信设备制造业出口复杂度指数呈上升趋势，内蒙古、重庆、四川、湖北呈波动上升趋势。其中，陕西的出口复杂度指数从 2002 年的 6405.46 元上升到 2016 年的 15 244.34 元，说明陕西电子及通信设备制造业的竞争力水平逐渐增强，具体见表 3.17。

表 3.17　2002～2016 年中国 30 个省区市电子及通信设备制造业产品出口复杂度　单位：元

省区市	2002 年	2007 年	2012 年	2016 年
北京	10 958.52	23 130.19	40 494.13	48 384.42
天津	10 900.31	22 439.32	42 164.97	47 381.09
河北	3 155.04	4 722.44	21 141.7	34 307.56
山西	329.04	1 782.99	4 486.94	5 770.34
内蒙古	1 194.36	4 160.68	1 976.78	33 091.44
辽宁	7 087.65	16 393.17	29 220.96	38 626.64
吉林	5 331.3	10 715.69	15 033.28	12 560.44
黑龙江	440.52	2 614.1	3 953.56	39 650.19
上海	7 040.96	7 180.41	14 501.21	35 765.13
江苏	5 654.42	12 072.3	26 389.24	38 237.19
浙江	6 517.65	11 289.35	25 308.27	35 495.24
安徽	8 340.69	17 302.72	23 797.47	26 536.96
福建	4 838.49	8 678.83	32 446.75	42 726.69
江西	3 619.46	15 521.31	30 426.81	38 632.81
山东	9 467.47	19 299.66	22 005.46	43 077.7
河南	808.56	2 278.53	4 507.4	5 830.7
湖北	4 689.26	1 202.74	36 278.34	37 135.63
湖南	716.94	2 053.75	4 405.74	5 525.43
广东	6 223.99	13 159.24	28 847.48	48 496.23
广西	2 065.43	17 276.87	20 431.33	13 966.92
海南	786.82	2 432	4 612.48	5 126.06
重庆	1 382.8	5 505.59	3 364.81	13 203.9
四川	10 883.72	18 009.62	13 362.22	15 887.02
贵州	2 028.13	593.49	5 895.66	3 871.01
云南	0	1 469.06	4 445.77	4 962.15
陕西	6 405.46	6 873.81	4 308.8	15 244.34
甘肃	1 030.81	1 228.2	3 679.01	5 606.29
青海	0	0	0	77.16
宁夏	782.98	0	0	0
新疆	0	22 804.44	30 749.89	12 805.93
平均	4 089.36	9 073.02	16 607.88	23 599.42

2016年，电子及通信设备制造业排名靠前的省份是广东、北京、天津、山东、福建，其中，广东的电子及通信设备制造业出口复杂度排名第一，达到48 496.23元。广东是我国开放时间最早、开放度最高的地区，充分接受了国外电子及通信设备制造业的转移，同时早期政府政策倾向于沿海地区的发展，给电子及通信设备制造业创造了良好的政策环境；广东的经济基础比较好，收入水平比较高，对电子信息产品需求更大。广东的教育水平比较高，拥有高水平的人力资本，技术创新能力较强。陕西的电子及通信设备制造业竞争能力有待提升。

3）医药制造业

2002~2016年，全国医药制造业出口复杂度指数平均值从2002年的1594.79元上升到2016年的4579.94元，说明中国医药制造业的竞争力水平逐渐增强；天津、河北、辽宁、吉林、上海、江苏、福建、山东、湖北、广东、陕西、宁夏、新疆的医药制造业出口复杂度指数呈上升趋势，山西、湖南、重庆、四川、贵州呈先上升后下降再上升趋势，北京、浙江、江西、广西、海南、青海呈先下降后上升趋势。其中，陕西的出口复杂度指数从2002年的1244.45元上升到2016年的1869.29元，说明陕西医药制造业的竞争力水平逐渐增强。具体见表3.18。

表3.18 2002~2016年中国30个省区市医药制造业产品出口复杂度　单位：元

省区市	2002年	2007年	2012年	2016年
北京	93.64	78.87	328.11	1 039.73
天津	159.28	241	1 067.59	1 868.64
河北	5 509.32	13 197.05	19 304.77	18 441.14
山西	2 540.23	4 397.16	1 039.68	1 160.22
内蒙古	693.86	1 442.85	3 948.63	2 217.53
辽宁	358.63	992.19	1 732.93	3 030.68
吉林	4 080.52	8 404.11	19 557.62	32 698.27
黑龙江	1 885.46	8 589.97	21 805.88	9 901.69
上海	194.91	150.8	416.83	641.88
江苏	240.05	200.71	666.98	927.18
浙江	2 440.74	2 234.95	8 297.84	8 788.82
安徽	2 084.27	2 733.65	4 643.17	2 298
福建	80.87	216.44	416.57	607.82
江西	1 587.42	1 172.57	3 076.65	5 704.12
山东	1 068.2	1 376.15	4 938.54	8 211.5
河南	2 576.02	10 525.41	617.34	413.43

续表

省区市	2002 年	2007 年	2012 年	2016 年
湖北	2 350.17	3 201	4 977.41	8 006.14
湖南	764.09	1 116.08	885.51	1 550.19
广东	18.71	46.54	200.77	226.6
广西	4 730.43	3 182.38	1 682.78	2 831.8
海南	2 732.68	172.56	0	6 696.67
重庆	4 654.24	10 023.21	468.22	612.84
四川	392.62	1 211.98	421.34	508.27
贵州	0	23.32	0	127.53
云南	2 842.7	9 204.85	27 337.23	2 575.59
陕西	1 244.45	1 507.53	1 844.4	1 869.29
甘肃	669.25	8 473.58	5 893.48	1 596.7
青海	767.25	0	0	3 815.58
宁夏	316.52	1 734.65	4 125.44	5 063.41
新疆	767.25	124.43	1 375.14	3 966.83
平均	1 594.79	3 199.2	4 702.36	4 579.94

2016 年，医药制造业排名靠前的省份是吉林、河北、黑龙江、浙江、山东，其中，吉林的医药制造业出口复杂度排名第一，达到 32 698.27 元。吉林省的修正药业集团股份有限公司、吉林金宝药业股份有限公司、吉林万通药业集团有限公司、吉林敖东延边药业股份有限公司在全国医药企业中占有重要的地位，且吉林省是科技部于 2000 年批准建设的国家第二个中药现代化科技产业基地，长白山地区有丰富的药材资源，使得吉林的中成药生产和生物药品制造发展水平较高，中药制药连续多年稳居全国第一。

4）医疗仪器设备及仪器仪表制造业

2002~2016 年，全国医疗仪器设备及仪器仪表制造业出口复杂度指数平均值从 2002 年的 573.14 元上升到 2016 年的 1470.64 元，表明竞争力水平在逐渐增强；北京、天津、河北、内蒙古、辽宁、吉林、上海、江苏、浙江、福建、江西、山东、河南、湖南、广东、四川、贵州、甘肃的医疗仪器设备及仪器仪表制造业出口复杂度指数呈上升趋势，湖北呈先下降后上升趋势，广西呈先上升后下降再上升趋势。其中，陕西的出口复杂度指数从 2002 年的 327.84 元上升到 2012 年的 2285.4 元，再下降到 2016 年的 1215.22 元，说明陕西医疗仪器设备及仪器仪表制造业的竞争力水平还需提升，具体见表 3.19。

表 3.19　2002～2016 年中国 30 个省区市医疗仪器设备及仪器仪表制造业产品出口复杂度　　单位：元

省区市	2002 年	2007 年	2012 年	2016 年
北京	369.67	332.58	1 914.7	4 770.81
天津	73.62	81.16	377.27	766.99
河北	201	679.82	2 227.71	2 188.74
山西	2 801.23	344.65	78.91	14.49
内蒙古	0	0	0	117.75
辽宁	213.38	840.4	5 795.96	6 233
吉林	161.13	647.53	724.77	846.91
黑龙江	399.68	1 555.97	838.66	594.34
上海	318.54	357.68	1 191.32	2 101.6
江苏	313.22	486.19	1 113.33	2 652.49
浙江	1 138.81	1 521.49	4 732.14	7 634.34
安徽	184.78	1 732.79	3 215.97	1 721.76
福建	148.24	338.55	557.55	1 177.5
江西	885.07	2 478.6	935.3	2 197.6
山东	240.45	587.76	1 127.17	2 924.66
河南	60.98	4 515.78	236.01	201.18
湖北	805.54	220.44	243.62	450.64
湖南	48.35	292.77	407.68	651.25
广东	94.31	370.66	667.14	962.76
广西	999.84	1 740.31	598.66	719.1
海南	0	0	0	0
重庆	2 198	3 262.01	260.72	133.93
四川	50.87	293.5	70.39	189.37
贵州	91.85	198.17	294.27	586.71
云南	475.53	593.19	801.61	425.11
陕西	327.84	954.48	2 285.4	1 215.22
甘肃	487.37	0	2 329.61	1 158.71
青海	0	1 640.41	3 913.74	1 465.62
宁夏	4 104.77	22.97	0	16.66
新疆	0	0	0	0
平均	573.14	869.66	1 231.32	1 470.64

2016年，医疗仪器设备及仪器仪表制造业排名靠前的省份是浙江、辽宁、北京、山东、江苏，其中，浙江的医疗仪器设备及仪器仪表制造业出口复杂度排名第一，达到 7634.34 元。经过 30 年的持续高速发展，浙江医疗设备产业已初步建成了专业门类比较齐全、产业链条相对完善、产业基础比较雄厚的产业体系。2016 年，浙江省累计培育医疗器械生产企业 1300 余家，形成了一批在国内市场占有量较高的品种，如宁波戴维医疗器械股份有限公司的婴儿培育箱、鑫高益医疗设备股份有限公司的磁共振成像系统等；也有区域块状产业优势明显的品种，如桐庐内窥镜系列产品等；近年来还研发了一批在国内较早上市的产品，如人工耳蜗、生物流式细胞仪、数字病理综合诊断系统等。浙江省创新医疗器械产业发展处于全国前列，具有一定的产业基础和特色。陕西省的医疗仪器设备及仪器仪表制造业发展很快，具有一定的竞争优势，但是仍低于全国平均值，说明陕西省的医疗仪器设备及仪器仪表制造业仍具有很大的发展前景。

5）计算机及办公设备制造业

2002~2016 年，全国计算机及办公设备制造业出口复杂度平均值呈上升趋势，从 2002 年的 1823.44 元上升到 2016 年的 9212.54 元，表明中国计算机及办公设备制造业的竞争力水平逐渐增强；其中，北京、天津、河北、上海、江苏、浙江、安徽、福建、江西、山东、湖北、广东、广西、重庆、四川、贵州、云南的计算机及办公设备制造业出口复杂度指数呈上升趋势，具体见表 3.20。

表 3.20　2002~2016 年中国 30 个省区市计算机及办公设备制造业产品出口复杂度　　　　　　　　　　　单位：元

省区市	2002 年	2007 年	2012 年	2016 年
北京	986.64	1 113.99	2 756.79	3 875.19
天津	1 527	2 202.63	2 296.16	8 383.83
河北	0	50	807.91	1 099.76
山西	0	0	0	0
内蒙古	0	0	0	0
辽宁	5 441.98	6 841.69	6 481.48	5 228.47
吉林	0	270.61	0	0
黑龙江	8 784.04	6 494.68	1 375.91	87.15
上海	5 711.33	22 601.95	30 760.61	20 145.58
江苏	7 375.32	15 503.64	18 173.64	16 744.43
浙江	225.8	10 632.28	6 213.81	5 763.87
安徽	0	783.51	13 909.89	28 349.75
福建	8 933.87	19 354.74	11 144.9	10 746.93

续表

省区市	2002 年	2007 年	2012 年	2016 年
江西	0	1 213.65	10 893.36	11 702.28
山东	1 098.54	3 305.19	17 988.02	3 463.34
河南	0	0	68.12	0
湖北	3 378.27	24 990.17	4 038.06	12 203.41
湖南	1 461.75	458.82	91.21	761.26
广东	7 678.35	14 626.7	16 910.51	9 092.98
广西	1 303.89	246.22	24 124.53	41 413.88
海南	215.96	0	0	0
重庆	0	0	43 768.64	45 370.9
四川	240.34	256.66	32 600.62	41 633.91
贵州	0	0	0	8 049.87
云南	340.26	1 626.87	1 740.61	2 259.48
陕西	0	0	0	0
甘肃	0	0	0	0
青海	0	0	0	0
宁夏	0	0	0	0
新疆	0	0	0	0
平均	1 823.44	4 419.13	8 204.83	9 212.54

2016 年，重庆、四川、广西、安徽、上海等地区在计算机及办公设备制造业方面的出口复杂度排名靠前，其中，重庆的计算机及办公设备制造业出口复杂度排名第一，达到 45 370.9 元。重庆以其辐射大西南的独特区位优势加之渝新欧铁路开通后物流成本的下降，吸引了惠普研发有限合伙公司、宏碁集团、华硕电脑股份有限公司、东芝集团等国际知名笔记本电脑品牌厂商的落户，进而带动富士康科技集团有限公司、广达电脑股份有限公司、纬创资通股份有限公司、英业达股份有限公司、仁宝电脑工业股份有限公司等代工厂商以及鼠标、键盘、机壳生产等一系列相关配套生产企业的入驻，以笔记本电脑作为计算机产业发展突破口最终形成产业集聚。重庆笔记本电脑产业从无到有，目前已经形成了电脑产业集群，促进了计算机及办公设备制造业的迅速发展。陕西的计算机及办公设备制造业出口复杂度为 0，说明陕西在计算机及办公设备制造业方面处于竞争劣势。

6) 中国高技术制造业整体状况

2002~2016 年，全国各省区市的高技术制造业出口复杂度指数整体上呈上升趋势,从 2002 年的 8320.74 元上升到 2016 年的 39 657.38 元,说明高技术制造业竞争力水平在逐渐增强。北京、天津、河北、上海、江苏、浙江、安徽、福建、江西、辽宁、黑龙江、湖南、海南、山西、内蒙古、吉林、河南、陕西、甘肃、青海、新疆、山东、湖北、广东、广西、重庆、四川、贵州、云南的高技术制造业出口复杂度指数均呈上升趋势。其中,陕西的高技术制造业出口复杂度指数从 2002 年的 9487.94 元上升到 2016 年的 27 359.87 元,低于全国平均值,具体见表 3.21。

表 3.21 2002～2016 年中国 30 个省区市高技术制造业出口复杂度　单位:元

省区市	2002 年	2007 年	2012 年	2016 年
北京	12 410.18	24 658.24	45 738.75	58 858.17
天津	12 660.21	24 984.61	45 987.71	58 775.53
河北	8 884.41	18 708.22	43 482.09	56 037.2
山西	5 922.98	6 524.8	5 605.53	6 945.05
内蒙古	1 888.22	5 603.53	5 925.41	35 426.72
辽宁	13 171.92	25 294.13	44 518.82	57 924.97
吉林	9 682.91	20 413.09	35 772.07	46 105.62
黑龙江	12 100.67	20 527.47	38 316.44	51 883.83
上海	13 306.92	30 301.4	47 064.35	59 078.62
江苏	13 625.75	28 302.8	46 524.22	59 007.36
浙江	10 323	25 688.08	44 559.07	57 731.84
安徽	10 805.9	22 658.78	45 581.84	58 926.43
福建	14 088.64	28 987.68	45 821.87	58 551.54
江西	8 174.32	21 697.39	45 814.47	58 238.11
山东	11 886.07	24 572.97	46 086.19	57 753.17
河南	3 493.12	17 621.23	5 440.34	6 516.93
湖北	11 227.92	29 678.92	45 622.03	57 833.95
湖南	4 204.7	4 710.09	6 130.5	9 014.99
广东	14 015.38	28 218.87	46 672.48	59 069.49
广西	9 139.73	22 445.78	46 837.3	58 931.7
海南	3 735.46	2 604.56	4 612.48	11 822.73
重庆	8 243.86	18 790.81	47 867.46	59 324.62
四川	11 863.49	21 757.92	47 111.56	59 165.65
贵州	2 560.83	1 929.65	8 853.72	13 642

续表

省区市	2002 年	2007 年	2012 年	2016 年
云南	3 658.49	12 893.97	34 325.22	10 222.33
陕西	9 487.94	15 997.75	26 512.56	27 359.87
甘肃	2 320.47	9 843.02	11 902.1	8 361.7
青海	767.25	1 640.41	3 913.74	5 358.36
宁夏	5 204.27	1 757.62	4 125.44	5 080.07
新疆	767.25	22 928.87	32 125.03	16 772.76
平均	8 320.74	18 058.09	31 961.69	39 657.38

我国高技术制造业竞争力存在明显的区域差异。东部地区各类高技术制造业的出口复杂度远高于中西部地区，主要表现在长三角地区的上海、珠三角地区的广东、京津冀地区的北京和天津。具体来看，北京、上海和广州是全国互联网三大节点和交换中心，广州电信业务出口量极大，天津滨海新区借助其独特的地理优势和国家政策优惠，在空客系列飞机、直升机、无人机、航空零部件行业拥有前沿技术，在地铁、轻轨、城际列车等新一代轨道装备方面形成了多系列先进轨道交通装备产品谱系。成渝地区成为西部出口复杂度最高的地区，这主要是因为成渝高铁带动了成渝城市圈经济的活跃发展。中部地区出口复杂度由河南带头。

3. 分析结果

1）中国高技术制造业国际竞争力水平

a. 完全国内增加值系数

在 2002~2011 年，25 个样本国家中的多数国家高技术制造业单位出口的完全国内增加值都存在不同程度的上升，少数国家的完全国内增加值系数在下降；陕西省的 b_V^H 排名不断降低，而且 b_V^H 值由 2002 年的 1 降低到了 2011 年的 0.8983，下降了 10.17%。发达经济体如斯洛文尼亚、匈牙利、捷克等完全国内增加值系数均在上升。这些经济体处于高技术全球产业链和价值链的高端，它们主要从事高技术产品的研发、设计、营销及高集成度的零部件生产，这些环节不大需要从其他国家进口中间投入品。而发展中经济体如印度尼西亚等主要依赖于从发达国家进口高集成度的零部件，按照其研发设计要求进行组装加工以出口，尽管总的出口额及所占的世界市场份额很高，但实质上获得的贸易利益和对国内经济的拉动作用非常有限。发达经济体的高技术生产更多地带动了高技术部门的发展，需要相对多的高技术部门的自我投入，而发展中经济体则主要依靠传统产业或部门的投入，从而其出口的获利能力和对其国内经济的拉动效应相对低下也就在所难免。陕西省高技术产品单位最终需求对国内经济拉动作用的低下，说明了陕西省的高技术制造业在国际分工中从事着相对低端环节的生产。

完全国内增加值的降低可能是由产品内贸易的国际分工导致的。如图 3.4 所示，随着国际分工的不断深化，生产环节的不断分割，b_V^H 的降低通过两方面实现：一方面，发达国家（斯洛文尼亚、捷克、匈牙利）将低附加值环节的生产转移至发展中国家，导致发展中国家的 b_V^H 降低；另一方面，发达国家产品高附加值环节的生产则会由于发达国家之间在某类技术上比较优势的不同而互相转移，结果就是发达国家的 b_V^H 降低。对于发展中国家而言，前者起主导作用；而对于发达国家而言，后者的影响更大。

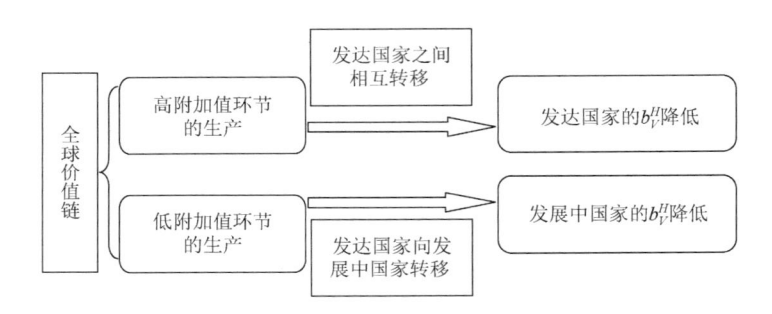

图 3.4　高技术制造业单位出口的完全国内增加值的降低

b. 完全国内就业系数

从国际比较来看，从 2002 年到 2011 年，所选的 7 个国家（斯洛文尼亚、斯洛伐克、波兰、拉脱维亚、匈牙利、爱沙尼亚、捷克）的高技术产品最终需求带动的就业系数在下降，意味着单位高技术产出消耗的劳动量在减少，即劳动者的生产效率在提高。欧洲国家占据着全球产业链的高端位置，并且依靠由此获得的丰厚利润继续保持对高技术制造业的高投入，确保自己在技术上的优势，7 个国家就业系数下降的趋势也较快，其技术优势将难以被超越。陕西省虽然通过积极参与国际分工，高技术制造业的劳动生产率逐渐提高，但由于高级生产要素投入较少，陕西省的高技术制造业处于全球价值链的低端位置。

c. 单位劳动力所能创造的完全国内增加值

2002～2011 年，所选的 7 个国家（斯洛文尼亚、斯洛伐克、波兰、拉脱维亚、匈牙利、爱沙尼亚、捷克）的单位劳动力创造的完全国内增加值系数逐渐提高。由于增加值率和就业系数从相反的方向代表了各地区高技术制造业在国际分工中的地位，因此以完全国内增加值系数除以完全国内就业系数（b_{V1}^H / b_{L1}^H）得到反映满足最终需求的高技术产品生产过程中单位劳动力所能创造的完全国内增加值的指标，用以综合衡量各地区的高技术制造业竞争力。

综合上述研究结论，不难发现：首先，2002~2011年，发达经济体如斯洛文尼亚、匈牙利、捷克等完全国内增加值系数均在上升，且排名基本不变或者上升；而发展中经济体如印度尼西亚等完全国内增加值系数在下降。其次，中国的高技术产品最终需求带动的就业系数在下降，意味着单位高技术产出消耗的劳动量在减少，即劳动者的生产效率有所提高。最后，用单位劳动力所能创造的完全国内增加值衡量高技术制造业在全球价值链的地位，判断中国高技术制造业处于全球价值链低端位置，在共建"一带一路"国家中的竞争力需要提高。

2) 陕西省高技术制造业国内竞争力水平

2002~2016年，中国各省区市的高技术制造业出口复杂度指数整体呈上升趋势，从2002年的8320.74元上升到2016年的39 657.38元，说明中国高技术制造业竞争力整体水平在逐渐增强。陕西省的高技术制造业出口复杂度指数从2002年的9487.94元上升到2016年的27 359.87元，低于全国平均值。

3) 陕西省高技术制造业国际竞争力水平

基于上述两点分析结论，可以进一步得到：其一，陕西省高技术制造业的全球价值链地位在共建"一带一路"部分国家中处于较低水平；其二，陕西省的高技术制造业出口复杂度指数在2002~2016年低于全国平均值，表明陕西省高技术制造业国际竞争力水平需要提升。

3.3 陕西省高技术制造业竞争力影响因素的确定

基于新钻石模型构建的陕西省高技术制造业竞争力影响因素分析模型，运用2002~2016年陕西省高技术制造业细分行业的面板数据进行实证分析检验。

3.3.1 模型构建

新钻石模型中影响因素包括生产要素、需求条件、相关与支持性产业、企业机遇、政府行为、知识吸收与创新能力，以及战略、结构和同业竞争。其中，相关与支持性产业涉及上下游产业之间的配合，难以控制；机遇是超出企业控制范围的突发要素，具有偶然性和随机性；政府行为需要综合考虑所处的市场环境和其他关键影响因素，可控性较差。因此，不选取机遇、相关与支持性产业和政府行为这三项要素，陕西省高技术制造业影响因素主要从生产要素，需求条件，企业战略、结构和同业竞争，知识吸收与创新能力这几个方面进行考虑，具体变量及指标的选择见表3.22。

表 3.22 变量及指标

名称	指标	变量
生产要素	从业人员平均数	X1
	新增固定资产投资额	X2
需求条件	出口交货值	X3
企业战略、结构和同业竞争	高技术企业数	X4
知识吸收与创新能力	新产品开发经费支出	X5

（1）生产要素包括劳动力、资本等，劳动力为 4 个子行业的全部从业人员平均数，资本投入以新增固定资产投资额为代表。

（2）需求条件用各细分行业的出口交货值代表。

（3）企业战略、结构和同业竞争用高技术制造业各行业的高技术企业数来代表。

（4）知识吸收与创新能力用新产品开发经费支出来反映。

建立用于研究高技术制造业竞争力决定因素和对观察值指标产生影响因素的面板模型：

$$\ln Y = a_0 + a_1 \ln X1_{it} + a_2 \ln X2_{it} + a_3 \ln X3_{it} + a_4 \ln X4_{it} + a_5 \ln X5_{it} + e \quad (3.16)$$

式中，t 表示时间；i 表示陕西省高技术制造业的细分行业；e 表示随机变量。为了消除异方差，对各个解释变量取对数。

3.3.2 模型检验

1）平稳性检验

按照正规程序，面板数据在回归前需检验数据的平稳性。李子奈和潘文卿（2010）曾指出，一些非平稳的经济时间序列往往表现出共同的变化趋势，而这些序列间本身不一定有直接的关系，此时，对这些数据进行回归，尽管有较高的相关性，但其结果是没有任何意义的。这种情况被称为虚假回归或伪回归。他们认为平稳的真正含义是：一个时间序列剔除了不变的均值（可视为截距）和时间趋势以后，剩余的序列为零均值，同方差，即白噪声。因此进行单位根检验时有三种检验模式：既有趋势又有截距、只有截距、以上都无。

因此为了避免伪回归，确保估计结果的有效性，我们必须对各面板序列的平稳性进行检验。而检验数据平稳性最常用的办法就是单位根检验。首先，我们可以先对面板序列绘制时序图，以粗略观测时序图中由各个观测值描出代表变量的折线是否含有趋势项和截距项，从而为进一步的单位根检验做准备。

在非平稳的面板数据渐进过程中，Levin 等（2002）很早就发现这些估计量的极限分布是高斯分布，这些结果也被应用在有异方差的面板数据中，并建立了对面板单位根进行检验的早期版本。后来经过 Levin 等（2002）的改进，提出了检验面板单位根的 LLC（Levin-Lin-Chu）法。该方法允许不同截距和时间趋势，异方差和高阶序列相关，适合于中等维度（时间序列介于 25~250，截面数介于 10~250）的面板单位根检验。Im 等（2003）还提出了检验面板单位根的 IPS（Im-Pesaran-Shin）法，但 Breitung（2001）发现 IPS 法对限定性趋势的设定极为敏感，并提出了面板单位根检验的 Breitung 法。Maddala 和 Wu（1999）又提出了 ADF（augmented Dickey Fuller）-Fisher 和 PP（Phillips & Perron）-Fisher 面板单位根检验方法。

由上述综述可知，可以使用 LLC、IPS、Breitung、ADF-Fisher 和 PP-Fisher 5 种方法进行面板单位根检验。其中，LLC-T、BR-T、IPS-W、ADF-FCS、PP-FCS、H-Z 分别指 Levin-Lin-Chu t 统计量、Breitung t 统计量、Im-Pesaran-Shin W 统计量、ADF-Fisher Chi-square 统计量、PP-Fisher Chi-square 统计量、Hadri Z 统计量，并且 Levin-Lin-Chu t 统计量、Breitung t 统计量的原假设为存在普通的单位根过程，Im-Pesaran-Shin W 统计量、ADF-Fisher Chi-square 统计量、PP-Fisher Chi-square 统计量的原假设为存在有效的单位根过程，Hadri Z 统计量的检验原假设为不存在普通的单位根过程。

有时为了方便，只采用两种面板数据单位根检验方法，即相同根单位根检验 LLC 检验和不同根单位根检验 ADF-Fisher 检验[对普通序列（非面板序列）的单位根检验方法则常用 ADF 检验]，如果在两种检验中均拒绝存在单位根的原假设，则说明此序列是平稳的，反之则不平稳。

如果我们以 T（trend）代表序列含趋势项，以 I（intercept）代表序列含截距项，T&I 代表两项都含，N（none）代表两项都不含，那么我们可以基于前面时序图得出的结论，在单位根检验中选择相应的检验模式。

但基于时序图得出的结论毕竟是粗略的，均需一一检验。具体操作可以参照李子奈的说法：ADF 检验是通过三个模型来完成的，首先从含有截距和趋势项的模型开始，其次检验只含截距项的模型，最后检验两者都不含的模型。并且认为，只有三个模型的检验结果都不能拒绝原假设时，我们才认为时间序列是非平稳的，而只要其中有一个模型的检验结果拒绝了零假设，就可认为时间序列是平稳的。

此外，单位根检验一般先从水平（level）序列开始检验，如果存在单位根，则对该序列进行一阶差分后继续检验，若仍存在单位根，则进行二阶甚至高阶差分后继续检验，直至序列平稳为止。我们记 I（0）为零阶单整，I（1）为一阶单整，依次类推，I（N）为 N 阶单整。本节直接利用 EViews 工具提供的面板数据单位根检验功能进行七大指标的平稳性检验，运用 LLC、IPS、ADF、PP-Fisher 四种检验方法对面板数据的对数系列及其一阶差分序列进行单位根检验。

当假定检验模型含有趋势项和截距项时，检验统计量和相伴概率值，见表3.23。检验结果显示，$\ln Y$、$\ln X1$、$\ln X3$ 的水平值不能拒绝原假设，存在单位根。因此，面板数据的水平值是不平稳的。对变量进行一阶差分后的结果显示，各变量都在1%显著性水平上拒绝了存在单位根的原假设，面板数据趋向平稳，说明各个变量都是一阶平稳的。

表 3.23　面板数据的单位根检验结果（含趋势项和截距项）

变量	LLC 统计量	LLC p 值	IPS 统计量	IPS p 值	ADF 统计量	ADF p 值	PP-Fisher 统计量	PP-Fisher p 值
$\ln Y$	−0.198	0.422	1.903	0.972	3.549	0.895	1.789	0.987
$\Delta\ln Y$	−3.985	0.000	−3.266	0.000	24.585	0.002	54.310	0.000
$\ln X1$	−1.811	0.035	−1.504	0.066	13.493	0.096	12.624	0.125
$\Delta\ln X1$	−4.624	0.000	−2.495	0.006	19.987	0.010	23.343	0.003
$\ln X2$	−3.660	0.000	−3.120	0.001	22.557	0.004	22.924	0.004
$\Delta\ln X2$	−9.597	0.000	−7.918	0.001	50.164	0.000	64.027	0.000
$\ln X3$	−1.398	0.081	0.934	0.825	5.930	0.655	2.865	0.943
$\Delta\ln X3$	−9.140	0.000	−5.656	0.044	36.423	0.000	45.896	0.000
$\ln X4$	−2.754	0.003	−2.630	0.004	21.188	0.007	25.287	0.001
$\Delta\ln X4$	−2.699	0.004	−2.648	0.004	24.364	0.002	40.432	0.000
$\ln X5$	−2.804	0.003	−2.320	0.010	19.095	0.014	33.070	0.000
$\Delta\ln X5$	−9.165	0.000	−7.141	0.000	45.146	0.000	56.825	0.000

注：上述检验的原假设为存在单位根，Δ 代表变量的一阶差分

综合认定，$\ln Y$、$\ln X1$、$\ln X2$、$\ln X3$、$\ln X4$、$\ln X5$ 均是一阶单整。

2）协整检验

在进行回归分析时，一般要求所用的数据必须是平稳的，即没有随机趋势或确定趋势，否则会产生伪回归问题。但是，在现实经济中的数据通常是非平稳的，我们可以对它进行差分，把它变平稳，但这样会让我们失去总量的长期信息，而这些信息对分析问题来说又是必要的，所以用协整检验来解决此问题。

在实证研究过程中,如果基于单位根检验的结果发现变量之间是同阶单整的,那么我们可以进行协整检验。协整检验是考察变量间长期均衡关系的方法。协整是指若两个或多个非平稳的变量序列,其某个线性组合后的序列呈平稳性,此时我们称这些变量序列间有协整关系存在。因此协整的要求或前提是同阶单整。协整的意义就是检验它们的回归方程所描述的因果关系是否是伪回归,即检验变量之间是否存在稳定的关系。通过了协整检验,说明变量之间存在着长期稳定的均衡关系,其方程回归残差是平稳的。因此,可以在此基础上直接对原方程进行回归,此时的回归结果是较精确的。

如果基于单位根检验的结果发现变量之间是非同阶单整的,即面板数据中有些序列平稳而有些序列不平稳,此时不能进行协整检验与直接对原序列进行回归。但此时也不要着急,我们可以在保持变量经济意义的前提下,对我们前面提出的模型进行修正,以消除数据不平稳对回归造成的不利影响。例如,差分某些序列,将基于时间频度的绝对数据变成时间频度下的变动数据或增长率数据。此时的研究转向新的模型,但要保证模型具有经济意义。因此,一般不要对原序列进行二阶差分,因为对变动数据或增长率数据再进行差分,我们不好对其冠以经济解释。

在面板数据协整检验方法上,Kao(1999)利用推广的 DF(Dickey-Fuller)和 ADF 检验提出了检验面板协整的方法,这种方法零假设是没有协整关系,并且利用静态面板回归的残差来构建统计量。Pedroni(1999;2004)在零假设是在动态多元面板回归中没有协整关系的条件下给出了 7 种基于残差的面板协整检验方法。与 Kao 的方法不同的是,Pedroni 的检验方法允许异质面板的存在。Larsson 等(2001)发展了基于 Johansen(1995)向量自回归的似然检验的面板协整检验方法,这种检验方法检验变量存在共同的协整的秩。在实际应用中,面板数据的协整检验可以分为两大类:一类是建立在 EG(Engle-Granger)两步法检验基础上的面板协整检验,具体方法有 Pedroni 检验和 Kao 检验;另一类是建立在 Johansen 检验基础上的协整检验。EG 两步法是基于回归残差的检验,可以通过建立普通最小二乘法(ordinary least squares,OLS)模型检验其残差平稳性。JJ(Johansen Juselius)检验是基于回归系数的检验,前提是建立向量自回归模型(vector autoregression model,VAR)。

经过单位根检验可知,面板数据是一阶平稳的,本节对各变量之间是否存在长期协整关系进行检验。本节采用 Pedroni 的 7 个统计量、Kao 的 ADF 统计量进行面板数据协整检验,结果见表 3.24。检验结果表明,除了 Panel rho-Statistic、Group rho-Statistic 接受不存在协整关系的原假设外,其余检验都在 1% 的显著性水平下拒绝接受不存在协整关系的原假设。综合起来看,面板变量之间存在长期协整关系,因此可以进行面板数据的回归分析。

表 3.24　面板数据的协整检验结果

检验方法	统计量	统计量值	伴随概率
Pedroni 检验	Panel v-Statistic	0.864	0.000
	Panel rho-Statistic	2.476	1.000
	Panel PP-Statistic	3.135	0.000
	Panel ADF-Statistic	3.285	0.013
	Group rho-Statistic	2.999	1.000
	Group PP-Statistic	2.534	0.000
	Group ADF-Statistic	3.675	0.008
Kao 检验	ADF	1.593	0.056

注：除了 Panel v-Statistic 为右尾检验之外，其余统计检验量均为左尾检验

3.3.3　结果分析

回归结果表明，生产要素、需求条件、知识吸收与创新能力对陕西省高技术制造业竞争力的影响显著。利用 EViews 6 软件，对 2002~2016 年的面板数据进行了处理，回归结果见表 3.25。所选择的 5 个解释变量中，高技术制造业从业人员平均数 X_1、新增固定资产投资额 X_2、出口交货值 X_3、新产品开发经费支出 X_5 均通过了显著性检验，见表 3.25。高技术制造业从业人员平均数的增加对竞争力水平提升作用较大，弹性系数约为 0.4099，说明每增加一单位的高技术制造业从业人员数，竞争力水平将增加 0.4099 个单位。新增固定资产投资额显著性水平达到 5%，影响系数为 0.0600，说明新增固定资产投资额每提高 1 个百分点，高技术制造业竞争力水平增加 0.0600 个百分点，提升作用较小。代表需求条件的出口交货值对高技术制造业竞争力的影响显著，这说明需求条件能促进高技术制造业竞争力的增强。高技术企业数对产业竞争力的影响不显著，影响系数为 0.0619。新产品开发经费支出对高技术制造业竞争力的影响显著，系数为 0.0554，这说明知识吸收与创新能力每增加 1 个百分点，高技术制造业竞争力水平将增加 0.0554 个百分点。说明技术改造经费支出对国际分工地位的提升具有显著的正向作用。技术创新在促进高技术制造业国际分工地位升级中的作用明显要大得多，而且显著性非常高，其弹性系数较大，可能是因为技术进步对高技术制造业国际分工地位提升具有直接和间接的双重作用，表明增加国内研发投入、增强自主创新能力，以及提高本地区的技术水平，才是提升地区高技术制造业国际分工地位的关键。

表 3.25 面板模型回归结果

变量	系数	t 值	p 值
常数	2.1944	2.6814	0.000
lnX1	0.4099	2.5903	0.000
lnX2	0.0600	2.5860	0.011
lnX3	0.7395	8.9607	0.000
lnX4	0.0619	0.2744	0.785
lnX5	0.0554	2.6800	0.000

3.4 小　结

定量评估陕西省高技术制造业的国际竞争力，首先，基于新钻石模型，从生产要素、需求条件、相关与支持性产业、政府行为、机遇、知识吸收与创新能力，以及企业战略、结构和同业竞争等方面剖析影响高技术制造业竞争力的因素。其次，基于非竞争型投入产出法和出口复杂度分析法分阶段测评陕西省高技术制造业国际竞争力。最后，进一步确定影响陕西省高技术制造业竞争力的主要因素。研究结果如下。

（1）基于钻石模型理论构建的竞争力影响因素模型对陕西省高技术制造业竞争力现状进行分析，表明陕西省高技术制造业的研发投入及非研发投入增加，固定资产投入不断增加，高技术产品出口稳步增长，高技术企业数与技术改造经费支出逐渐增多，新产品开发项目数、新产品开发经费支出和新产品销售收入不断增加。

（2）基于非竞争型投入产出法和出口复杂度分析方法分阶段测评陕西省高技术制造业的国际竞争力水平。分别以完全国内增加值系数、完全就业系数及单位劳动力所能创造的完全国内增加值衡量中国高技术制造业的国际竞争力，以出口复杂度指数衡量陕西省高技术制造业位于全国的竞争力水平。结果表明，中国的国内增加值系数基本保持稳定，排名由 2002 年的第 10 位下降到了 2011 年的第 12 位，说明高技术制造业在国际分工中大量地从事着中低端环节的生产；完全就业系数一直排名在第 2 位，说明中国高技术制造业的劳动生产率一直较低。单位劳动力所能创造的完全国内增加值系数排名从 2002 年的第 18 位下降到 2011 年的第 19 位，说明中国的高技术制造业竞争力需要增强；陕西省高技术制造业在全国排名靠后，五大行业中，陕西省的航空、航天器及设备制造业排名靠前，且远高于全国平均值，具有很强的竞争优势；医药制造业、医疗仪器设备及仪器仪表制造业、计算机及办公设备制造业排名靠后，不具有竞争优势；总体上看陕西省高技术制造业竞争力需要提升。

（3）进一步分析陕西省高技术制造业竞争力的主要影响因素，可以看出，生产要素、需求条件、知识吸收与创新能力对高技术制造业竞争力的影响显著。这一结论表明陕西省的高技术制造业还处于资本驱动阶段和创新驱动阶段，需要增加研发投入、增强自主创新能力及提高技术水平，以提升陕西省高技术制造业的国际竞争力。

第4章　陕西省高技术制造业转型升级路径分析

构建引领发展格局,增强自主创新能力,激发企业创新活力,成为各区域改变在分工体系中的位置、提升产业竞争力、实现经济高质量增长的必然选择。目前陕西省的高技术制造业正高速发展,成为推动陕西省经济发展的重要引擎和支柱,对陕西省经济发展和经济结构调整优化发挥着重要作用。在航空航天、新能源、先进装备制造、新材料等领域,陕西省具备一定的基础和优势,但是部分高技术制造业仍处于价值链的中低端环节,因此如何提升陕西省高技术制造业位于全球价值链中的位置,是陕西省高技术制造业发展中亟待研究解决的主要问题。基于此,通过解析高技术制造业转型升级机理与阶段,借鉴国际典型高技术产业发展模式,立足于陕西省高技术制造业发展的战略目标,设计陕西省高技术制造业转型升级路径,从配套机制、人才政策、内在机制三个方面提出政策建议。

4.1　高技术制造业转型升级机理与路径分析

重新审视和注重价值链的构建,探究如何向全球价值链的高端环节进一步延伸和拓展,是提升陕西省高技术制造业国际竞争力和主导地位的重要方式。本书将基于全球价值链理论对高技术制造业转型的作用机理进行解析,分析影响高技术制造业转型升级的因素及其相互作用关系。

4.1.1　基于全球价值链理论的高技术制造业转型升级机理

1. 高技术制造业转型升级的机理模型

在全球价值链的不同环节上,技术水平和附加值不同。附加值越高的价值链,需要的投入和面临的风险也越高,其融入的难度也就越大;集群要实现全球价值链中的升级并占据有利地位,必须通过与提供同类技术、产品或服务的其他组织竞争,取得全球价值链某个或若干个价值环节的相对优势,创造、保持和捕捉价值。在升级的过程中因为受到全球价值链不同驱动机制、不同治理模式的影响而形成不同的方式和轨迹,但不论何种方式的升级,最终结果都是集群在一定动力的推动下，逐渐占据价值链中附加值较高的环节。本书在构建机理分析的理论模型时，借鉴了波特钻石模型的架构，用于分析产业升级能力的提高，见图4.1。

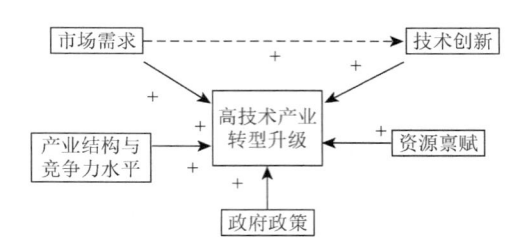

图 4.1 基于全球价值链的高技术制造业转型升级机理模型

2. 影响因素的相互作用关系

模型所研究的升级机理是一种内生升级动力机制，具有完善的自调整机制和自增强机制，可自我强化。产业升级为导向的政府政策和产业中的主导企业是产业升级的激发动力，对内生机制起指导和辅助作用。具体如下。

1）产业结构与竞争力水平

在知识经济时代，对于高技术制造业来说要实现快速发展，就必须置身于全球化的竞争当中。尤其是对于欠发达地区的技术产业来说，它们本身的基础较为薄弱，与发达国家之间存在着一定的技术差距，适当调整产业结构和提升竞争力水平参与到全球价值链当中，能够为其提供更多与国际组织交流合作的机会，有助于实现技术交流和知识的流动。与传统产业依靠代工等方式嵌入到价值链中不同，高新技术产业更多的是通过技术竞争力水平的提升嵌入到全球技术网络当中实现升级的。

2）政府政策

政府政策主要包括政府颁布的法律条文、税收要求、政府管制条例等。产业的发展过程中，政府虽然并不能直接参与企业的经营和管理当中，但是却能通过制定相关政策法规，从宏观层面上调控产业及企业的发展走势，实现间接管理。此外，政府还能及时帮助地区内的企业摆脱一些失灵困境，确保整个区域的稳定发展。

在国外典型高技术制造业的发展历程中，政府扮演着不能忽视的重要角色，政府的态度在很大程度上决定了其未来的发展。当政府秉承积极鼓励的态度时，就会在财政政策上给予优惠，同时，在土地资源和基础设施建设方面也会提供很大的帮助，此时，高技术制造业集群内的企业会充分把握这些有利政策，主动发挥自组织机制，在技术创新方面取得更多的成果。此外，政府还能利用相应的优惠政策吸引国外龙头企业入驻，从而提升高技术制造业整体的技术能力和创新能力。

3）市场需求

市场的需求是保证集群内企业进行创新式发展的重要引擎。不管是哪种产业集群，其最终的目的都是希望得到最多的利润，而获得利润的渠道就是市场，满足消费者需求才能被大众接受。当今社会，市场需求变化很快，与传统产业相比，高新技术产业的市场需求更是瞬息万变，呈现出多样化的特征，促使企业不断进行创新来满足市场需求。具体来说，一是市场需求的推动。随着需求的扩张和容量的增大，会有新企业不断加入，逐渐集聚在一起形成产业集群。本地市场和产业集群之间的地理邻近性能够帮助企业更快速、更充分了解市场需求，帮助集群更有针对性地进行研发创新，这在集群形成的初期具有重要作用。二是市场需求会不断激励企业技术更新换代，为集群的发展带来新的机遇。当本地需求较大时，集群内部企业会通过扩大生产规模来获得收益。随着新进入者的增多，市场的竞争日趋激烈，这种竞争本质上有利于集群的进步，原有企业会因为压力被迫进行技术创新，获得竞争优势，在这种情形下，产业集群的市场会迅速从本地区域扩大到其他地区。

4）技术创新

高新技术产业能否顺利升级的一个关键性制约条件就是是否具有高水平的生产技术能力和新技术更新能力。由于技术更新迭代的周期比较短，高新技术企业不能再进行传统的封闭式创新，而是要与其他公司共同合作，将外部技术引入内部的开放式创新中（Chesbrough，2003）。开放式创新能够帮助企业在发展前景上打开思路，其对高技术制造业本身技术和生产的提升主要表现在以下三方面：一是帮助企业缩减研发费用，提升科创效率，减少创新时长。技术创新的过程必然伴随着很多设备的购买、人员的招聘和培训，需要充足的资金做支撑，很多中小企业缺乏创新能力就是因为无法负担其中的成本；二是帮助企业减少创新成果被泄露的可能，让整个研发过程表现出良好的势头；三是帮助企业降低失败的概率，提高创新成功率。开放式创新下，多个主体能够共同参与，每个主体可以根据自身优势，选择负责某一环节，大大分摊了创新的风险，提高了成功率。各个主体目标明确，分工合作，还能有效缩短产品供给和市场需求之间的时间差，帮助企业迅速占领市场。

5）资源禀赋

从分工的角度来说，资源的投入对高技术制造业升级的影响非常大。资源的种类有很多，地区的环境、矿产、人才、资本等都可以看作资源的表现。高新技术产业与传统产业不同，对自然资源，如钢铁、煤炭等的依赖程度不大，反而更多地依赖于人力资源和资本资源。

高新技术产业本身对行业技能和专业知识的要求非常高，所以注定了高素质、高水平人才是行业成长的核心资源，能够有效地推动产业结构优化升级。一个地区的人才水平很多时候影响着产业的发展命运。高水平、高素质人才的短缺体现在微观层面上就是企业自主创新能力的缺失,更重要的是,还会阻碍创新成果的理性扩散。一方面,人才数量的增多能够为公司带来更加先进的知识和技术,加速科技成果转化进程,带来更大的竞争优势,同时,人才的进步还会推进公司管理和服务水平的提升,从而促进整个集群的快速发展;另一方面,高技术制造业的进步也对人力资源提出了更高的要求,只有不断吸纳高水平人才的加入,才能保证产业集群的持续进步。

4.1.2 高技术制造业转型升级的阶段路径

形成促进产业不断升级的机制比升级本身更重要,良好的运行机制一旦形成,就会不断自我强化,对产业升级提供持续性发展动力。产业转型升级问题的本质是产业价值链升级。节点影响力的提升、节点网络层级的提高、价值链的横向拓展和价值链的高端延伸,这四个部分构成全球价值链视角下产业转型升级实现方式的运行机制,既单独发挥作用,又相互配合,共同促进高技术制造业转型升级。

1) 节点影响力的提升

高技术制造业通过生产系统的重组或采用先进技术来提高价值链内部某环节效率,从而提高竞争力,是一种市场关系型的全球价值链模式。处于产业链领导地位的企业为扩大国外市场份额而要求本地供应商改进工艺流程,提高产品的质量、环保、包装等多种标准,进而实现工艺流程升级(Grossman et al., 2005)。

2) 节点网络层级的提高

高技术制造业通过引进新产品或改进已有产品,提高单位产品的附加值,用以超越竞争对手。在全球采购商不断拔高的产品要求下,本地供应商不断改进产品质量,拓展产品宽度,增加产品的新功能,从而逐步转向复杂的中、高端产品市场,实现产品升级。

3) 价值链的横向拓展

高技术制造业通过对价值链各增值环节的重新组合,增加新功能或放弃低附加值的功能来提高整体竞争优势。要求本地供应商从价值链的低附加值环节如加工、组装、制造,转向高附加值的设计、研发、品牌和营销等环节,这是一种根本性的创新。

4) 价值链的高端延伸

价值链的高端延伸是指高技术制造业利用从所在价值链中获得的能力或资源实现向另外一条产业链条转移的升级方式。在产品和产业结构转换的过程中,将劳动密集型产业中积累起来的知识、人力、市场关系、社会网络等资源转移到新的产业中，实现跨产业升级。比如，20世纪80年代三星还在为韩国、日本等的著名国际品牌代工制造芯片及电子产品，在这些品牌的严格要求下，不断改进自己产品的质量，1997年的金融危机后，将以数量为主的经营方式转到以质量为主的经营模式，在追求质量的基础上确保企业的核心竞争力，并不断推出自己的品牌。

4.1.3 高技术制造业转型升级方式

基于全球价值链理论的产业升级方式的具体实现形式主要包括四个维度。根据Gereffi（1999）的观点，全球价值链作为一种产业组织形式，其组织结构从组成要素到制度层面存在四个不同的维度：①投入—产出结构，价值链是按照价值增值活动的次序依次串联起来的一系列的流程。一项产品依次要经过设计、原材料采购、加工、批发和零售等环节，每一环节又需要一系列的服务（比如物流和资金）来维持。除了这个有形的物质流之外还存在一个无形的知识和技术流，每一环节都需要一定的知识和技术投入，只是在不同环节知识和技术所占的比例不同，在设计这一环节可能需要大量最新的知识和技术，在生产这一环节可能只需要标准化和常规的技术。②空间布局，由于跨国公司和采购商纷纷将核心竞争力领域以外的环节外包，价值链中的各环节超越国家界限，分散到世界的不同国家，因此形成真正的国际化生产体系。③治理结构，价值链是由相互联系的各环节组成的具有特定功能的产业组织，其中某些成员发挥主导作用，负责对各环节进行统一的组织和协调，保证价值链的功能得以顺利实现，这就形成了不同程度和类型的治理结构。价值链的治理结构决定了价值链的运行机制，因此是当前国际上研究的重点领域。④体制框架，这主要是指国内和国际的体制背景（包括政策法规、正式和非正式的游戏规则等），在各个节点上会对价值链产生影响（李平和狄辉，2006）。

由于一个国家或地区的某产业在全球价值链中所处的功能环节直接决定了其在该产业获得的附加价值，因此，处于微笑曲线底端的国家要想改变在价值链中的被动局面，必须进行产业升级。Schmitz和Humphrey（2000）提出了全球价值链升级的4种方式：工艺流程升级、产品升级、功能升级和价值链条升级，各升级方式的升级办法见表4.1。

表4.1 高技术制造业升级方式及具体办法

升级方式	具体办法
工艺流程升级	通过对生产体系进行重组或采用新技术来提高价值链中某环节的生产加工工艺流程的效率，从而达到超越竞争对手的目的
产品升级	通过引进新产品或改进已有产品的效率来达到超越竞争对手的目的

续表

升级方式	具体办法
功能升级	重新组合价值链中的环节，以提高经济活动的附加值；获得新的功能或放弃已有的功能，增加经济活动的技术含量。例如，从生产环节向设计和营销等利润丰厚的环节跨越，改变企业自身在价值链中所处的位置
价值链条升级	从一条价值链跨越到一条新的、价值更高的相关产业的价值链

资料来源：整理自 Schmitz 和 Humphrey（2000）

对于这 4 种产业升级的方式，众多研究表明，其内部是有一定规律可循的。普遍认为，产业升级一般都依循从工艺流程升级到产品升级再到产业功能升级最后到价值链条升级这一规律。此外，产业升级过程中有一点是可以肯定的，就是随着产业升级不断深化，附加价值不断提高，经济活动非实体性或产业空心化程度也不断提高。

4.2 典型高技术产业发展模式的比较与分析

在当今世界经济快速发展和经济竞争日益加剧的情况下，以高技术及其产业化为核心的综合国力的较量，成为世界经济竞争的焦点。美国硅谷、波士顿 128 公路、得克萨斯州的奥斯汀等地高技术产业集群的成功引起了全球对高技术产业的高度关注，也都努力营造有利于高技术产业发展的环境，大力扶持高技术产业的发展（曾咏梅，2011）。对国内外典型高技术产业模式的分析有助于探究模式的适用条件、模式选择的影响因素等，以更好地为陕西省高技术制造业集群的发展提出有针对性的建议。

4.2.1 硅谷模式

1. 硅谷地区高技术产业的发展现状

美国的硅谷地区是目前世界上最具创新能力的高技术产业集群。自 1965 年以来，美国成立的 100 家最大的技术公司，有 1/3 在硅谷，仅 1990 年，硅谷的企业就出口了超过 110 亿美元的电子产品，相当于美国电子产品出口额的 1/3。硅谷地区的众多高科技企业对美国经济做出了前所未有的贡献，其发展速度和效率更成为各国企业、政府等效仿的榜样。然而进入 21 世纪后硅谷经历了其历史上时间最长、最严重的衰退。据《旧金山纪事报》的报道，2001 年硅谷湾区 200 家大科技企业的经营损失高达 913 亿美元，中心区的失业率更是从 2000 年的 2.2%攀升到 2001 年的 7.4%。不过，在美国经济开始恢复的 2002 年，硅谷也开始走出低谷。值得一提的是,在下一轮经济发展高潮中,推动经济高速增长的两大科技主题,不但信息网络技术的大规模普及与利用是硅谷的绝对优势项目,而且硅谷在生物工程方面也有着不俗的表现。硅谷有着美国最大的生物科技企业群,截至2005年,上市公司有近80家。统计显示,近200家生物工程公司不但已经为硅谷提供着近6万个工作机会,而且正在追赶网络信息技术,成为带动经济增长的另一个火车头。虽然硅谷历史上经历了四次大起大落,但总是能够引领世界的潮流,保持不变的上升态势(盖文启和王缉慈,1999)。

硅谷是市场引导、自发形成的高技术企业集群。先期主要发展晶体管、半导体产业,20世纪70年代转为以电子信息、计算机、网络技术等高技术产业为主导。由于硅谷在主导产业上持续的创新能力,其在主导产业上具有不可比拟的国际竞争优势,从而推动了硅谷地区经济的快速发展。因此,硅谷开始吸引大量技术企业和许多国际知名的跨国公司在此集聚,从而在成功地嵌入全球价值链的同时,其产业范围也扩大到高技术产业的各个领域。随着硅谷地区集群效应的不断加强,其国际竞争力不断自我强化,硅谷地区开始寻求在高技术产业全球价值链中的进一步升级。集群内部企业开始剥离一些附加值较低的位于价值链低端的生产环节,将这些环节以外包的形式转包给生产成本较低的发展中国家和地区,而将全部的人力和财力倾注于附加值较高的创造知识产权、设计和市场开发等功能,在价值链内攫取更大利润的同时,完成了功能升级和价值链的升级(萨克森尼安,1999)。目前处于高技术产业价值链核心环节的硅谷,主导着高技术产业的资源在全球范围内的配置,即主导着全球价值链各个点位在全球地域上的分布。所以,硅谷嵌入全球价值链的方法,是"引进来"与"走出去"并用,这使其在高技术产业的高附加值处于全球价值链的主导地位。

2. 硅谷模式成功的核心因素

无论是在发展初期,还是经历了20世纪70年代的迅速崛起、80年代末90年代初的腾飞,硅谷都始终保持着持续不断的自主创新能力,并最终在全球的竞争中获得优势。硅谷的成功归纳起来主要有以下几点经验。

1)集群内技术人才与大学和研究机构高度密集

Audretsch和Feldman(1996a)研究表明,创新活动具有在产业界研究与开发活动、大学研究活动和熟练劳动力富集的区域集聚成群的空间倾向性。这与硅谷也是相吻合的。例如,100多年来,仅硅谷就培育了50多位诺贝尔奖获得者,世界上的诺贝尔奖金获得者有近1/4在硅谷工作,该地区也有6000多名博士,占加利福尼亚州博士总数的1/6。区域内有著名的斯坦福大学、加州大学伯克利分校、圣克拉拉大学等。世界一流大学(研究机构)和众多智力人才的集中,对硅谷地区的经济发展作用不可估量。

2）区域内利于创新的特殊社会文化环境

简单地讲，硅谷文化的主要特征可归结为：鼓励冒险、善待失败、乐于合作等。首先，硅谷内的创业精神比较独特：区内几乎每个人都具有勇于冒险、不断进取的独特思维方式。另外，冒险的创业精神还体现在区域内劳动力在区内公司间频繁地流动。区域内的这种独特思维方式和创业文化，提供了无休止衍生公司的土壤，从而也提高了硅谷创新的持久力。其次，由于高新技术市场的高风险性，新企业的市场存活率特别低。而硅谷对创业者失败的宽容和冷静等积极态度，也是硅谷保持活力的一个重要因素。最后，硅谷区域内各行为主体之间的合作文化和精神也是十分独特的。市场竞争要求持续创新，而公司间的正式特别是非正式的合作则是创新的一个重要推动因素。

3）风险投资创造了一个崭新的金融环境

风险投资业是高新技术企业发展的"金融发动机"。硅谷内衍生新技术企业的能力之所以如此强，关键是因为成功的风险投资为区域内创造了一个崭新的金融环境。据港澳 IPO 上市统计，美国近 600 家风险资本公司，其中大约一半在硅谷，就连与硅谷成功有莫大关系的斯坦福大学，也积极参与风险投资，定期将一部分外界的捐款投入到风险投资活动中去。

4）产业地方集聚优势不断增强

由于硅谷自发展的初期，就以晶体管、半导体产业等技术行业为主导。20 世纪 70 年代末又转向电子信息、计算机、网络技术等高新技术产业。硅谷在完成初期的资本积累以后，其持续的创新能力与经济的快速发展，使得大量技术企业快速集聚，许多国际上知名的大企业如 IBM 等，纷纷在此将工程、智力资本投入到硅谷或支持本地供应商活动，或将总部迁于此，或在此地设立研究与开发中心。随着越来越多的公司来此落户，它们极大地扩展了硅谷的技术构造和技术基础。因为，外地技术企业的迁入，实际上也是大量技术生产资源的进入，从而使硅谷的研究和生产范围从激光技术和微波技术扩大到医疗器械、生物技术等。

5）集群内企业衍生能力特别强

在衡量产业集群竞争力的时候，集群内企业衍生能力是一个十分重要的指标。硅谷从 20 世纪 70 年代，不足 3000 家企业，经过短短 20 多年就发展到了 8000 多家企业。例如，1997 年，硅谷区内有 2000 家企业破产，又有 3500 家企业诞生，由此可见硅谷的企业衍生能力非常强。

6）硅谷特有的区域创新网络系统

硅谷的成功尽管离不开其拥有的智力、技术、人才、资金等大量生产要素的集聚，但研究表明，创新是一种社会技术过程、非线性的过程，一种行为主体通过相互协同作用而创造技术的过程，是学习知识的过程。所以，硅谷的发展不是区内生产要素的简单叠加，而是区内各生产要素有效的组合，以及在区域内形成紧密的社会网络与开放的劳动市场,可以说,硅谷是一个以网络为组织基础的生产系统。硅谷中的区域创新网络主要包括区域的产业网络、社会网络、人际关系网络(或称作人脉网络)等。

4.2.2 班加罗尔模式

1. 班加罗尔地区高技术产业的发展现状

印度班加罗尔高技术企业集群是由政府主导建立的,其主要产业为软件开发。1991年印度政府在班加罗尔建立了全国第一个计算机软件技术园区,经过30余年的发展,如今班加罗尔地区已发展成为印度软件之都。由于软件产业自身的特点,班加罗尔首先采用了"走出去"进行内向国际化的办法来嵌入全球价值链,即输出劳动力到美国硅谷进行现场软件开发,为硅谷提供低成本、高质量的服务。班加罗尔还鼓励学生到美国留学,在硅谷学习先进的科学技术和管理理念。这种办法使印度公司、印度留学生与现实的或潜在的客户之间建立了良好的信用和人际关系,随着国际市场需求的增加和客户范围的扩大,他们把软件开发工程带回到班加罗尔,开始提供远程服务。由于此时印度软件业在国际市场的竞争优势和印度政府宽松的政策,越来越多的跨国公司落户于班加罗尔,在当地设立研发中心,使班加罗尔从形式上真正实现了内向国际化。所以,班加罗尔嵌入全球价值链的方法是,以其优势产业——软件开发业为主导,以内向国际化的办法嵌入全球价值链的低附加值环节,吸引跨国公司,为其提供资本来源。随着自身软件开发技术的成熟与水平的不断提高,班加罗尔的软件业成功走出了劳动密集型的低级加工阶段,向概念设计、模块设计靠拢,开始开发拥有自有版权的产品,使产品以自有品牌出口,在实现企业集群的外向国际化的同时,成功完成产业在全球价值链中的升级,占据了软件开发产业全球价值链的高附加值地位。

2. 班加罗尔模式迅速崛起的原因

1)政府持续的政策扶持

1991年,印度开始兴建第一个计算机软件园区——班加罗尔时,当地连电源供应都很困难,但卡纳塔克邦政府艰苦创业,不遗余力地为发展IT业,搞基础设施建设,筹资兴建发电厂、供水系统,扩建电信设施,在软件园区内为软件研制人员提供可与任何发达国家相比的一流工作环境和生活环境。尽管印度政府不断更迭,但历届政府都一如既往地支持发展信息技术产业,特别是把软件产业置于优先发展的地位,对软件园区内企业提供发展信息业的种种优惠政策。

2）完善的信息产业技术教育和培训体系

班加罗尔的软件人才远远超过亚洲任何一个城市，这里汇集了印度一些优秀的技术和管理研究机构，有 77 所工程学院，每年可为社会输送 3 万名工程技术人才，其中 1/3 是信息技术人员。当地资料显示，截至 2022 年底班加罗尔地区拥有 20 多万名高素质 IT 专业人才，这些高素质的专业人才除了部分外来人才以外，大多与本地完善的教育培训体系密切相关。人才的培养主要有三条途径：一是公立学校培养，主要是当地大学的理工学院和研究机构；二是民办或私营的各类商业性软件人才培训机构；三是软件企业自己建立培训机构，计算机职业教育培训机构遍布整个城市，形成了产业化的 IT 职业教育。

3）积极吸引大量外国投资

政府的扶持、政策的倾斜、人才的优势等吸引了大量国外企业前来投资。世界主要信息公司和软件巨头均在印度投资办厂。IBM 斥资 1 亿美元设立实验室，研究"深蓝"超级电脑开发；思科宣布 2 亿美元的扩张计划，招募 5000 名工程师；麻省理工学院投入 10 亿美元在班加罗尔建亚洲媒体实验室；新加坡则花巨资在印度建立高科技工业园和信息科技园。微软、英特尔、西门子、惠普、康柏、英国电信等数十家大型跨国公司已经把部分软件开发业务移至印度。

4）以美国、欧洲市场为中心的营销策略

美国长期以来是印度软件的最大市场，据印度国家软件与服务公司行业协会 2000 年统计，印度软件出口市场中，美国和加拿大占 62%，欧洲占 23%，日本占 3.5%，东南亚占 4%，其他地区占 7.5%。近年来，美国经济增长率明显下降，包括康柏、英特尔、思科等众多企业大批裁员，印度软件企业在此情况下一方面尽力保住美国市场，另一方面则努力开拓欧洲市场。

5）质量管理的国际化、标准化与系统化

印度软件产业的成功，在很大程度上应归功于其质量管理的国际化、标准化与质量检测的系统化。由于美国公司在当今世界软件产业中占有压倒性优势地位，因此印度软件企业的质量管理及认证主要采用美国体系及标准。据 SEI（Software Engineering Institute，软件工程研究所）统计，大多数印度软件公司都通过了 ISO9000 国际质量认证，在全球达到 CMM（capability maturity model，能力成熟度模型）最高质量等级的 42 家公司中，就有 25 家公司在印度。

6）加强知识产权保护

20 世纪 90 年代以前，印度的软件产业和其他发展中国家一样，受盗版猖獗及知识产权保护不力两大问题困扰。1994 年印度议会对 1957 年的版权法进行了彻底的修订，于 1995 年 5 月 10 日正式生效。从内容上来看，该法是世界上最严格和最接近国际惯例的版权法之一。经过立法与执法的不懈努力，印度软件的盗版比率降低了 30%，不仅使印度软件产品免受美国 301 条款的制裁，源源出口美国，更大大提高了以美国软件厂商为首的西方跨国软件企业到印度投资设厂及建立软件研发机构的意愿。

4.2.3 经验与启示

从产业结构、产业组织形态、科研力量、政府作用、中介服务、区域社会文化特征等各个方面，系统对比分析美国的硅谷地区、印度的班加罗尔等产业集群的发展情况，可以得出以下的分析结论。

1. 共同特征

高技术产业集群发展的共同特征主要表现在以下几个方面。

（1）集群内的产业集中，专业化分工与协作程度相对较高。一般来说，两个产业集群的支柱产业一般都集中为2～3个方面的高技术领域。

（2）产业集群内的协作配套体系完善。无论是集群内的中小企业之间，还是大企业与小企业之间的分包，都表现出高度灵活的合作关系。这就说明了成功的高新技术产业集群其组织基础都是界于市场和等级制之间的网络关系。

（3）当地大学或研究开发机构的集中，且自主开发能力强大；高新技术成果的转化率高。不同的研究都表明，在推动高技术发展中，需要的是那些特殊的大学，那种与工商业发展有着一整套特定联系的大学或研究机构。需要注意的是，大学或研究机构要成为高技术经济发展的核心力量并不是由它的科研实力直接决定的。

（4）地方化的智力资本。虽然地方化的智力资本是新产业发展的关键性因素，但是新产业与地方化智力资本并不存在必然的地理锁定效应。而突破这种地理锁定性的唯一途径就是与这些地方化的智力资本之间形成有效的外部网络联系。

（5）交叉性产业集群的建立。那种建立在共同基础科学之上的不同产业在同一地点的集聚所形成的交叉性产业集群才是地方保证持续发展和获取更高竞争优势的根本所在。

（6）政府的大力支持。当地政府部门对于产业集群的发展给予大力扶持，提供良好的政策环境，但政府部门严格遵循市场竞争规则，并不参与企业具体的生产经营活动。

（7）完善的社会服务体系。比较完善的社会服务体系，特别是金融、中介服务、劳动力教育和技术培训等体系比较完善。

（8）开放的劳动力市场。比较充裕和自由开放的当地劳动力市场，特别是高素质的管理者和高技能的工程师的可获得性十分重要。

（9）较低的交易成本。有一个鼓励创新和支持新企业形成的商业环境，区域内信任度较高，集群内企业之间的交易成本低。

（10）完善的基础设施建设。区域内拥有现代化的基础设施，特别是完善的信息通信设施，即地方产业集群发展的硬环境建设完善。

2. 差异性比较

各个产业集群在发展背景、发展动力机制、发展阶段、区域创新环境等方面不同，所以在表现形式上和区域的竞争力方面也存在差异，可以简单地总结出这两个典型地区的产业差异性（刘晓明等，2009），见表4.2。

表 4.2 模式比较

模式	相似性	差异性		
		合作网络关系的表现形式	政府部门的作用程度	发展的阶段和竞争力
硅谷	①集群内的产业集中，专业化分工与协作程度相对较高 ②产业集群内的协作配套体系完善 ③当地大学或研究开发机构的集中，且自主开发能力强大；高新技术成果的转化率高 ④地方化的智力资本 ⑤交叉性产业集群的建立 ⑥政府的大力支持 ⑦完善的社会服务体系 ⑧开放的劳动力市场 ⑨较低的交易成本 ⑩完善的基础设施建设	大企业（跨国公司）专业化程度高，大部分的中小企业成为大企业的分包商，为大企业提供零部件或新的技术	政府作用较弱	最为成熟和最具竞争力
班加罗尔			中央政府与当地政府部门的扶持作用非常关键	发展历史较短，国际竞争优势需要提升

资料来源：根据文献资料整理获得

1）区域内企业之间合作网络关系的表现形式存在差异

在美国的硅谷地区和印度的班加罗尔地区，由于一些大企业（跨国公司）专业化程度高，大部分的中小企业成为大企业的分包商，为大企业提供零部件或新的技术等。由此可以看出，在市场和等级制之间的网络关系式的产业组织模式方面，硅谷和班加罗尔涵盖了模块化治理结构、关系型治理结构和控制型治理结构这三种组织模式（Henderson and Clark，1990）。

2）政府部门在各地区产业发展过程中的作用程度不同

在硅谷地区，当地政府的作用显得比较微弱，而在印度的班加罗尔地区，无论是中央政府还是当地政府部门的扶持作用都非常关键，特别是实施的软件产业发展优惠政策是班加罗尔地区快速发展的外生推动力，所以，也有人将班加罗尔地区称作外生型增长区。

3）各个产业集群发展的阶段和竞争力有区别

就各个产业集群发展的阶段和竞争力来看，美国的硅谷地区是最为成熟和最具竞争力的高技术产业集群，但是它近两年来的经济发展低迷，且交通和环境问题也日益凸显。印度的班加罗尔地区是目前亚洲最发达的软件产业集群，在国际市场的竞争力不断提升。由于发展历史较短，在企业技术创新和发展规模等方面的国际竞争优势需要提升。

3. 启示

从以上的分析可以看出，无论是美国硅谷地区，还是印度班加罗尔地区的崛起，作为成功的高技术产业集群，让中国IT业和生物技术产业都感到了严峻的挑战和压力。但同时我们也可以借鉴国际上成功经验来建设好我国的高新技术产业集群。具体地说，高新技术产业应加强以下几方面的系统功能开发和建设。

1）促进创新型中小企业的衍生和集聚发展

通过比较新产业的进入者和原有企业之间的能力来探索新技术上的重要变化，发现新的进入者更有可能完成激进式创新的市场化过程。中小企业带来的与其总体规模不成比例的创新份额也对以上观点提供了有力佐证。实际上，在高新技术领域中小企业是实现知识市场化的一个有效组织形式。由此不难看出，科技型中小企业衍生和集聚能力高低直接决定着高新技术产业集群的竞争能力，所以各国政府在促进高新技术产业集群发展方面都是不遗余力的。例如，美国有专门的小企业创业管理机构，改善小企业创业环境，为其提供贷款担保，可担保其所需资金的90%，或为其提供免费咨询与服务，帮助它们获得联邦政府的合同。

同时，建立在共同基础科学之上的不同产业在同一地点的集聚所形成的交叉性产业集群是地方可持续发展和形成更强竞争优势的根本所在。所以，希望政府采取有效措施，引导和推动那些受益于互补资源的产业和中小企业在地理上集中布局，从而获取更高的创新生产率。而且，要加快创新型科技企业的孵化，提高成活率。孵化器能降低科技型小企业的创业风险，是促进高新技术企业生成和成长的有效途径。据美国国家企业孵化器协会2016年统计，在美国500家企业孵化器中，经孵化的高新技术企业的成功率为75%，是未经孵化的企业成功率的3倍。

2）促进人才资源的开发与集聚效应产生

科技创业人才集聚功能开发是高技术产业竞争力不断提升的关键。硅谷地区的成功是与其有效地吸引海外科技人才集聚创业密不可分的。而海外科技人才中来自发展中国家的最多，例如，硅谷亚裔员工中华裔占51%，印度裔占23%，越南裔占13%，而日本裔和韩裔分别只占4%和3%。集聚人才的关键在于扩大科技型小企业人才需求规模。硅谷地区科技型小企业创业成长能力很强，并建成了面向全球的科技人才流动机制，使得世界各国一流的科技创新人才都能自由地向硅谷集聚。硅谷完善的人才流动机制还表现在硅谷企业之间良好的人才流动，并内化为硅谷地区的一种生活方式。

3）完善区域创新体系，促进官产学研密切协作

在发展中国家要提高高技术产业集群的地方创新能力，建立和完善官产学研合作机制与途径就显得格外重要。首先，大多数高技术产业都是政府干预或引导的产物，如印度由于政府政策扶持到位，科技园中软件产业已居于世界第二位。其次，没有大学和科研机构对高技术产业的功能扩展和延伸，集群内的发展既不名副其实，也不具备比较优势。最后，产业界的参与是高技术产业发展壮大的重要力量。例如，1999年法国科技园区内的科技型小企业中有3/4是由产业界创办的，给高新技术产业的发展提供了牢固基础。

4）构建有效的外部网络关系

国际研究表明，一方面地方化的智力资本是高技术产业发展的关键所在；另一方面也说明知识流动的外部性一般只存在于这些核心智力资本所居住的区域。不过研究也显示，头部企业比起无门无路的企业业绩总是要好得多。这就为发展中国家如何谋求高技术产业的国际竞争能力提供了一个明确的思路，即构建起一个有效的通达国际核心智力资源所在的外部网络关系，该网络关系对集群的创新能力至关重要。

5）建立健全风险投资机制，提高金融服务水平

硅谷地区成功发展的实践证明，风险投资是高技术产业和新经济发展的有利条件，也成为高新技术企业创业的催化剂。美国是世界上风险投资规模最大的国家，已占世界风险投资的一半以上，而硅谷的风险投资又占到了美国的1/3强。2006年，硅谷的风险投资公司有200多家，这是其不断成长壮大的重要条件。由于风险投资的促进作用，硅谷地区的科技型小企业成长迅速。在21世纪初，硅谷在纳斯达克证券市场上市的公司就达到了4416家，筹集资本更是高达1500亿美元。因此，风险投资和硅谷地区的发展形成了一种相互促进的良性循环机制。

6）加强知识产权的保护

作为发展中国家，我国的法制体系有一些需要完善的地方。高技术产业的产品和技术必须得到国家的有效保护，才能形成一种真正的鼓励创新的机制。印度作为一个发展中国家，在知识产权保护上与国际接轨，并坚持不懈地加以落实，从而为本国软件产业的发展提供了一个好的平台和背景。中国也可以在这个方面做出更多的努力。

4.3 陕西省高技术制造业的发展阶段及战略目标

在40余年的改革开放过程中，中国有效地承接了发达国家的产业转移，进

入以转型升级带动经济持续发展的阶段,并正从全球价值链低端向中高端攀升,但总体仍处在发达国家为主导的价值链环流的低端水平(王帆,2013)。2015年2月1日,中国推进"一带一路"建设工作会议在北京召开,"一带一路"正在从中国倡议的愿景,转变为共商、共建、共享的积极行动,从而实现共同商量、共同建设、共同受益的建设目标。2017年,第71届联合国大会通过关于"联合国与全球经济治理"决议,就将中国提出的共商共建共享原则写入其中。2023年10月18日,第三届"一带一路"国际合作高峰论坛开幕式在北京举行。习近平在现场宣布中国支持高质量共建"一带一路"的八项行动:构建"一带一路"立体互联互通网络、支持建设开放型世界经济、开展务实合作、促进绿色发展、推动科技创新、支持民间交往、建设廉洁之路、完善"一带一路"国际合作机制。①这次高峰论坛有来自151个国家和41个国际组织的代表来华参会,注册总人数超过1万人,各方共形成了458项成果,数量远远超过第二届高峰论坛。其中,包括《深化互联互通合作北京倡议》《"一带一路"绿色发展北京倡议》《"一带一路"数字经济国际合作北京倡议》《"一带一路"廉洁建设高级原则》等重要合作倡议和制度性安排。本次高峰论坛是共建"一带一路"进程中又一个重要里程碑,巩固了共建"一带一路"的国际共识,丰富了共建"一带一路"的合作成果,拓展了共建"一带一路"的光明前景。截至2023年6月底,中国已与五大洲的150多个国家、30多个国际组织签署了200多份共建"一带一路"合作文件。六大经济走廊是共建"一带一路"的主体框架,为各国参与"一带一路"合作提供了清晰的导向。经济走廊与毗邻地区形成的全新开放通道也将进一步拓宽陕西的经济发展空间(阮宗泽,2015)。

随着高技术对时代发展推进作用的不断提升,贸易需求层次也随之提高,传统的低成本、低效率、低服务水平的初级产品的贸易地位不断下跌,各类高技术产品交易量占市场的比重逐步上升,这给高技术制造业的转型升级带来了巨大的市场空间和发展机遇(王毅,2015)。在新阶段向西开放环境背景下,陕西省高技术制造业原有的资源环境定势和发展路径被重塑,并被赋予了全新的责任和使命。

科学技术的发展已成为一个国家经济持续增长、国际竞争力不断提升的源泉,而高技术制造业的大力发展则是科学技术进步的有力保证。为把我国建设成创新型国家,《国家中长期科学和技术发展规划纲要(2006—2020年)》中明确提出"把推进高新技术产业化作为调整经济结构、转变经济增长方式的一个重点"。2021年3月《中华人民共和国国民经济和社会发展第十四个五年规划和2035年

---

① 《新华社权威速览丨习近平宣布中国支持高质量共建"一带一路"的八项行动 》,http://www.xinhuanet.com/world/2023-10/18/c_1129922611.htm。

远景目标纲要》明确提出要"加强原创性引领性科技攻关。在事关国家安全和发展全局的基础核心领域，制定实施战略性科学计划和科学工程。瞄准人工智能、量子信息、集成电路、生命健康、脑科学、生物育种、空天科技、深地深海等前沿领域，实施一批具有前瞻性、战略性的国家重大科技项目"。进一步地，2022年6月24日印发的《关中平原城市群建设"十四五"实施方案》提出"'十四五'时期，我国全面建设社会主义现代化国家新征程开局起步，以国内大循环为主体、国内国际双循环相互促进的新发展格局加快构建，黄河流域生态保护和高质量发展战略全面实施，碳达峰碳中和纳入生态文明建设整体布局，共建'一带一路'深入推进，关中平原城市群已进入发展壮大、质量提升的关键时期。要紧抓发展机遇，进一步解放思想、积极作为，推动关中平原城市群建设成为开创西部大开发新格局、助推全国高质量发展的重要支撑"。陕西作为我国科教文化大省，有着雄厚的科研实力和高新技术产业基础，承载着引领中西部地区科技发展的重任。在"一带一路"向西开放背景下，分析和确定陕西省应重点发展的、具有优势和竞争力的高新技术产业转型升级路径，有助于提升陕西省高技术制造业在全球价值链中的位置。自"一带一路"倡议提出以来，陕西省积极融入"一带一路"大格局，与丝绸之路经济带上的合作伙伴开展了多领域的交流合作，并正在以前所未有的速度参与经济全球化。

"一带一路"倡议的提出使陕西省再次进入了对外开放的前沿位置，以"一带一路"倡议下"共商、共建、共享"三阶段的发展愿景为背景，提出陕西省发展高技术制造业的阶段性目标，探讨陕西省高技术制造业转型升级的战略目标是符合当前时代发展要求的。

4.3.1 启动阶段——共商

在战略启动阶段，以"共商"为发展的宗旨，通过发挥自身的区位优势，与部分共建国家互联互动，实现产能合作等方式，将陕西省打造为西部地区高技术制造业对外贸易中市场影响最大的核心区。

1. 发挥区位优势，着力构建交通商贸物流中心

在中国版图上，陕西省是天然的交通枢纽，目前已经形成了"陆、空、数字"三条新的丝绸之路大通道。具体来说，一方面，陕西省的交通基础设施建设是商贸物流合作的基础。截至2022年，陕西省公路总里程突破18万公里，高速公路通车里程已达6600公里，铁路营业里程超过6000公里，高铁营业里程超过1000公里。民用机场建成"一主四辅"体系……公路成网、铁路密布、高铁飞驰、飞机翱翔，组成了陕西省四通八达、内畅外联的综合交通运输网，释放出高质量发展的无限

生机和澎湃动力。2018年9月通往巴黎、莫斯科、西雅图、东京等国际航线增加至59条，通达25个国家的48个城市，其中包括14个共建"一带一路"国家的26个城市。数字西安、数字榆林地理空间框架建设已完成，部分成果已在城市管理、政务公开、便民服务、公众出行等领域得到广泛应用，陕西省基础地理信息数据库、省测绘档案资料管理和分发服务系统1：10 000地形图已覆盖全省面积的77%。进一步完善国内首个内陆型港口"西安港"、西安空港综合交通中心、西安新筑火车站等设施，并与沿海沿边口岸加强一体化大通关合作，努力为国际商贸流通创造更加便利的条件。另一方面，"一带一路"倡议的实施使陕西省成为向西开放的主要通道和交通枢纽。截至2023年，陕西省依托中欧班列（西安）打造国际贸易黄金通道，开辟跨里海运输走廊，常态化开行17条国际线路和21条"+西欧"线路，覆盖亚欧大陆45个国家和地区；依托西安国际航空枢纽，搭建"空中丝绸之路"，西安咸阳国际机场累计开通386条客货运航线，其中国际客运航线83条，全货运航线45条，开通4条第五航权航线，加速构建"丝路贯通、欧美直达、五洲相连"航线网络格局。预计到2025年，陕西省公路总里程突破19万公里，谋划高速公路项目34个，建设规模超过1700公里，总里程突破7000公里，到"十四五"末，基本构建起省际高效互联、区域间快速通达、城际立体互通、城市内外顺畅转换、城乡间便捷连通的交通运输发展新格局，让交通运输服务经济社会发展的作用更加突出。随着"长安号"国际货运班列、丝绸之路空中走廊、中国西部—中亚国家高速公路对接工程、中亚旅游列车等一系列"陆空数字"交通经贸网络的建设，陕西省统筹推进多种运输方式无缝衔接的综合立体交通网络建设，形成承东启西、连接南北、高效便捷的立体大通道，打造现代商贸物流高地。由于"一带一路"部分共建国家与陕西省的高技术制造业在要素结构、资源禀赋、产品需求等方面存在明显差异，各地间具有国际优势的产品类目较少重叠，各类产品竞争力也存在一定的梯度，各地间产品的互补性使陕西省与"一带一路"部分共建国家的进出口贸易合作存在广阔的空间。通过交通、商贸、物流中的建设推动生产要素的流动，促进本地区资源的开发与利用，深度参与国内、国际的产业竞合活动，提高陕西省高技术制造业在国际分工中的地位。

2018年1月15日下发的《国务院关于关中平原城市群发展规划的批复》指出，"以供给侧结构性改革为主线，加快培育发展新动能，拓展发展新空间，以建设具有国际影响力的国家级城市群为目标，以深度融入'一带一路'建设为统领，以创新驱动发展、军民融合发展为动力，以延续中华文脉、体现中国元素的风貌塑造为特色，加快高端要素和现代产业集聚发展，提升人口和经济集聚水平，打造内陆改革开放新高地，充分发挥关中平原城市群对西北地区发展的核心引领作用和我国向西开放的战略支撑作用"。为此，陕西省要建设好西安国家中心城市，以关中平原城市群为依托，加快建设立体综合交通发展体系，形成国际枢纽、国家级枢纽、跨省区域级枢纽、省内区域级和市级枢纽等不同层级的枢纽网络体系，全面提升综合交通整体效能。在此基础上，从更大范围统筹利用各类高技术要素资源，加快高端要素和现代高技术制造业集聚发展，构建以陕西省为龙头带动作用的西部地区商贸物流中心，着力打造内陆改革开放新高地。

2. 强化互补联动，着力构建国际产能合作中心

陕西省是中国的能源大省和重要的高端装备制造基地。首先，陕西省将在加快推进在建项目的同时，支持省内建筑、铁路、公路和电力四大领域企业横向合作，发挥陕西省高端装备制造业的领先优势；其次，就国际合作来说，目前陕西省已经同韩国、俄罗斯、哈萨克斯坦、吉尔吉斯斯坦、意大利等国家合作建设了多种类型以产能合作为主要目标的产业园区，积极在海外开展设计、采购、施工、总承包和联合体项目，为产能合作开辟新的空间。具体来说，主要通过以下两种方式实现：一是境内、国际产能合作园区加快建设。持续加强对哈萨克斯坦爱菊粮油加工产业园等 3 个重点境外经贸合作园和中国有色矿业集团有限公司印度尼西亚 200 万吨氧化铝等 5 个境外重点投资项目的跟踪服务，推动成立陕西国际产能合作安哥拉促进中心，加快建设海外农业高新技术开发园区。加快推进半导体国际合作产业园、中韩（陕西）产业园、美国内布拉斯加（杨凌）农业科技园、航空产业国际合作园和中欧工业合作园等省内国际合作产业园建设。二是重大境外能源投资项目相继落地。陕西煤业化工集团有限责任公司在吉尔吉斯斯坦投资 4.5 亿美元建设的 80 万吨石油炼化项目，已经顺利建成投产；西安隆基绿能科技股份有限公司完成马来西亚光伏电站建设项目并购；阿根廷高查瑞 300 兆瓦光伏发电项目获得许可。此外，陕西有色金属控股集团有限责任公司拟在印度尼西亚投资 3000 万美元开发氧化铝矿产资源项目、杨凌乐达生物科技有限公司在吉尔吉斯斯坦投资 1394 万美元开展农业果业种植项目。总体上，通过加强省内能源领域的建设目标，扩展跨境合作，实现陕西省能源领域的多层次、全方位的产能合作。

3. 释放科教潜能，推动双中心建设运行

陕西省充分发挥科技、教育资源优势，推进产学研多项合作，着力打造具有国际竞争优势的科技创新中心。2022 年 4 月印发的《陕西省教育事业发展"十四五"规划》提出，构建新时代教育对外开放体系，打造教育对外开放新格局。建设"一带一路"教育国际合作交流现代化示范区，形成以"一带一路"为核心的教育对外开放新格局。一方面，陕西省围绕高技术制造业发展方向积极推进国际科技合作，推动国际联合技术攻关；另一方面，充分发挥人力资源的创新带动作用，通过建立双边、多边合作机制，深化国际培训教育合作，加快建设中国西部

科技创新港、丝绸之路经济带教育文化研究交流中心、人力资源服务产业园，并积极与中亚国家合作建设大学联盟，为打造高技术科技创新中心探索路径。具体来说，推动省内高校、科研机构和企业与国外创新机构合作设立创新合作平台，开展跨国联合研发和技术转移。引导支持省内有实力、有条件的高科技企业和支柱企业到国外自建、并购或合作建立研发中心或企业孵化器，利用境外创新资源，开发具有自主知识产权的新技术和新产品。鼓励支持省内高校、科研机构和企业参与国际大科学计划和大科学工程，参与实施政府间科技合作项目和承担国家战略性国际科技创新合作重点专项。发挥"丝绸之路农业教育科技创新联盟"等交流平台作用，在共建国家建设一批农业科技培训交流中心。例如，在杨凌建设"一带一路"职业农业培训中心，助推开展农业科技双多边合作。此外，持续推动落实与教育部签署的"一带一路"教育行动国际合作备忘录议定事项，进一步扩大全省教育对外开放，扎实推进"一带一路"教育合作平台建设，打造丝路职业教育基地。实施《陕西省关于做好新时期教育对外开放工作的实施意见》，以提供人才支撑、促进民心相通、实现共同发展为重点任务，突出抓好机构平台建设、创新人文交流机制、推进中外合作办学、非通用语种专业建设、留学生培养规模等五方面工作，尽快实现陕西省教育国际化的"追赶超越"。2022年12月，西安获批建设综合性国家科学中心和科技创新中心。西安科教资源研发优势突出，综合实力位居全国第三，拥有高等院校84所，27个学科在教育部学科评估中进入前10%，居全国前列，为西安获批建设"双中心"提供了有力支撑。在"双中心"的牵引下，西安高技术制造业成果显著，如国内首款基于芯粒技术的AI芯片"启明930"、高精度地基授时系统、先进阿秒激光设施、铂力特金属3D打印等。通过以上多种形式的技术合作交流，利用陕西省科教资源的优势，打造西部地区科技创新中心和综合性国家科学中心。

4. 坚持创新合作，着力构建区域金融中心

"金融活则经济活，金融稳则经济稳"，金融是现代经济的核心和引擎。在"一带一路"倡议的驱动下，陕西省金融正步入高质量发展轨道，金融综合竞争力得到稳步提升。目前，陕西省已经形成了立体化、多层次的现代金融机构体系，众多国内外知名金融机构落户运营。未来几年，陕西省将不断扩大金融开放合作，引进金砖国家新开发银行、国际复兴开发银行、亚洲开发银行等国际性开发机构来陕西省设立分支机构或代表处，着力打造丝绸之路经济带能源交易和结算平台，推动开展离岸金融和跨境双向人民币资金池业务，搭建"一带一路"国际金融网络信息服务平台，进一步提升金融服务国际经贸合作的能力。

为保障陕西省金融平稳、快速发展，应当从三个方面入手，着力构建区域金融中心。一是打造金融聚集区。优化金融资源布局，依托西安金融商务区、西咸

新区、西安高新区、曲江新区,促进离岸金融、能源金融、科技金融、文化金融聚集发展。积极引进外资金融服务机构,并支持其在陕西省设立分支机构。推进地方金融体系建设,鼓励符合条件的优秀民营企业依法设立民营银行,积极发展非银行类金融机构,加快区域金融中心建设。二是拓展金融业务。加快开展离岸金融业务和跨境双向人民币资金池业务工作,鼓励有离岸牌照的银行机构发挥优势,大力推介离岸业务,提升离岸业务知名度,扩大离岸业务客户群。三是深化金融创新。创新国际化融资模式,与世界银行、亚洲开发银行、亚洲基础设施投资银行等国际金融机构和丝路基金、中非发展基金等在开展境外重大项目投资方面加强合作。深化投融资体制改革,挖掘民间资金和社会资本潜力,推广政府和社会资本合作模式,多渠道拓宽资金来源。

4.3.2 发展阶段——共建

在战略发展阶段,通过陕西省的辐射带动作用,促进西部地区经济协同发展,实现科技研发平台的共建,促进高科技成果转移通道建设,将陕西省打造为中西部地区的高技术制造业孵化中心。

1. 促进丝绸之路经济带区域经济协调发展

"一带一路"倡议为西部地区的开放型经济发展提供了重要历史契机,有利于促进西部地区的对外开放与地区间的协调联动发展。在"一带一路"倡议背景下,中国正与"一带一路"共建国家一道,积极规划并推进中蒙俄、新亚欧大陆桥、中国—中亚—西亚、中国—中南半岛、中巴、孟中印缅六大经济走廊建设,在各方共同努力下,"六廊六路多国多港"的互联互通架构已基本形成,一大批互利共赢项目成功落地。西部地区将作为六大经济走廊建设的主力军,继续推动丝绸之路经济带区域协调发展,这会给西部地区经济发展带来两个重要效应:一是由传统上对外开放的后发地区转变成为中国新一轮对外开放的先行地区,西部地区对外贸易投资将迈入跨越式发展的新阶段;二是西部地区在中国对外开放中的区位重要性会大幅提升,国家会显著加大对西部地区的基础设施和关键产业的投资,从而带动西部地区经济的快速发展。

陕西省与俄罗斯、中亚、西亚等国家和地区在资源与产业结构方面的互补性很强,合作前景极为广阔。一是实现了"走出去"。作为装备制造业和战略性新兴产业基地,陕西省是丝绸之路经济带上工业最强、层次最高的"装备部"省份之一。当前中亚国家经济发展正处于大规模起步阶段,在设立工业特区、完善基础设施以及加快工业化进程中,对工业装备、基础设施建设装备、现代通信装备等都有极大的需求。要抓住这一商机,研究细化中亚各国的环境政策和市场需求,制订向中亚各国出口导向战略措施,设计、制造适合当地需求的产品,通过参观、示范、展销会、互联网等,加强信息互动,积极开拓丝绸之路经济带中亚区域市场,使陕西省成为丝绸之路经济带开发建设中的装备后勤部和供应高地。陕西省其他优势产业如能源开发、航空航天、现代农业、文化旅游业等都应大胆地"走出去"。二是实现了"引进来"。在陕西省建设"陕西—丝绸之路经济带国家产业园",并建立合作共赢的利益共享机制,吸引丝绸之路经济带沿线国家企业进入园区,或在陕西省设立分支机构、生产研发基地。这一系列措施将会显著提升西部地区的对外开放度,促进西部地区的经济社会发展,缩小与东部和中部地区的发展差距,实现区域经济协调、均衡发展。

2. 促进科技研发平台的共建

在科技研发共建方面,陕西省着力建设国际创新产业科技研发服务中心,推动空间信息技术产业集群项目等科技研发类项目发展,不断发挥西安雄厚的科技资源优势,促进科技与经济的深度结合,助推产业结构升级,增强科技对丝绸之路经济带新起点建设的引领作用。

在转型发展的关键阶段,陕西省更加注重科技创新的主攻方向。向科技创新要动力、向产业高端要空间,是陕西省推进创新驱动的发展方向。把建设具有西部地区影响力的高技术制造业科技创新中心确立为新时期创新前行的新标杆,与丝绸之路经济带沿线国家具有全球影响力的科技创新中心错位发展、衔接配合。旨在通过构建创新水平与国际同步、研发活动与国际融合、体制机制与国际接轨的现代产业科技创新体系,推动产业重大科技成果的集群转化,促进产学研深度合作和产业链上下游的资源整合,使陕西省成为丝绸之路经济带上产业科技创新高端人才、高成长性企业和高附加值产业的重要聚合区。深度融入全球研发创新网络,积极构建产业科技创新全球合作伙伴关系,深化与世界创新强国和国际知名机构的交流合作,建立一批具有国际影响力的丝绸之路经济带产业技术国际合作平台,提升国际创新园区发展水平,广泛集聚国际创新资源。以秦创原创新驱动平台为例,2021年12月印发的《陕西省"十四五"科技创新发展规划》指出,"秦创原创新驱动平台建设见效成势。通过'十四五'持续努力,充分发挥秦创原立体联动'孵化器'、成果转化'加速器'、两链融合'促进器'作用,建成全省创新驱动发展的总源头和总平台,成为辐射、带动、支撑陕西高质量发展的市场化、共享式、开放型、综合性科技创新高地"。

3. 促进高科技成果转移通道建设

充分发挥陕西省作为丝绸之路经济带新起点的引领示范作用,进一步畅通陕西省高技术制造业与"一带一路"资源的合作对接,加强陕西省各类产学研单位与共建"一带一路"部分国家投融资机构、工商企业的深度合作，促进区域科技合作，推动科技成果转移转化。一方面，陕西省具有与丝绸之路经济带沿线国家对接的高技术制造业优势。陕西省工业体系完整，航空航天、能源化工、电子信息、工程机械、数控机床等在全国具有重要地位，重型卡车、输变电设备、飞机及零部件出口居全国前列。另一方面，在高技术制造业结构上，与牧业、资源型产业为主的中亚国家，具有很强的互补性和广阔的合作空间。以西咸新区能源金融贸易中心建设为例，2014年6月西咸新区还出台了全国首个专门针对丝绸之路经济带能源金融发展的26条投资优惠政策；2017年以来，陕西西咸新区能源金融贸易区持续深化改革和扩大开放，融通秦创原创新驱动平台建设，乘势而上，聚势而强，发挥叠加优势，在金融、贸易、投资管理等领域取得一系列成果。这一系列的工业基础优势、高技术制造业结构优势、能源金融优势为高科技成果的转移提供了强有力的外在条件。

4.3.3 持续阶段——共享

共享强调互利共赢，充分发挥陕西省高技术制造业的辐射效应，形成中西部地区高技术制造业发展的增长极。首先，通过增长极区域的推进会吸引外围区域产业的效仿，进而影响外围区域的经济发展，使周边辐射区域的经济发展迸发活力。其次，增长极区域的推进对配套产业有着更高的要求，外围区域的产业为了适应推进型产业的发展，会自觉进行创新升级，以便能够与推进型产业合作，维持自身的发展，实现开发合作的深化。最后，增长极区域经济发展到一定程度以后，由于规模不经济会留下核心产业，将其他产业外迁，而离增长极区域最近的外围区域是这些产业最合适的迁出地，接受增长极区域的迁出产业也使得外围区域经济得到快速发展，区域间产业得以互惠共生发展。

1. 区域发展活力迸发

"一带一路"倡议有助于实现西部大开发战略的发展和深化。依托新亚欧大陆桥构建丝绸之路经济带，可在帮助西部地区承接国内外产业转移的基础上，促进我国向西开放，加强与中亚、南亚、西亚、东欧、中欧、西欧等地区之间的合作交流，增强支撑全国经济可持续发展的能力。过去40多年，珠三角、长三角和京津冀地区依托良好的区位条件和资源禀赋，大力发展出口导向型制造业、高新技术产业和现代服务业，形成了拉动我国经济发展的三大增长极。但随着发展阶段的转换，原有战略性增长极的引领带动作用有所减弱，从落实区域发展战略、协调区域发展、推动产业梯度转移、拓展发展战略空间等角度出发，必须着力打造若干新的战略性增长区域。近年来，西部地区开始崛起，高技术制造业优势突出、要素集聚能力较强的区域,如长江中游、成渝、中原、呼包鄂榆、哈长等重点城市群以及2018年国家批复的关中平原城市群,使西部地区具备了成为潜在战略性增长区域的有利条件,陕西省作为"一带一路"倡议下内陆改革开放的新高地,可带动周边区域实现经济活力的迸发。随着"一带一路"倡议的推进,陕西省有望在国家政策的推动下,进一步发挥比较优势,集聚要素资源,提升竞争能力,形成新的战略性增长极。

2. 开放合作深化

"一带一路"倡议将显著增强区域之间的连接性,实现开放合作的深化。作为古代丝绸之路的起点,陕西省这个不临海、不靠边的内陆省份迎来了快速发展的历史新机遇。2016年8月,陕西自贸试验区获批。不同于我国已有的自贸区,陕西自贸试验区提出了特色鲜明的三大战略定位。一是充分发挥改革先行优势,结合内陆地区特色,营造市场化、法治化、国际化营商环境,把自贸区建设成为"内陆改革创新试验田";二是充分发挥向西开放优势,创新内陆开放模式,推动陆海内外联动、东西双向开放,把自贸区建设成为全国"双向开放示范区";三是充分发挥陕西作为古丝绸之路起点的综合优势,打造"一带一路"开放合作新高地。2017年陕西省政府工作报告指出,通过体制机制创新培育全面开放竞争新优势,更深更广融入全球供给体系,推动更高水平的"引进来"和"走出去",加快打造内陆改革开放新高地。其中,陕西自由贸易试验区的建设成为开放合作深化的重要抓手。

为深化开放合作,必须高起点建设陕西自由贸易试验区。突出制度创新,大胆闯、大胆试、自主改,复制推广上海等自由贸易试验区改革创新经验,创造具有陕西特色的实践经验。出台的《中国(陕西)自由贸易试验区西安区域提升战略实施方案》及《自贸试验区西安区域对标RCEP等规则深化对外经贸开放合作试点措施》,进一步支持自贸试验区高质量发展。积极探索内陆与"一带一路"部分共建国家经济合作和人文交流新模式,形成与国际通行规则相衔接的制度规则体系、政府监管体系和管理体制机制,打造与国际接轨的营商环境,以开放倒逼改革、以改革促进发展。实行外商投资准入前国民待遇加负面清单管理制度。创新通关机制,搭建国际贸易"单一窗口",实现口岸"一站式作业"。

3. 互惠共生发展

"一带一路"倡议将促进以陕西省为核心的周边更大范围的区域实现互惠共生的发展模式。打破行政分割和利益藩篱,促进高技术资源要素的跨区域优化配置,释放被抑制的经济增长潜力。"一带一路"倡议的核心,就是通过统筹向东向西开放、协调沿海内陆发展,形成全方位主动开放的战略格局,进而促进东中西部协调发展。西部地区人口和经济活动高度密集，生态环境脆弱，承载能力有限，必须高度重视生态建设和环境保护，实现绿色、循环、低碳发展。应按照全国主体功能区规划，加快探索建立区域生态环保合作机制，加大对重点生态功能区转移支付力度，通过领先的技术手段解决西部地区产业发展中存在的资源问题，通过高技术制造业的转型升级提升陕西省产业位于全球价值链中的位置，同时促进产业发展过程各环节的提升，辐射带动以陕西省为中心的周边辐射地区的经济增长模式，实现区域间产业与环境的协同、共生发展。

4.4 陕西省高技术制造业转型升级路径设计

考虑到陕西省高技术制造业现有实现条件，提出以科技创新为基点，人才培养为重点，外部投资环境改善与内部产业结构调整为切入点的陕西省高技术制造业的转型升级路径，见图 4.2。

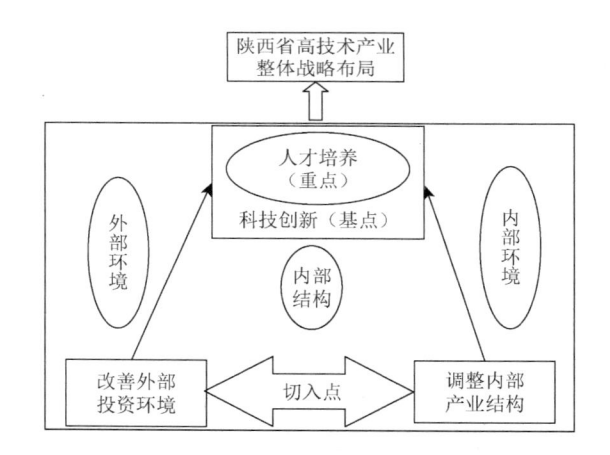

图 4.2 陕西省高技术制造业转型升级实现路径

首先，对于高新技术产业而言，发展的持久动力就是科技创新，所以科技创新作为产业发展中最为关键的要素处于基础地位，是产业发展的基点。陕西省高技术制造业升级战略的制定都应围绕科技水平的不断提高，加强科技创新，增强产学研的协同创新（侯海青和侯晓靖，2010）。三者相互配合，搭建以企业为主导的科技平台，才能使科研成果的市场价值更为高效地转化，使科技成果转变为生产力的能力增强。其次，科技创新离不开智力的支持，在整体路径中如何保证良好的智力支持，是所有工作中最为关键的地方，要保证持续、可靠的智力支持，就要重视人才培养与人才激励。有了智力支持，科技创新就具备了软件要素。最后，科技创新是一项软件与硬件相配合的工作，智力的支持只有在硬件基础完善的前提下才能发挥其自身的作用，而陕西省高新技术产业目前硬件条件有待进一步提高。优化产业结构，培育特色产业，营造文化环境，构建统一的文化价值观念都极为重要。此外，还要进一步与外部进行交流，吸纳外部资金，使外部资源合理、高效、优质地进入产业各类部门。这就需要产业有安全、高效的投融资环境，不断扩宽新的投融资环境。

4.4.1 实现条件

基于价值链理论对产业转型升级机理的分析，陕西省高技术制造业转型升级的实现首先是从产业创新链的完善这一根源来考虑，其次，还可以通过服务平台建设，产业间合作内容的扩展，人才培养及组织内的有效分工等条件来实现。

1. 产业创新链的完善

依靠政府投资的方式要尽早做出转变，应及时进行产业结构的内部调整，发展和扶持一批独具特色、优势明显的企业，作为整个产业的龙头企业，带动产业发展。此外，要深化发展观念，形成统一的产业文化价值观，打造产业发展的文化共同体，达成理念共识，统一发展目标，增强产业内部凝聚力和整个产业发展的活力。

1）大力扶持特色高技术制造业优先发展

高技术制造业发展既要注重整体推进，也要注重个别突出。"火车跑得快，全靠车头带"，要打造一批具有优势科技资源、雄厚资金支持、充足人才储备、较强风险抵御能力的高新技术企业。截至 2021 年，陕西省高新技术产业企业新增 2199 家，总数约 8397 家，科技型中小企业总数达 11 189 家，企业数量存在优势，可龙头企业数量所占比例较低，充分反映产业发展的核心竞争力仍然不足。要确保陕西省高新技术产业的持久活力，必须充分发挥大型科技型企业在技术创新活动中的标杆作用，鼓励企业壮大研发中心，组织和引领最新科技前沿阵地的自主创新活动，打造世界一流企业。在此基础上，带动中小科技企业依附于其产业链上，使自主创新成果不断涌现，并在最大限度上实现以点带线的作用，让高新技术产业整体实力得到提升（林敏等，2013）。扶持特色企业可从以下两方面考虑。

首先，增加政府的财税力度支持。企业效益与税收成本呈现负相关关系，财税力度的大小直接影响企业利润的多少。要让大企业增长加速，就要减轻其财税负担，使其有更加充足的资金应用于企业的扩大再生产，用于企业固定资产的积累，硬件设施的完善，科学技术的进步，进而从内部不断完善企业发展的短板，增强企业发展的优势，进而达到取长补短的效果（李娟等，2013）。

其次，引入竞争力较强的外来企业。陕西省与我国东部地区相比，招商引资环境略差，外来企业尤其是高新技术产业进驻陕西省速度缓慢，如三星（中国）半导体有限公司、空气化工产品（中国）投资有限公司等一些知名企业在陕西省落地生根。虽然此类企业可能带来更为激烈的企业之间的竞争，但从长远角度来看，却带来了先进的技术设备、管理经验等，有利于产业整体的改造和升级，进而推动产业整体的优化升级。

2）培育产业特色文化价值观念

对于企业发展而言，共同的企业文化价值观尤为重要。意识是行动的先导，文化是民族的脊梁。统一的文化价值观念可以使产业发展的步调迈得更齐，产业内部的凝聚力更强。

硅谷奇迹足以说明文化价值观的重要性。正是硅谷的企业在本区形成了统一的文化价值观念，形成了锐意进取、不怕困难的硅谷精神，才使产业发展的速度不断加快。文化价值观是发展软实力。传统文化形成的民族精神和改革时期形成的新时代精神，是形成统一的产业文化的重要组成部分（张公鬼，2010）。陕西省高新技术产业整体形成了宽松、自由的文化环境，科学、严谨的研发态度，敢于冒险、勇于创新的文化价值观念。不断加强企业的文化建设，培育服务社会为根本的企业精神，达到企业文化与产业文化的统一。

不断提高产业从业人员的价值认同，使从业人员对产业发展实现认同，对自我价值实现认同，使自身产生职业自豪感和产业发展的责任感，为树立良好的产业形象作出贡献。

2. 高技术服务平台的建设

任何企业都无法脱离外部环境独立成长。产业进行招商引资可以获得丰厚的资金支持和先进的技术支持。陕西省高新技术产业发展至今，外来资金对产业带的发展提供了较大帮助。招商引资已经成为现代产业发展的必要手段之一，陕西省招商引资带来的实际成果非常明显，增强了陕西省整体的经济力量；孵化了一批技术优良的高新技术企业；诸多实力雄厚的国际企业进驻陕西省，使高新开发区的知名度大幅度提升；优化了陕西省高新技术产业的结构，丰富了产业发展的资金与技术来源，整体上实现了产业优化升级。但也应清楚地看见，在招商引资过程中存在的不足，来自外部的竞争日益激烈，资金抢夺现象不可避免。产业生产类型趋同，导致内部资金争夺不断加剧，投资质量总体不高。

陕西省高新技术产业开发区近些年来发展迅速，但在发展过程中，各种矛盾日益凸显，土地资源紧张，投资规模萎缩，投资环境不完善，诸多问题对其经济持续、快速发展构成了不利影响。经济增速放缓，经济变轨，结构调整，势在必行。陕西省高新技术产业也不例外，要想取得更好发展，要转变发展方式，完善投资环境，扩宽投资渠道，多元化渠道保障必不可少。

1）搭建安全、高效的投资网络

对于陕西省高新技术产业发展的投资环境而言，目前应从自身着手，搭建安全、高效的投资网络，投资不畅、效率不高主要是由信息交流不足所导致的。信息不畅通，一方面导致外部获取陕西省高新技术产业的具体信息受阻，投资方针对模糊信息往往采取谨慎态度，从而使产业流失投资机会。另一方面，信息不畅不利于产业内部获取外部投资信息，在当今的信息社会，信息流通速度显著提高，对产业发展而言，对信息的捕捉要求更加迅速和准确。所以，陕西省高新技术产业需要搭建起高效的投资网络，使外部投资信息和内部的投资需求实现对接，进而保证投资的高效、迅捷。此外，进行投资活动，要保证投资双方的投资都在安全的投资环境中。既要保证投资方，也要保证被投资方。这就需要搭建安全、高效的投资网络。

搭建安全、高效的投资网络主要有以下两个方面的内容。

第一，搭建企业信息公开评价网络。安全的资金，来源于真实。企业信息公开是保证真实的第一步，客观公正的企业评价是保证投资安全的关键一步。投资双方要对自己的企业概况、运营情况、资金水平、企业规模进行真实的信息公开，实现双方信息的相互交流，同时是第三方进行企业评估，综合打分，客观反映企业的真实情况，为双方的投资选择提供可靠的判断的依据（李开等，2014）。

第二，搭建"互联网+投资"的投资网络。伴随"互联网+"经济形态的不断发展，投资信息必须要逐渐依托于互联网技术，利用网络高效、便捷的信息传递优势，使投资方更为容易地捕捉到企业信息进而提高投资合作的成功率。这就要求搭建巨大的企业信息投资网络，分门别类企业投资需求信息，依托产业发展的整体优势，形成整体产业网络，进而通过网络实现投资的高效、便捷。

2）扩宽投融资渠道

企业资金的获得无不从两方面入手，即开源、节流，对于高速发展的高新技术产业资金发展需求日益扩大，"节流"往往对于保证资金效果不明显，所以"开源"成为高新技术产业发展的最重要方式之一。经过多年发展，陕西省高新技术产业拥有了自己稳定的投资方，但投资疲软，所以要不断开辟新渠道获得更广泛的资金来源。扩宽投资渠道主要有以下两个方面。

第一，改善投资环境，获得政府政策支持。完善的基础设施、先进的科技水平和丰厚的利润空间以及科学的产业结构是吸引资金的有利因素。在不断实现产业自身发展的同时应努力获得政府支持，利用政府自身优势，提高政府的服务管理效率，创建规划、建设、土地、工商、税务项目审批等一站式服务体制，从而吸引投资，积极引进外来资本促进产业建设。

第二，突出资源优势，转变引资思路。陕西省高新技术产业应以构建合理的产业链为目标，结合自身优势，重新构建以特色产业为中心的产业链从而延伸产业链的上、下端；根据自身的区位优势和产业特色，合理选择产业定位、技术层次，形成区位特色，发挥比较优势，进而吸引外来资金。此外，引资要以项目为中心，提高引资质量。在引资过程中进行利益对比，为有潜力的企业留下发展空间。

3. 高技术制造业合作内容的扩展

针对高新技术产业发展而言，科技研发同样要遵循这样的趋势，调动三方面要素推动产业发展，增强整体产业科技研发实力，进而推动产业发展（金京等，2013）。现今科学技术发展速度日益加快，科学技术已形成"跨领域、跨行业、跨区域"的新特征，社会上的各个部门都有可能成为技术研发上的重要一环，传统的科研思维已不适用，科技研发也正在走出高校、科研院所这些传统的科学研究机构，"产、学、研"三者相配合的趋势日益明显。

1）企业设立科研成果产品转化车间

科研成果进入企业面临的首要问题就是如何实现科研成果市场化投产，只有科研成果被市场化改造，满足市场需求才能真正带动企业发展。所以企业要设立科研成果转化车间，这里的车间并非狭义的生产车间，而是进行市场化转化的加工系统（金碚，2012），即科研成果通过高校等研究机构流入企业，企业通过转化车间再将加工后变成商品的科研成果，投放到市场，其中转化车间分为两个部分。

第一，建立市场创新观察机制。建立健全市场创新的观察制度，对于企业自身生产的相关产品要将其纳入市场体系中，在市场中观察其优势与劣势；对于同行业领域的新产品的竞争优势如关键技术、利润收益等方面进行观察，建立观察指标体系，通过定量分析寻找出未来企业发展的新的创新点，从而为科技成果向产品转化提供方向，保证科研转化的市场需求性。

第二，科技包装升级加工流程。企业在把握市场需求和掌握科研成果的基础上就要对科研成果进行包装和升级加工，使其具有商品属性。对于流入生产部门的商品增加其实用性和可操作性。对于流入消费部门的商品，要对其进一步加工，使其获得更多的产品附加值。

2）高校以产业需求进行人才培养

当下实现产业升级、科技进步，关键要依靠科技人才，而高校是人才培养的重要基础，对产业发展起到支撑作用。高校培养人才要针对社会需要和产业需要，唯有如此，才能培养大量专门人才和一大批拔尖创新人才。换言之，培养高素质的拔尖创新人才，这个关乎产业发展的重大责任必须由高等院校来承担（杨晓晨，2016）。

加强创新人才培养，发挥高校的人才资源优势。高校有一大批优秀科研工作者，这些科研工作者是最为优秀的创新群体，是科技创新力量生产的基地。一批拔尖的创新人才和持续流动的高水平毕业生,是高校在推动陕西省高新技术产业发展中发挥作用的基础。要保持此类资源优势,就需要对人才进行产业化培养。创新人才既要具有扎实的专业基本知识,也要具备熟练的实践技能。对高校人才培养进行产业化需求培养分为两个方面。

第一,将产业需求与高层次人才培养相结合。对于高水平研究型大学要将博士的培养放在学校科研工作的突出位置。充分利用学校的科技项目、指导教师和优越的研究条件,并使之与博士生培养、学科平台建设相结合。但高层次人才虽然拥有扎实的科研能力,但往往由于长时期封闭的科研环境,对于产业发展不熟悉。所以要为高层次人才提供更广泛的产业实践平台,使其了解产业需求,为自己的科研方向寻找适应市场发展和产业需求的目标。

此外,高校科研人才培养的基础是学科,要使学科平台成为科研活动和市场需求相一致的平台,成为基础理论创新、应用型重大科研成果的研发基地,成为产业需求型研究人才培养的基地。

第二,加强高校、企业之间的人才交流体系建设。进一步发挥高校在产学研结合方面的优良传统和成功经验,提升高校自主创新能力。科研成果只有转化为生产力,才能对经济发展产生直接的推动作用。产学研结合是提高成果实用性和转化率最有效的方式。现在,科技与经济"两张皮"的现象正在被逐步打破,产业需求进一步影响高校的科研方向。所以,高校要发挥综合优势,通过合作研究、联合培养,积极参与跨系统、跨产业的合作,开展科技创新,攻克技术难题,支持产业发展。企业应主动邀请高校人才走进企业进行技术指导和调查研究,促进企业技术升级,优化管理。

3)科研院所发挥科研信息交流平台作用

市场需求找到契合点,是高校与企业进行合作的桥梁;是科技人才与产业对接的重要通道,科研院所要在产业科技研发中起到交流平台的作用,其中就包括以下两个方面。

第一,形成全方位的创新人才交流布局。科研院所扮演着中间人的角色,是高校和企业之间交流的纽带。一方面对于高校的研究成果,有着详细的了解与掌握,另一方面对于企业的发展状况有着客观的评价和理解。科研院所中的研究人员往往是高校中从事研究工作的精英分子,同时也与企业生产产生密切联系,介于高校和企业之间。科研院所应建立一个开放的创新人才交流平台,为企业与高校提供畅通的人才交流环境,让企业可以找到适合自己的合作伙伴,让高校可以找到适合自己的孵化环境,进而推动企业的科技研发进程(祝福云等,2006)。

第二,形成科研创新服务体系。科技创新需要多方面要素的合作,对于产业创新而言,高校是人力要素的主要支持者,企业是资金的主要提供者,而科研院所充当着服务两者的平台作用。所以,科研院所要建立科研创新服务体系,服务企业与高校。其主要包括：划分技术层次体系。形成核心技术、共性技术、辅助技术多层次体系。将企业科技创新服务、行业共性关键技术攻关、学术成果转化、企业培育、人才培养形成一个有机体。建立企业、高校的检测体系。对于技术在企业的应用情况及时向高校进行反映，对于高校技术的研发进展状况，向企业进行反馈。对于整个产品的服务周期进行跟踪。

4. 高技术制造业网络内专业化人才培养的加强

技术对于高新技术产业而言，是整个产业发展的基础，而技术的进步有赖于人才，人才为企业技术提供智力支持，科技水平的高低，在很大程度上依赖于人才数量的多少、人才素质的高低。所以，高新技术产业发展保证人才的持续供应与充分挖掘人才的潜能，对于其发展具有重要意义。

1）建立青年科技人才培养计划

科技人才资源的储备是产业转变生产方式，进行产业升级的必备资源，是实现产业持续发展的重要因素，是衡量产业发展水平的重要项目。"十年树木，百年树人"，科技人才的培养不是一蹴而就的，需要长期投资。虽然人才培养周期较长，但人才一旦产出，为企业带来的收益则极为可观。陕西省高技术企业应设立青年科技人才培养计划，为更多的青年科技人才提供理论实践的机会。青年科技人才培养计划包括企业专项人才资助计划和企业提供适量的科技岗位两个方面。

第一，企业专项人才资助计划。青年科技人才在科技研发方面往往面临着有想法、没办法的窘境，缺少研发资金是青年科技人才进行科技成果产出的重要瓶颈。青年科技人才接受新鲜事物的速度较快，科研激情较高，但出于现实原因，往往将想法化作空想。而在全社会，青年科技人才最多的地方莫过于高校，高校是人才起飞的地方，企业应积极和高校进行沟通，设立专项研究基金，针对企业面临的技术难题、体制设计等方面的问题，设立企业资金鼓励高校师生参与命题研究，进行专项项目申报、项目研究，对于成果显著、针对性强、有明显效果的项目给予物质奖励。此外，对于科技研究与企业发展方向具有相似性和一致性，且科研能力较强，但经费状况不好的青年科技人才、团队，应对其给予资助。

第二，企业提供适量的科技岗位。实践能力才是真正的能力。理论素养只是衡量人才的一个方面，人才要展现价值，就要积极投身于生产实践活动中。但是，当下全国范围内，存在整体就业难，高端人才紧缺的现状。所以要想占领科技制高点，掌握优质的人才资源，需要从青年人才的培养阶段入手，高校以理论学习为主，人才结构偏向于理论，尤其是青年人才往往具有理论水平高于实践水平的特征。所以，企业应不断地发掘理论人才，针对自身的发展方向为理论人才提供适量的岗位机会，加快对优秀人才的团队组建，形成科研团队，致力于企业的发展方向，进行专项研究，提高研究的市场针对性。

2）完善企业科技研发激励机制

人才不仅需要培养，更需要管理。如何提高科技人才的科研热情，激发科技人才的科研潜力，让科技人才更富有科技创新的热情是当下提高产业创新能力的重要方面。

提高科技人才的创新热情要依靠鼓励，但对于产业发展而言，更应该侧重于对人才的激励。只有人才对于科研的想法不断增强，科技研发的效率和质量才能提升。受到我国传统经济体制的影响，无论是企业中的产业工人还是科研人员在计划经济框架下，生产积极性和科研积极性都受到体制制约，无法发挥巨大的生产效力。我国收入分配方式已发生了巨大变化，极大地增强了人才的创造力和人力资源的生产力。所以作为高新技术企业也应灵活运用多种分配形式，激励科技人才，促进其科研热情进一步提升。企业不断完善科技研发激励机制主要包括以下两个方面。

第一，建立人才科技创新股权制度。科技创新股权制度赋予科技精英以持股权，使其持有原始股权，或拥有购股期权。事实证明，企业创新的激励机制中股权激励最为有效，通过股权可以使个人获得较大的收益，刺激人的生产积极性。根据企业实际情况，建立适用于高新技术企业发展需求的劳动股权制度。根据制度的相关规定，依据企业科技人才的实际贡献，对于科技研发工作完成较好，对企业有突出科研贡献的科技人才给予股权。对科技人才给予股权不仅使科技人才在物质上获得了科技创新所带来的利益，而且密切了人才与企业之间的人身依附关系，使得科技人才对于企业的创新工作更加投入。

第二，铺设企业科技创新绿色通道。产业的发展靠企业，企业的发展靠企业家。产业的规模由企业决定，但企业的发展往往依靠企业家的决策。所以如何影响企业家的意志，改变企业家的决策尤为重要。企业家创办企业的根本目的就是要努力实现利益的最大化，所以要想使整个企业的工作重心集中到科技研发上，就要为企业铺设一条有利于科技创新的绿色通道，使企业家通过科技创新缩小生产成本，扩大企业利润，通过行政审批上的手续简化，财税政策上的政策倾向，激励企业家更为重视企业通过科技创新扩大利润，实现收益（潘凡峰等，2015）。

5. 高技术制造业网络内产业分工的明确

产业集群的形成是专业化分工的产物，是生产者为了降低专业化分工产生的交易费用和获取由分工所实现的递增收益，增强自身创新功能、提高竞争力而形成的产业组织形式（段文娟等，2007）。具体如下。

1）企业区域集聚对外生交易费用的降低

外生交易费用是指在交易过程中直接或间接发生的交易费用，它不是由决策者的利益冲突而导致的资源配置的帕累托最优的扭曲。例如，商品运输过程中所耗费的费用与资源就是一种外生交易费用，用于生产运输、通信及交易过程中的交易设施如计算机、信用卡、汽车等也属于外生交易费用。

（1）企业的区域集聚使企业比较容易获得配套的公共产品及服务。基础设施等公共产品的有效供给具有很高的规模要求。如果企业分布过于分散，将难以共同利用有限的基础设施，基础设施利用率低，导致企业发展受限。企业之间能够在某一区域内集聚协同发展，通过共享公共设施（如公路、桥梁、码头，以及供电、供水、通信等基础设施），提高公共产品的利用效率，而且也使地方政府的集中性投资在一定程度与区域范围内成为可能（华志忠，2008）。基础设施等公共产品的建设与利用效率提高，能够有效地降低区域内生产企业的经常性开支成本，大大节约生产成本，提高区域内整体企业的生产效率，有效地节约了相关的外生交易费用。产业链上相关联的众多企业在地理位置上高度集中，会进一步增加企业在公共政策方面同政府讨价还价的机会，从而在整体上改善企业的生存环境，降低企业的其他成本，比如优惠的税收政策和金融政策的获得、公共基础设施的改善、科研院所的建立、人才的培训等。

（2）企业的区域集聚有利于节约运输费用，降低外生交易费用。运输费用是交易费用的重要组成部分，在其他条件一定的前提下（包括运输条件、单位里程的运输价格等），运输成本是距离在成本函数中的唯一体现。根据区位理论，运输费用是影响生产企业区位选择的首要因素。地域上相互接近的企业之间发生交易，显然要比地域上相距较远企业之间的交易要有效率得多，运输成本低得多。尤其是产成品占运输比重较大的产业，如火力发电产业、矿石冶炼业、制陶业、建筑加工业、农产品加工业、木材加工业等产业，距离对运输费用的影响尤其明显。生产企业之间地理位置相对集中，使与分工生产相关的交易均集中在同一区域，即交易网络集中在一个区域。这样，交易企业之间地域接近，通过集中交易，有利于降低运输成本，进一步降低企业之间的交易成本，则生产要素、产品和服务的流通范围就会拓宽，进而使企业得以更容易地实施零库存之类的高效交易，提高了交易效率，增加了收益。

2）企业区域集聚对内生交易费用的降低

内生交易费用的产生，主要来源于信息不对称而导致的经济决策者的逆向选择和道德风险的机会主义行为。这里的经济决策者，既包括个人，也包括企业，甚至政府等。企业在地域上的集聚能够有效地克服企业间的信息不对称，缓解企业的逆向选择和道德风险的机会主义行为，大大降低区域内生交易费用，提高企业分工网络的组织效率，进一步促进产业集群的形成与发展。

（1）企业间分工网络所形成的信任机制减少了机会主义成本。由信息不对称所引起的经济决策者的逆向选择和道德风险的机会主义行为是产生内生交易费用的根源。显然，经济决策者间的高度信任，能够大大减少由信息不对称所引起的逆向选择和道德风险的机会主义行为。在通常情况下，企业之间高度的信任关系是难以建立和维持的，因为信息不对称是经济社会的常态，企业之间基于一次性的市场关系是难以建立起高水平的信任关系的（梁娟和陈国宏，2015）。

（2）集聚区域内企业间市场信息的互通与共享有利于降低内生交易费用。由于各市场主体之间存在信息不对称的状况，交易的增加使信息搜寻成本呈递增趋势。生产企业分工网络在地理上的集中有助于降低市场信息的不对称情况。在卖方市场和消费者偏好多样性的市场条件下，生产何种产品，以及产品的样式、质量、价格等市场信息对企业的发展至关重要。而在集聚区域内，由于企业之间存在较多的供求关系，面对面之间的交易频率很高，企业间往往会互相沟通信息、协商，大大降低了信息成本；同时，企业间在地域上的靠近，有利于市场信息的扩散与传播，新技术、新制度很容易被附近企业模仿、学习甚至创新，信息分享是高效率的。企业在地域上的集聚，市场信息的互通与共享，使企业可以获取的资讯状况、质量状况等产业经营信息远比单独企业更为充分和完善，交易网络内的企业获取各种生产经营信息与沟通的成本大为降低（张娜等，2015）。

集聚区域内专业市场对内生交易费用也有显著的降低作用。专业化市场是贸易专业化发展的结果，从而形成专业化集市。专业化集市将大量的供应商、厂商与经销商聚集在一起，可以扩大交易的可选择集合，提高信息的真实程度，虚假或欺骗的可能性很小。同时，专业化市场上的买卖双方从自身声誉与长远利益考虑，会采取合作博弈的策略，减少违约、欺诈等行为的发生，有效地降低了专业化市场的内生交易费用。专业化市场作为一种有形市场，其组织者在一定程度上扮演着交易仲裁的角色，为交易双方实施监督，提供公正、公平的交易保证，促使交易双方诚信、公正地交易，有效地降低了交易双方因互不信任而产生的内生交易费用。实践表明，国内外许多产业集群的形成与发展都是与专业化市场的存在相伴随的。

（3）有利于降低谈判成本和监督成本，减少交易的不确定性风险。通过会计、审计、律师事务所等机构可以减少企业合作时的风险，降低企业合作过程中的谈判成本和监督成本等。生产企业由于地域上的集中增加了互相之间的认同感，并且在多次交易的过程中结成了利益共同体，所以相互之间形成了地域性的隐形契约关系，这使得交易的许多环节得以省略，从而降低了谈判费用。例如，集群区域内的企业之间常常通过一个简单契约甚至是口头契约来达成交易，这种交易不仅高效、安全，而且契约的订立成本低廉。基于同样的理由，企业与相关服务支持体系之间相互熟识，企业投机行为被发现的概率较高，投机成功的可能性较小。

企业间的交易根植于社会关系中，只有当经济行为根植于社会关系网络中，才可能被经济社会所接受，企业间的交易费用才能够降低到最小值。集聚区域内的制度与人文因素，包括正式与非正式的制度、结构、文化传统、价值理念等集聚企业都必须遵守的规范与行为准则等对区域内企业具有约束效应,可以降低企业间的机会主义行为,提高交易效率,降低内生交易费用。同时,生产企业在地域上的集聚而形成的专业化生产区,在一定程度上表现为一荣俱荣、一损俱损的利益共同体,在区域品牌的外部性影响下,为提高区域竞争优势,促进企业互相团结,密切合作。这些都有利于克服机会主义行为,增强信息交流的可靠性,有利于企业寻找合作伙伴,降低企业搜寻市场信息的成本,有助于交易双方较快达成并履行合约,有效降低交易中欺诈等机会成本损失,从而进一步提高交易效率,使分工网络更加紧密,各企业相互间的交易成本大大低于一般意义上市场交易的信息搜寻成本和履行合约的执行成本(桂黄宝,2014)。

分工与集中交易的网络效应对提高交易效率具有正反馈机制,如果与分工相关的交易都集中在一定区域内,则能够有效地提高交易效率,降低交易费用。交易效率的提高有利于解决由专业化分工生产所实现的收益递增与专业化分工所产生的交易费用之间的两难冲突。通过产业集群的专业化分工网络能够实现经济收益递增;同时,通过分工网络,集中进行交易,有利于提高交易效率,降低交易费用。产业集群在本质上就是一种能够降低交易费用的中间性产业组织。产业集群通过其专业化分工网络把交易费用内化于其内部来减少交易费用,这种内化是相对于产业集群外部而言,而不是在产业集群中的企业内部。这有别于科斯(Coase)和威廉森(Williamson)所指的交易费用内化。威廉森的交易费用内化的推论是建立纵向一体化的大企业,在企业内部进行专业化分工。产业集群本身是一种以降低交易费用,实现报酬递增为目的的制度安排与组织创新。

4.4.2 重点高技术制造业转型升级的具体路径

通过对陕西省高技术制造业与共建"一带一路"部分国家高技术制造业竞争力的评价,航空、航天器及设备制造业,医药制造业,电子及通信设备制造业,医疗仪器设备及仪器仪表制造业这四大高技术制造业是优势性高技术制造业,下面主要对这四类重点发展的高技术制造业提出转型升级路径。

1. 航空、航天器及设备制造业

一方面,从全国角度考察,航空、航天器及设备制造业近年来是高端装备制造业中增长迅猛的产业;另一方面,相对于其他装备制造业,陕西省的航空、航天器及设备制造业具有相对竞争优势,因而将航空、航天器及设备制造业作为创新驱动发展战略下陕西省重点发展的核心高技术制造业之一是适宜的,实现路径如下。

(1)加强合作,融入国际产业分工体系。目前,高端装备制造业的全球化合作已成为其主要发展趋势，关中平原城市群协同创新共同体下陕西省航空、航天器及设备制造业发展也必须加强与国际的交流与合作。例如，陕西省民用航空制造业的发展模式是以外商投资企业为主体，利用跨国公司的成熟技术与投资迅速做大产业规模，同时在与跨国公司的合作中，逐步通过技术转让到合作开发实现企业创新能力的提升。需要注意的是，依据中国产业参与国际合作的经验，产业发展阶段不同，与发达国家跨国公司合作的成效会存在很大差异。本土企业要在合作过程中不断提升自主创新能力，需要把握产业发展的方向，选择合适的合作方式，并在合作中注重从模仿创新向自主创新的提升。

（2）建立多种所有制并存、共生的生态型产业组织。当今世界，产业协同、产业融合、产业共生已经成为产业发展的普遍现象和规律，航空、航天器及设备制造业的发展也不例外。这就需要产业发展的主体环境应当是多种所有制共存、大小企业共生的企业生态结构。多种所有制并存能够激发市场竞争活力，增强企业创新动力，还能够带来大小企业共生的生态效应，为企业间的分工合作创造条件。当然建立多种所有制共存、大小企业共生的企业生态结构，有赖于市场准入政策、法规的完善。

2. 医药制造业

（1）完善创新体系，促进产品升级。瞄准国际生物医药科技发展前沿，与周边创新资源、国内创新资源、境外创新资源深度合作，实现更多创新资源非空间形式联系。创新国际科技合作模式，建立陕西省医药高新区内国际协同创新中心，将高新区产业发展需求与国外产学研资用的创新资源深度对接，承接国内外先进技术转移，抢占生物医药等产业技术制高点和价值链高端环节。

（2）重视扶植培育，促进转型升级。在高新区重点发展产业集群，努力培育占有较大市场份额、代表行业先进水平、具有自主知识产权和国际竞争力的大型企业集团。促进龙头企业与高新区内中小企业深度互动，通过协同制造、众包、规模化个性定制等，实现制造资源与能力协同共享。鼓励龙头企业通过兼并、重组、并购，实现产业链与价值链整合提升；培育科技"小巨人"企业。在生物医药、医疗器械、新材料、新能源、新一代信息技术、装备制造等产业优选一批专精特新企业，通过集成培育扶持，形成一批科技"小巨人"企业，引领高新区中小微企业自主创新、转型升级。引导它们不以产量规模制胜，而在细分市场上专业化，在产品质量上精细化，在产品品种上特色化，在产品开发上创新化，向"专、精、尖、新、特"方向发展，形成一批小而强、小而优企业。

（3）因地制宜，发展健康旅游产业。充分利用医疗资源和旅游资源优势，集聚护理院、康复医院、疗养院等业态，大力发展医疗诊断、中医养生、康复护理、健康旅游等疗养型健康产业，打造康复护理与养生旅游目的地。

3. 电子及通信设备制造业

电子及通信设备制造业价值链属于购买者与生产者混合驱动的全球价值链，比如三星、苹果公司以其手机芯片技术占据了高份额的附加值环节，其产业价值链包括"通信和电子设备、设备原材料供应—产品和设备设计研发—制造—通信和电子设备及设备的物流—销售和采购—通信消费"等环节，它是一个跨系统、跨行业的产业系统。

鉴于工艺创新的局限性，发展中国家的制造型企业可以借助产品开发或专用技术来提升其产品附加值，实现产业层级的提高。归纳为以下三种路径：①OEA（original equipment assembly，原始设备组装）→OEM（original equipment manufacturing，原始设备制造）或ODM（original design manufacturing，原始设计制造），代表工艺和产品转型升级；②OEM/ODM→OBM（original branding manufacturing，自有品牌制造），指代功能的转型升级、链条的转型升级；③OEA→OBM，代表突破式转型升级，依赖于重大性、突破性技术创新。

依据价值链理论，结合陕西省电子及通信设备制造业发展现状，转型升级的一般路径可以有如下三种。

（1）购买商驱动型。陕西省电子及通信设备制造企业可以将较低附加价值的环节配置给低工资国家的生产商，产成品从第三方国家运至全球电子及通信设备及产品购买商，如美国一大批世界知名电子及通信设备制造品牌集团如苹果公司、IBM、英特尔等；而我国企业专注于电子及通信设备的市场营销，包括市场定位、广告宣传、品牌管理、拓展销售渠道和售后服务等。

（2）制造商驱动型。其升级机制是个人计算机企业与价值链核心企业达成OEM的长期合作协议，利用溢出效应，与海外企业开展合作研发，或引进、消化国外技术后二次创新，切实提升了个人计算机行业的技术创新能力，实现了基于全球价值链的升级，台湾个人计算机行业升级是极好的佐证。对我国电子及通信设备制造业来说，转型升级是指加大技术投入，增强研发能力，从事产品开发等技术密集度高的环节。

（3）多主体混合驱动的转型升级路径。以上两种路径没有严格界限，可以互换、交融。电子及通信设备价值链也属于混合型驱动的全球价值链，三星、苹果公司以其手机芯片技术占据了高份额的附加值环节，其核心竞争能力表现在核心部件和操作系统的研发制造能力上。然而，中兴通讯股份有限公司、华为技术有限公司建立了庞大的全球营销网络，它们在流通环节拥有不俗的表现。

4. 医疗仪器设备及仪器仪表制造业

医疗器械行业错综复杂，从细分赛道来看，可以分为医疗设备、高值耗材、低值耗材、IVD（in vitro diagnosis，体外诊断）等；从产业链环节来看，可以分为设计、生产、采购、库存管理、销售、售后服务等环节；从产业角色来看，包括医疗器械制造商、医疗器械经销商、医疗器械应用方（医院、养老机构、大众等）。该行业转型升级的具体路径如下。

（1）提升高端医疗器械产品国产化率。一方面，国内已经在部分细分领域涌现出高端化替代的企业，如微创医疗领域的乐普（北京）医疗器械股份有限公司、山东威高集团医用高分子制品股份有限公司和上海微创医疗器械（集团）有限公司，部分高端国产医疗器械已经具备进口替代的资质。另一方面，政策支持国产医疗器械的采购，2021年5月下发的《政府采购进口产品审核指导标准（2021年版）》，规定了政府采购医用 MRI、PET/CT、PET/MR、DR 设备需全部采购本国产品。加之国产医疗器械的审评审批制度不断完善，有望加快国内企业上市创新医疗器械审批，鼓励国内企业进行医疗器械创新研发投入。高端医疗器械领域国产化率的提升是降低我国医疗体系成本费用的重要一环，有利于推进带量采购等降费政策，医疗器械国产替代将持续推进。

（2）将医疗器械与新兴技术进行融合。随着数字经济的持续深化，我国医疗器械行业企业加速与互联网融合。例如，制氧机、呼吸机、血氧仪等医疗器械产品在线上渠道具有较大的发展空间，江苏鱼跃医疗设备股份有限公司等领先企业已经构建了线上线下相结合的销售体系。此外，2020年7月，上海利影科技有限公司创办医信通平台，该平台提供全线医械产品及云服务，并根据客户实际需求，提供专业、全面、定制化的解决方案及配套金融服务。厂商直供、医院直采的模式有利于降低医疗机构采购成本，提升采购效率。人工智能医疗器械不断发展，在辅助决策、健康管理等领域前景广阔，成为医疗器械领域的一个新兴方向。2018年新版《医疗器械分类目录》首次为人工智能医疗器械产品按二类、三类医疗器械设置审批通道。《人工智能医用软件产品分类界定指导原则》《人工智能医疗器械注册审查指导原则》《人工智能医疗器械质量要求和评价 第1部分：术语》等政策标准的发布进一步为人工智能医疗器械的发展营造了有利的政策环境，有利于推进人工智能医疗器械相关产品注册进程。

（3）提升行业集中度。在高值耗材、诊疗设备等领域，单靠内生性增长，医疗器械企业在发展期间或面临资金压力。医疗器械企业利用产业基金、上市融资等多种方式加快发展，实现规模化经营，将是未来产业发展的重要趋势。"集中带量采购"等政策的推行，以及新版医疗器械经营质量管理规范对企业采购、验收、储存、配送等环节做出更高要求的规定，医疗器械行业降本增效将成为企业长远发展的重要考量。随着行业整合加剧，靠营销驱动的企业或将面临发展瓶颈，以研发投入塑造产品竞争力的企业有望脱颖而出，具备规模优势、品牌优势与产品竞争力的企业将实现市场份额的稳步提升。

4.5 政策建议

陕西省高技术制造业虽然起步晚，总体上发展还不平衡，但它依然处于上升发展的势头。面对党的二十大提出"加快实施创新驱动发展战略"和"着力推动高质量发展"[①]的战略要求，陕西省必须通过加快改革创新、破除协同活力制约，通过机制创新，统筹优化创新资源，通过强化资源供给与产业赋能关系，再造产业创新发展动能。全面塑造资源要素配置新优势、科技成果转化制度新优势和产业创新新优势，充分彰显秦创原创新驱动平台引领发展的活力能量，必将成为厚植西安高质量发展新动能的重要依托。除此之外，习近平同志指出，"关键核心技术是国之重器，对推动我国经济高质量发展、保障国家安全都具有十分重要的意义"[②]。硬科技是指事关国家战略安全和综合国力，能够驱动经济社会变革的重点产业链上的关键核心技术，长期来看，硬科技是指能够激发新一轮科技革命，催生新的产业变革，引领新一轮跨越式发展的关键核心技术。在此背景下，围绕实现陕西省高技术制造业发展升级的目标，提出以下政策建议。

4.5.1 构建推进陕西省高技术制造业发展的配套机制

1. 以秦创原创新驱动平台为引领，全面塑造新优势

秦创原创新驱动平台建设工作启动以来，集聚各类要素资源，科技成果转移转化加速，科技创新创业生态系统良好。以秦创原创新驱动平台为引领，全面塑造陕西省高技术制造业发展新优势，一定要注重全面塑造资源要素配置新优势。要构建技术要素市场化配置体系，发挥秦创原创新驱动平台优势，依托西咸新区秦创原总窗口服务大厅、西安科技大市场等各类公共服务平台作用，推动以市场为主导的科技成果转化、转让新模式，构建技术要素交易生态体系。一是搭建高校院所、企业等各类市场主体交流、交易线上线下平台。推动技术要素信息共享共治，实现技术需求快速响应，提升技术要素市场信息开放度，健全面向科技成果、企业、金融、政府，涵盖"政产学研金服用"（政府主导创环境、企业主体强创新、学科人才激活力、科技研发出成果、金融配套强保障、

---

① 《习近平：高举中国特色社会主义伟大旗帜 为全面建设社会主义现代化国家而团结奋斗——在中国共产党第二十次全国代表大会上的报告》，https://www.gov.cn/xinwen/2022-10/25/content_5721685.htm。
② 《新华社评论员：汇聚关键核心技术攻坚合力——一论学习贯彻习近平总书记在中央财经委员会第二次会议重要讲话》，https://www.gov.cn/xinwen/2018-07/16/content_5306931.htm。

中介服务提效率、成果转化增效益）全要素市场化交易体系，促进技术要素供需匹配。发挥技术转移专业化队伍作用，实现各类要素快速响应，为产业创新供给需求提供专业化系统服务。二是提升设备资源共享能级。以市场为导向，强化仪器设备共享利益机制，提高科技资源的开放整合与高效利用。重点资助培育一批仪器设备共享示范高校、院所、企业，重点向西安交通大学、西北工业大学及部分国有企业等资源丰富的高校和企业倾斜。三是组织企业和高校院所的技术供给需求对接。建立常态化对接机制，以知识产权证券化为抓手，以技术需求吸引产权融资，拉动技术供给；围绕主导产业创新需求，引导重点高校院所特色科技创新资源，开展需求供需对接活动。资助试点高校建立技术转移机构，统筹科技成果管理与转化。提供政策法规咨询、科技成果评价、市场调研分析等一条龙服务。

除此之外，要全面塑造产业创新新优势。一是链主企业牵头组建创新联合体。围绕西安市光子产业、重卡产业、半导体及集成电路产业、航空产业、生物医药产业等19条重点产业链关键环节的共性基础技术需求，发挥新型创新机制优势，全力推进建设创新联合体等模式，开展技术协同攻关。二是依托高校院所组建市场化新型研发机构。以陕西省光电子集成电路先导技术研究院、陕西空天动力研究院、陕西半导体先导技术中心等新型研发机构为率先引领，打破传统研发机构属性、机制、功能，集合科研、孵化、资本等功能，聚焦产业需求，强化技术供给能力，形成新的创新生态模式。三是进一步强化新能源产业优势。重点支持隆基绿能科技股份有限公司、隆基乐叶光伏科技有限公司等企业通过技术创新引领全球光伏产业发展，支持布局硅棒、硅片、电池、光伏组件及光伏电站运营的全产业链布局；布局发展氢能源产业，支持陕西华秦科技实业有限公司、陕西有色金属控股集团有限责任公司等企业，加快氢气制备、氢气储能、燃料电池等氢能利用技术产业落地。四是强化特色产业融合。围绕航空、航天、电子信息、高端装备、新材料等，聚焦重点产业链创新能力建设，打造优势产业集群；按照产业化类、投资建设类和研发创新类分类制定实施政策，分类建立推进机制，完善项目库建设、管理和服务；以航空先进制造业中心、翱翔小镇、北斗卫星导航产业园等为重点，打造西安空天动力研制生产基地，加快航空航天动力产业领域特色园区建设，壮大产业发展动能。五是利用人工智能等技术改造传统产业。依托超算中心、未来人工智能计算中心等数字化基础设施，强化西安市在大数据、人工智能领域的优势，依托高校院所开展合作，打造人工智能创新体系，通过人工智能+教育、文旅、智能制造，运用其融通性、可预测性、可视化等特点来精准对接传统产业，促使传统产业网格化、数据化，方便资源统筹和管理，实现人工智能与传统产业相融合，打造创新发展生态。六是紧抓新能源汽车产业革命风口。重点支持比亚迪股份有限公司、浙江吉利控股集团有限公司等整车生产企业产能拓建，完善上下游产业链，进一步形成产业集群；完善电池上游原材料、动力电池、自动驾驶等产业链布局，形成产业闭环。

2. 推动硬科技创新示范区建设

一是推进更多高能级创新平台落地。瞄准国际前沿和国家重大需求，按照重大科技基础设施建设和规划要求，以"中科院牵引、地方支持、高校合作、社会参与"模式谋划建设空间集聚、学科方向关联、功能相互支撑的重大科技基础设施集群，推进高精度地基授时系统建成投用，加快先进阿秒激光设施启动建设，落地一批大科学装置，加速形成科学发现新高地；已建设完成的中国科学院大学西安学院，推动中国科学院西安分院、陕西省科学院系统科研机构集聚，与中国科学院、中国工程院等深化合作，链接国内外一流高校，争取落地更多研究机构或分院分所，打造一流科研机构集聚区；把握国家重点实验室优化重组契机，支持高校院所联合行业龙头企业共建全国重点实验室，围绕光电子信息、航空航天、新材料等领域整合资源申建一批全国重点实验室，聚焦关键领域开展原始创新和应用技术开发。二是完善多元化孵化转化平台体系。鼓励高等院校、科研机构、医疗卫生机构、高新技术企业和社会组织围绕产业细分领域搭建光电子概念验证中心、先进制造工艺与装备概念验证中心、智能无人系统概念验证中心、创新药物概念验证中心、高端医疗器械概念验证中心、光电功能材料概念验证中心等概念验证平台；鼓励具有行业优势和公共服务功能的高校院所与龙头企业，按功能定位分类搭建第三代半导体小试基地、生物制药小试服务平台、医疗器械小试研发服务平台、稀有金属小试平台等小试服务平台；推进龙头企业联合高等院校搭建集成电路中试基地、智能制造共享中试车间、GMP 中试平台、新材料中试基地等中试服务平台。以孵化器为核心，打造电子谷、光子产业转化孵化平台、生物医药产业转化孵化平台等科技企业创业孵化集聚空间。三是前瞻布局未来产业发展制高点。打造空天动力、光子产业、新材料产业集群。空天动力领域重点攻克涡扇发动机、固液混合动力、微波电热动力、新概念航空/航天领域动力集成、智能空天动力应用等关键技术，形成中小微推力航空发动机及电动喷气推进装置、火箭发动机等领先产品；先进激光与光子制造领域重点突破准分子激光器、EUV（extreme ultra-violet，极紫外光刻）光源、High-NA EUV 等技术，形成 CO_2 激光器、半导体激光器、光纤激光器、固体激光器等激光器及设备产品；光子材料与芯片领域重点突破半导体衬底材料、外延片、特种光学晶体、发光材料及能量光子芯片、传感探测芯片、信息处理芯片、光计算芯片、光显示器件等技术创新和工艺研发；先进稀有金属材料领域重点突破高品质微纳粉体及高性能粉末冶金材料、高性能金属基复合材料、镁合金熔体纯净化、多功能一体化涂层材料、3D 打印金属粉末材料、核用材料等核心技术和生产工艺。四是营造一流创新生态集聚创新资源。以城市客厅、国际社区为主要承载，打造院士岭、科学家社区、海归小镇等人才干事创业平台和服务载体；以科创金融组团为主要承载，聚焦科创服务需求，打造丝路创智谷金融中心、金融小镇、高新技术检测基地、知识产权服务基地、科技服务基地等载体；以城市客厅为主要承载，建设国际创新创业服务中心、欧美风情街、丝路国际交流中心等国际化载体，面向国际化平台、国外企业、外籍创业人才等，提供涉外服务、商务会商、生活休闲等服务功能，营造开放、包容的国际化氛围。

3. 制定合理的陕西省高技术制造业发展模式

在陕西省高技术制造业发展模式制定上，一定要根据国家以及陕西省的发展目标、产业特点及市场结构的不同，在不同领域选择不同的发展主体和产业组织形式。在总体上应采取以国际化、市场化方式为主的发展模式，利用经济全球化所提供的机遇和市场机制的促进作用来发展我国的高技术制造业。在关系到经济命脉和安全的核心技术领域，要以自主创新产业化为主发展，形成自主知识产权；在国际上尚未产业化而陕西省已有一定技术基础的领域，应以形成自主发展能力为目标，自主开发与国际合作相结合；这些领域要在政府的组织协调下，通过市场化的运作方式，集中必要的资源，力求突破。在技术和市场已高度国际化的高技术制造业领域，要以扩大产业规模为目标，加强与跨国公司的合作，利用国内外市场融合这一条件，积极参与国际分工，走国际化的发展道路。要引导跨国公司不断提高投资项目的技术含量和档次，改善陕西省在国际分工体系中的地位。对于那些与国际发展处于同一起跑线的高技术制造业，应加大投入力度和研发强度，促进其产业化，培育新的经济增长点。在陕西省有相对优势的高技术制造业领域，要积极实施外向型战略，鼓励企业向海外投资，开发国际资源，占领国际市场，促进陕西省跨国企业的成长。在技术创新活跃、投资规模较小的高技术制造业领域，要充分发挥技术创新型中小企业机制灵活、专业化程度高、技术创新动力强的特点，为陕西省的高技术制造业培育新的发展基础。

4.5.2 构建推进陕西省高技术制造业发展的人才政策

1. 完善人才培养机制

健全陕西省高技术制造业人才培养制度，创新人才培养培训方式，强化基础管理，协调运用高等教育、企业培养、国际交流等途径，构筑相互协作的多级培养体系。逐步形成符合陕西省高技术制造业特色需求的战略梯队人才、骨干、基础协同培养体系和制度，有效构建陕西省高技术制造业人才孵化机制，实现产业发展的强力人才支撑。一是构建陕西省高技术制造业人才的产学研联合培养机制。高等院校以市场为导向优化专业结构，要与企业合作对接，提高人才培养的应用导向和实践能力，使高等院校培养的各专业、各层次人才与市场需求相吻合。二是开展陕西省高技术制造业领军人才成长工程。创造条件鼓励行业高层次人才参与学术交流活动，围绕本产业领域的前沿知识及相关综合知识、科技前沿的新技术和工程实践开展培训交流，保持陕西省高技术新兴产业人才对技术发展的跟踪和知识更新，为领军人才成长建立沟通交流、素质提升的平台和机制。三是实施陕西省高技术制造业人才团队支持计划。重点支持从事重大原始创新项目研究、推动具有重大市场前景的高技术制造业项目转化的人才团队。对于享受政府财政支持的高技术制造业项目，安排一定比例的资金用于培养创新研发人才及团队。四是贯彻落实国家多部委联合印发的《专业技术人才知识更新工程实施方案》，长期针对留学归国人员开展专业技术人员知识更新的相关培训；加强留学归国人员人才队伍培养，定期组织开展符合国情的科技创新人才、科技紧缺人才、管理人才等高级研修培训课程。

2. 创新人才引进机制

制定富有吸引力的人才引进政策，加大陕西省高技术制造业人才引进的政策扶持力度。一是实施陕西省高技术制造业高层次人才引进计划。围绕高技术制造业重点发展领域，以重大产业化攻关项目为载体，采取团队引进、核心人才引进、项目引进等方式，引进一批能够突破关键技术、带动新兴学科、拓展新兴领域、开发新兴市场的领军人才和团队。二是努力构建海内外专家引智平台。抓住与国内外企业经济技术合作的良好机遇，以项目促进陕西省高技术制造业人才成长成才，在工作实践中锻炼提高，推动陕西省高技术制造业人才国际化。同时，积极探索陕西省高技术制造业人才梯队选拔制度，分梯次做好陕西省高技术制造业领军人才引进工作。三是增强高层次留学人才引进工作的主动性，根据实际情况不断创新引进方式。要积极吸引海外高层次留学人才回国到企事业单位工作，也要大力支持他们发挥自身优势，引进国外先进技术和资金，创办高新技术企业。要发挥顶尖人才集聚效应，采取团队引进、核心人才带动引进等多种方式积极引进海外高层次留学人才和留学人才团队。

3. 健全人才评价机制

建立健全与陕西省高技术制造业人才工作需求相匹配的绩效和能力评价机制，形成人才参与创新创造的多元激励机制。一是建立健全人才评价体系，打破地域、身份、年龄、学历、资历、名额等的限制，推行资格考试与评聘相结合、考试考核与同行评议相结合、社会公认与业内认可相结合的人才评价体系，突出操作性与实践性；二是深化分配制度改革，完善人才创新的激励机制，推行技术要素、知识要素参与分配的政策，建立科技奖励支持制度，形成事业、文化、薪酬等多元的人才激励体系，充分调动陕西省高技术制造业领军人才的积极性和创造性；三是建立陕西省高技术制造业人才专家库，推行陕西省高技术制造业领军人才实名推荐制，为陕西省高技术制造业人才提供长期服务；四是支持科技型中小企业集聚高端人才，鼓励各地方探索完善校企、院企科研人员"双聘"或"旋转门"机制。探索市场评价人才机制，对市场认可的科技型中小企业研发人才及团队，按照一定比例对个人所得税形成地方财力部分给予奖补，在项目支持、政府投资等方面给予优先支持；支持各地将科技型中小企业高端研发人才纳入相应的职称序列；鼓励科技型中小企业引进国际人才，鼓励有条件的科技型中小企业聘请国外高水平专家；支持企业聘请的外国专家承担各类外国专家项目。鼓励在企业工作并取得永久居留资格的外籍科学家领衔承担科技计划项目。

4. 优化人才创业环境

要明确陕西省高技术制造业人才发展规划前景，通过完善的公共服务平台，优化陕西省高技术制造业领军人才创业环境，为领军人才发展提供政策性服务。一是营造陕西省高技术制造业人才创业创新的人文环境，广泛宣传陕西省高技术制造业人才工作的相关政策和典型案例，让全社会尊重高技术制造业人才成为普遍共识，引导陕西省各类高技术制造业人才争作贡献；二是拓宽科技人才创新创业筹融资渠道，为陕西省高技术制造业企业制定优惠的财政与税收政策，降低人才创新创业成本；三是建立陕西省高技术制造业人才备受关爱的成长环境，政府部门要从政策制定上多注重宏观方面引导、支持，切实改变陕西省高技术制造业人才的生活待遇、工作待遇、人文关怀等软环境；四是健全知识产权保护相关法律法规，制定适合陕西省高技术制造业发展的知识产权政策，加强重大发明专利、商标等知识产权的申请、注册和保护，鼓励省内企业申请国外专利；五是进一步营造有利于海外高层次人才合理流动的环境氛围。进一步深化职称制度改革，促进职称在国内外互认，完善评价标准，引入第三方评价机构；针对专业技术领域，制定工作许可证跨区互认实施方案，建立高端人才工作许可互认和服务制度，倡导在工作转聘中免交工作资历证明，进一步消除高端人才在跨区流动中的障碍。

4.5.3 完善陕西省高技术制造业发展的内在机制

1. 培育内生性市场需求

一方面，通过需求端的激励，积极培育拓展下游市场，如购买价格补贴、消费税减免、消费贷款贴息、重大示范等，目前陕西省对这一政策工具的运用已较为成熟，下一阶段主要考虑政策完善，并且着重放宽市场准入政策，鼓励产业内竞争，降低价格。另一方面，则引导新型消费观念，宣传绿色化和低碳化的消费理念，甚至通过产品标识认证体系的建设，让消费者能够客观地认识高技术制造业产品相比传统产品的优越性。此外，则需营造有利于陕西省高技术制造业公平竞争、高效率的市场环境，在定价、标准制定、政府采购招标制度、准入门槛等方面兼顾各类企业的权益，确保创新创业企业家有持续动力推进高技术制造业的发展。

2. 培育高技术制造业发展的自成长机制

从高技术制造业发展的自适应机制、自稳定机制及扩展机制三个方面培育陕西省高技术制造业发展的自成长机制。首先，由于高技术制造业有较高的效益，利税较大，因此，在资金相同的情况下，相对于其他产业而言，往往能够为基础设施和自身扩大再生产提供更多的资金，促使本地区经济和自身规模的迅速扩展，更有效地为自身和整个社会经济的扩展创造更良好的条件。其次，目前的高技术制造业，是创业者创造的业绩，同时又是创造新企业的创造者。犹如人体中的细胞，既能完成机体赋予的某种功能，又能不断地进行自我繁殖。而高技术的高收益，经营者逐渐变为大亨的奇迹般经历，对创业者造成难以自制的诱惑力，往往产生"自己做老板"的强烈冲动。因此，一旦筹措到足够的资金，便立即自立门户，从雇员一跃成为雇主。再次，市场经济的最基本特点是为出卖而生产，生产的主体必须具有自动调节的功能，适应市场变化。在这方面，高技术制造业具有优势，它们早在初创阶段，就把满足市场需求作为首要任务，以此构建自身的产品机制，既壮大了自身的经济实力，也促进了社会经济的发展。最后，在高技术制造业中，雇主和雇员之间彼此双向选择，人员自由流动。高技术企业的稳定，就是在这种人员流动的过程中逐渐加强和巩固起来的。这种稳定的机制，是从雇主和雇员的自主选择中发挥作用，直至达到均衡而自动进入了稳定状态。从整个社会来看，这些正在营运的高技术企业，作为聚集人才的场所，都可看作社会中一些相对独立的稳定区域。这些区域越来越大，整个社会就会越来越稳定。因此，高技术制造业的发展，不仅有利于经济繁荣，而且更有利于社会稳定。

4.6 小　　结

通过剖析新时期的开放战略环境，解析全球价值链理论下的高技术制造业转型升级的机理与阶段，对比分析国际典型高技术制造业集群发展模式，明确"一带一路"倡议——共商、共建和共享三阶段陕西省高技术制造业战略目标，设计陕西省高技术制造业转型升级路径。研究结果如下。

（1）在全球价值链理论高技术制造业转型升级机理模型中，政府政策决定了高技术制造业的发展方向；市场需求成为企业创新的导向，影响产业转型升级的进程；高新技术产业的知识密度、科技资源均较高，技术创新和进步必然是推动产业转型升级的重要因素；此外，也离不开资源禀赋的支撑，包括人力资源和资本资源等。从影响因素对高技术制造业转型升级的作用方式来说，市场需求、政府政策、产业结构和竞争属于外部影响因素，资源禀赋和技术创新属于内部影响因素，在内外部因素的共同作用下实现向处于全球价值链高端位置的高技术制造业升级，包括生产及创新节点影响力的提升（生产工艺及产品的升级）、节点网络层级的提高（从价值链下游向上游的转移）、价值链的横向拓展（通过关联效应横向拓展价值链）、价值链的高端延伸（用价值创造能力更高的相关产业价值链扩张高端价值链）四个阶段。

（2）从产业结构、产业组织形态、科研力量、政府作用、中介服务、区域社会文化特征等各个方面，详细对比分析美国的硅谷地区、印度的班加罗尔等国际典型高技术制造业集群的发展情况，得出国际典型高技术制造业集群发展特征的异同点，为我国高技术制造业集群的建设提供了六点启示：一是要促进创新型中小企业的衍生和集聚发展；二是要促进人才资源的开发与集聚效应产生；三是要完善区域创新体系，促进官产学研密切协作；四是要构建有效的外部网络关系；五是要建立健全风险投资机制，提高金融服务水平；六是要加强知识产权的保护。

（3）在战略启动阶段，通过发挥自身的区位优势，与共建国家之间互联互动，实现产能合作等方式，旨在将陕西省打造为西部地区高技术制造业对外贸易中市场影响力最大的核心区；在战略发展阶段，通过陕西省的辐射带动作用，促进西部地区经济协同发展，实现科技研发平台的共建，促进高科技成果转移通道建设，将陕西省打造为中西部地区的高技术产业孵化中心；在战略持续阶段，强调互利共赢，充分发挥陕西省高技术制造业的辐射效应，形成"一带一路"经济带中高技术制造业发展的增长极。

（4）陕西省重点高技术制造业的转型升级路径为：提升高技术企业集群国际竞争力；完善创新体系，使我国高技术企业集群成功嵌入全球价值链；通过内向与外向国际化实现在全球价值链内的产业升级；加快高技术制造业高端化。

（5）提出的主要政策建议包括：构建推进陕西省高技术制造业发展的配套机制；构建推进陕西省高技术制造业发展的人才政策；完善陕西省高技术制造业发展的内在机制等。

参 考 文 献

卜洪运，吕俊杰. 2003. 我国高技术产业界定方法的研究. 技术经济与管理研究，(1)：80.
陈宏民. 2007. 网络外部性与规模经济性的替代关系. 管理科学学报，(3)：1-6.
陈建军. 2002. 中国现阶段产业区域转移的实证研究：结合浙江 105 家企业的问卷调查报告的分析. 管理世界，(6)：64-74.
陈文晖，崔民选. 1998. 中国东西部经济发展差距的比较. 人文地理，(1)：50-53.
程李梅，庄晋财，李楚，等. 2013. 产业链空间演化与西部承接产业转移的"陷阱"突破. 中国工业经济，(8)：135-147.
丁锋. 2016. "一带一路"视角下的中国埃及产业合作路径研究. 经济体制改革，(5)：50-55.
段文娟，聂鸣，张雄. 2007. 全球价值链下产业集群升级的风险研究. 科技进步与对策，(11)：154-158.
盖文启，王缉慈. 1999. 从硅谷的成功看中国高新区的发展. 中国工业经济，(12)：38-42.
甘文华. 2012. 创新驱动的方法论思考. 中共南京市委党校学报，(4)：21-24.
龚新蜀，李梦洁，张洪振. 2017. OFDI 是否提升了中国的工业绿色创新效率：基于集聚经济效应的实证研究. 国际贸易问题，(11)：127-137.
关颖. 2023-01-20. 全国第四个"双中心"缘何花落西安. 西安晚报，(3).
管怀鎏. 1996. 论产业素质的提高与经济增长方式的转变. 经济问题，(7)：13-15.
桂黄宝. 2014. 我国高技术产业创新效率及其影响因素空间计量分析. 经济地理，34（6）：100-107.
洪银兴. 2013. 论创新驱动经济发展战略. 经济学家，(1)：5-11.
侯海青，侯晓靖. 2010. 西安市高新技术产业的创新发展. 中国管理信息化，13（10）：59-61.
胡实秋，宋化民. 2001. 高技术统计的系统思考. 科技管理研究，(3)：39-41.
胡兆量. 1986. 我国工业布局的变化趋势. 地理学报，(3)：193-201.
华志忠. 2008. 价值链的系统构造与协同分析. 经济纵横，(5)：117-119.
黄茂兴，李军军. 2009. 技术选择、产业结构升级与经济增长. 经济研究，44（7）：143-151.
黄如花，李楠. 2016. 开放数据的许可协议类型研究. 图书馆，(8)：16-21.
黄先海，杨高举. 2010. 中国高技术产业的国际分工地位研究：基于非竞争型投入占用产出模型的跨国分析. 世界经济，33（5）：82-100.
姜泽华，白艳. 2006. 产业结构升级的内涵与影响因素分析. 当代经济研究，(10)：53-56.
蒋冠宏，蒋殿春. 2017. 绿地投资还是跨国并购：中国企业对外直接投资方式的选择. 世界经济，40（7）：126-146.
金碚. 2012. 全球竞争新格局与中国产业发展趋势. 中国工业经济，(5)：5-17，121.
金京，戴翔，张二震. 2013. 全球要素分工背景下的中国产业转型升级. 中国工业经济，(11)：57-69.

李广明, 黄有光. 2010. 区域生态产业网络的经济分析: 一个简单的成本效益模型. 中国工业经济, (2): 5-15.

李娟, 张亚娇, 刘虎. 2013. 知识产权与五大主导产业发展的协整关系研究: 以西安市高新技术产业等五大主导产业为例. 电子测试, (12): 283-284.

李开, 江天鹏, 刘凯丽. 2014. 社会网络嵌入与集群企业合作营销实证研究: 基于我国传统产业集群的调查. 科学决策, (6): 1-13.

李平, 狄辉. 2006. 产业价值链模块化重构的价值决定研究. 中国工业经济, (9): 71-77.

李天籽. 2014. 地理距离、边界效应与中国沿边地区跨境次区域合作: 兼论珲春国际合作示范区的发展. 东北亚论坛, 23 (4): 54-61, 126.

李云娥, 丁娟. 2007. 美国企业技术创新战略联盟的发展与案例分析. 生产力研究, (23): 92-93, 115.

李子奈, 潘文卿. 2010. 计量经济学. 3版. 北京: 高等教育出版社.

梁娟, 陈国宏. 2015. 多重网络嵌入与集群企业知识创造绩效研究. 科学学研究, (1): 90-97.

梁威, 刘满凤. 2017. 我国战略性新兴产业与传统产业耦合协调发展及时空分异. 经济地理, 37 (4): 117-126.

林敏, 王毅, 吴贵生. 2013. 西部地区战略性新兴产业发展模式研究. 科技进步与对策, 30 (17): 66-70.

林莎, 雷井生, 杨航. 2014. 中国企业绿地投资与跨国并购的差异性研究: 来自223家国内企业的经验分析. 管理评论, 26 (9): 139-148.

凌星元, 孟卫东, 王春杨. 2022. 制造业转移与区域创新空间演进: 直接影响与空间溢出效应. 工程管理科技前沿, 41 (6): 25-32.

刘恒江, 陈继祥. 2004. 产业集群竞争力研究述评. 外国经济与管理, (10): 2-9.

刘红光, 王云平, 季璐. 2014. 中国区域间产业转移特征、机理与模式研究. 经济地理, 34 (1): 102-107.

刘婧玥, 吴维旭. 2022. 产业政策视角下创新链产业链融合发展路径和机制研究: 以深圳市为例. 科技管理研究, 42 (15): 106-114.

刘晓明, 章卫民, 李湛. 2009. 高新技术产业发展的一般规律浅析. 科技管理研究, 29 (10): 47-50.

刘筱, 王铮, 赵晶媛. 2006. 政府在高技术产业集群中的作用: 以深圳为例. 科研管理, (4): 36-43.

刘印, 蒲茜. 2023-10-16. 创新潮涌 动能澎湃: 陕西大力推进西安"双中心"建设. 陕西日报, (9).

刘友金, 胡黎明. 2011. 产品内分工、价值链重组与产业转移: 兼论产业转移过程中的大国战略. 中国软科学, (3): 149-159.

栾文莲. 2006. 新一轮国际产业转移的八大特点. 河北经贸大学学报, (2): 68-71.

梅林, 张杰, 杨先花. 2018. 我国区际产业转移与对接机制研究: 区际产业链视角. 科技进步与对策, (3): 29-34.

聂丹, 郭智勇. 1997. 定牌生产与企业核心竞争优势的保持. 上海经济研究, (10): 23-25.

潘凡峰, 高长春, 刘畅. 2015. 跨区域产业价值链协同创新与路径选择. 湖南社会科学, (2): 138-141.

任保平. 2013. 以创新驱动提高中国经济增长的质量和效益. 黑龙江社会科学，（4）：45-49.
阮宗泽. 2015. 构建新型国际关系：超越历史 赢得未来. 国际问题研究，（2）：16-30, 142.
芮明杰，富立友，陈晓静. 2010. 产业国际竞争力评价理论与方法. 上海：复旦大学出版社.
萨克森尼安 A. 1999. 硅谷和新竹的联系：技术团体和产业升级. 经济社会体制比较，（5）：49-60.
陕西省人民政府. 2021. 陕西省人民政府关于促进高新技术产业开发区高质量发展的实施意见. 陕西省人民政府公报，（14）：3-8.
沈谦. 2021-04-22. 省工信厅：坚定不移推动陕西制造业高质量发展. 陕西日报，（2）.
施蕴函，朱斌，方金城. 2011. 海峡两岸高科技产业深度对接模式研究. 科技进步与对策，28（5）：67-71.
史马，苗泽华. 1999. 强强联合：企业集团重组之路. 经济论坛，（7）：20.
孙杰，谷克鉴，许陶. 2004. 竞争优势、外部经济与发达区域市场可持续发展：以浙江义乌小商品市场为例. 中国软科学，（10）：121-125.
孙一迪. 2022. 创新视阈下国家高新区产业集群竞争力的综合评价：基于时序全局主成分分析. 统计理论与实践，（3）：61-67.
孙翊，王铮，熊文，等. 2010. 中国高技术产业空间转移模式及动力机制研究. 科研管理，31（3）：99-105.
覃莹莹. 2020. 经济开发区的产业配套与金融问题实证研究：以广西北部湾经济区为例. 经济研究导刊，（34）：101-103.
谭力文，马海燕，刘林青. 2008. 服装产业国际竞争力：基于全球价值链的深层透视. 中国工业经济，（10）：64-74.
汤晓莉，苗长虹. 2011. 基于产业群视角的河南省产业配套能力分析. 人文地理，26（2）：85-91.
滕堂伟，曾刚. 2007. 高新技术产业集群可持续发展的实质、问题与对策//中国可持续发展研究会. 2007 中国可持续发展论坛暨中国可持续发展学术年会论文集. 哈尔滨：黑龙江教育出版社：106-110.
王帆. 2013. 战略转型期的中国外交战略规划. 外交评论（外交学院学报），30（6）：1-15.
王宏起，胡运权. 2002. 高新技术及其产业的界定和使用规范化研究. 科学学与科学技术管理，（4）：8-11.
王宛秋，刘璐琳，孙大伟. 2012. 关于我国汽车行业规模经济效应的实证研究. 经济问题探索，（10）：23-29.
王小卫，蔡新会. 2003. 东西部经济合作的市场条件分析. 江苏社会科学，（4）：91-96.
王毅. 2015. 构建以合作共赢为核心的新型国际关系. 国际问题研究，（3）：1-6, 126.
王铮，毛可晶，刘筱，等. 2005. 高技术产业聚集区形成的区位因子分析. 地理学报，（4）：567-576.
王铮，孙枫，王瑛，等. 1999. 知识型产业区位的实证分析. 科研管理，（3）：101-108, 33.
魏和清，李燕辉，肖惠妩. 2017. 我国文化产业综合发展实力的空间统计分析. 统计与决策，（15）：83-87.
吴金明，张磐，赵曾琪. 2005. 产业链、产业配套半径与企业自生能力. 中国工业经济，（2）：44-50.
习近平. 2013-03-24. 顺应时代前进潮流 促进世界和平发展：在莫斯科国际关系学院的演讲. 中国青年报，（02）.
熊鹰，杨雪白. 2014. 城市山岳型旅游地旅游资源空间承载力分析：以岳麓山风景区为例. 中国人口·资源与环境，24（S1）：301-304.

熊勇清, 余意. 2013. 传统企业与战略性新兴产业对接路径与模型. 科学学与科学技术管理, 34(9): 107-115.

徐久香, 方齐云. 2013. 基于非竞争型投入产出表的我国出口增加值核算. 国际贸易问题, (11): 34-44.

徐元国. 2010. 集群企业网络演进与龙头企业集团的形成机理. 经济地理, 30(9): 1492-1496, 1501.

许庆, 尹荣梁, 章辉. 2011. 规模经济、规模报酬与农业适度规模经营: 基于我国粮食生产的实证研究. 经济研究, 46(3): 59-71, 94.

杨丛, 李世泽, 钟蕾. 2023. 广西对接长江经济带路径研究: 基于优势互补的视角. 发展研究, 40(3): 29-38.

杨洪焦, 孙林岩, 吴安波. 2008. 中国制造业聚集度的变动趋势及其影响因素研究. 中国工业经济, (4): 64-72.

杨洁勉. 2015. 新时期中国外交思想、战略和实践的探索创新. 国际问题研究, (1): 17-28, 139-140.

杨武, 田雪姣. 2018. 中国高技术产业发展的科技创新驱动效应测度研究. 管理学报, 15(8): 1187-1195.

杨晓晨. 2016. 实证分析的西安市高新技术产业推进路径研究. 西安: 西安工程大学.

易朝辉, 夏清华. 2007. 国际战略联盟条件下的中国联盟伙伴选择标准: 基于"资源—学习—企业成长"的视角. 科学学与科学技术管理, (12): 187-192.

于斌斌. 2011. 基于进化博弈模型的产业集群产业链与创新链对接研究. 科学学与科学技术管理, 32(11): 111-117.

于源. 2013. 市场邻近、工资差异与区域均衡发展: 基于新经济地理理论和CHIP数据的实证分析. 财贸研究, 24(5): 70-78.

袁建文. 2005. 广东省高技术产业投入产出分析. 广东商学院学报, (2): 69-72, 83.

曾咏梅. 2011. 产业集群嵌入全球价值链的模式研究. 经济地理, 31(3): 453-457.

曾铮, 王鹏. 2007. 产品内分工理论与价值链理论的渗透与耦合. 财贸经济, (3): 121-125.

翟松天, 徐建龙. 1999. 中国东西部产业结构联动升级中的产业对接模式研究. 青海师范大学学报(哲学社会科学版), (2): 3-8.

张公嵬. 2010. 我国产业集聚的变迁与产业转移的可行性研究. 经济地理, 30(10): 1670-1674, 1687.

张来武. 2013. 论创新驱动发展. 中国软科学, (1): 1-5.

张陆洋. 2001. 高技术产业发展经济学特性的研究. 中国软科学, (3): 54-58.

张娜, 杨秀云, 李小光. 2015. 我国高技术产业技术创新影响因素分析. 经济问题探索, (1): 30-35.

张鹏, 李悦明, 张立琨. 2015. 高技术产业发展的影响因素及空间差异性. 中国科技论坛, (6): 100-105.

张于喆, 王君, 杨威. 2013. 高新技术产业发展形势分析. 宏观经济管理, (12): 15-16.

赵玉林, 汪芳. 2007. 我国高技术产业关联效应实证分析. 经济问题探索, (1): 6-13.

中国经济增长前沿课题组, 张平, 刘霞辉, 等. 2014. 中国经济增长的低效率冲击与减速治理. 经济研究, 49(12): 4-17, 32.

朱传耿，赵振斌. 2002. 论区域产业竞争力. 经济地理，（1）：18-22.
朱方伟，于淼，孙秀霞. 2013. 中国汽车合资企业自主创新模式研究. 科研管理，34（6）：152-160.
朱瑞博. 2010. "十二五"时期上海高技术产业发展：创新链与产业链融合战略研究. 上海经济研究，（7）：94-106.
朱玉杰，曾道先，聂小刚. 2001. 国际直接投资的优势互补理论研究. 清华大学学报（哲学社会科学版），（5）：67-71.
祝福云，陈晓暾，刘敏. 2006. 高技术产业发展影响因素的实证研究：投入、机制与环境. 陕西科技大学学报，（1）：121-125.
Audretsch D B，Feldman M P. 1996a. R&D spillovers and the geography of innovation and production[J]. The American Economic Review，86（3）：630-640.
Audretsch D B，Feldman M P. 1996b. Innovative clusters and the industry life cycle. Review of Industrial Organization，11：253-273.
Breitung J. 2001. The local power of some unit root tests for panel data//Baltagi B H，Fomby T B，Carter Hill R. Nonstationary Panels，Panel Cointegration，and Dynamic Panels. Leeds：Emerald Group Publishing Limited：161-177.
Carbonara N. 2005. Information and communication technology and geographical clusters：opportunities and spread. Technovation，25（3）：213-222.
Chesbrough H W. 2003. Open Innovation: the New Imperative for Creating and Profiting fromTechnology. Boston：Harvard Business School Press Books.
European Commission. 1994. European report on science and technology indicators. Brussels：European Eommission.
Feldman M P，Audretsch D B. 1999. Innovation in cities：science-based diversity，specialization and localized competition. European Economic Review，43（2）：409-429.
Gereffi G. 1999. A commodity chains framework for analyzing global industries. https://eco.ieu.edu.tr/wp-content/Gereffi_CommodityChains99.pdf[2024-08-05].
Gereffi G，Humphrey J，Sturgeon T. 2005. The governance of global value chains. Review of International Political Economy，12（1）：78-104.
Grossman G M，Helpman E，Szeidl A. 2005. Complementarities between outsourcing and foreign sourcing. American Economic Review，95（2）：19-24.
Gulati R，Nohria N，Zaheer A. 2000. Strategic networks. Strategic Management Journal，21（3）：203-215.
Harrison J S，Hitt M A，Hoskisson R E，et al. 2001. Resource complementarity in business combinations：extending the logic to organizational alliances. Journal of Management，27（6）：679-690.
Henderson R M，Clark K B. 1990. Architectural innovation：the reconfiguration of existing product technologies and the failure of established firms. Administrative Science Quarterly，（5）：9-30.
Im K S，Pesaran M H，Shin Y. 2003. Testing for unit roots in heterogeneous panels. Journal of Econometrics，115（1）：53-74.
Johansen S. 1995. Identifying restrictions of linear equations with applications to simultaneous equations and cointegration. Journal of Econometrics，69（1）：111-132.

Kao C. 1999. Spurious regression and residual-based tests for cointegration in panel data. Journal of Econometrics, 90 (1): 1-44.

Kaplinsky R, Morris M, Readman J. 2002. The globalization of product markets and immiserizing growth: lessons from the South African furniture industry. World Development, 30 (7): 1159-1177.

Katz M L, Shapiro C. 1994. Systems competition and network effects. Journal of Economic Perspectives, 8 (2): 93-115.

Larsson R, Lyhagen J, Löthgren M. 2001. Likelihood-based cointegration tests in heterogeneous panels. The Econometrics Journal, 4 (1): 109-142.

Lau L J. 2010. Input-occupancy-output models of the non-competitive type and their application: an examination of the China-US trade surplus. Social Sciences in China, 31 (1): 35-54.

Levin A, Lin C F, Chu C S J. 2002. Unit root tests in panel data: asymptotic and finite-sample properties. Journal of Econometrics, 108 (1): 1-24.

Liebowitz S J, Margolis S E. 1994. Network externality: an uncommon tragedy. Journal of Economic Perspectives, 8 (2): 133-150.

Lucas R E. 1988. On the mechanics of economic development. Journal of Monetary Economics, 22 (1): 3-42.

Maddala G S, Wu S W. 1999. A comparative study of unit root tests with panel data and a new simple test. Oxford Bulletin of Economics and Statistics, 61 (S1): 631-652.

McGee J E, Dowling M J, Megginson W L. 1995. Cooperative strategy and new venture performance: the role of business strategy and management experience. Strategic Management Journal, 16 (7): 565-580.

Nagarajan A, Mitchell W. 1998. Evolutionary diffusion: internal and external methods used to acquire encompassing, complementary, and incremental technological changes in the lithotripsy industry. Strategic Management Journal, 19 (11): 1063-1077.

Narula R. 1993. Technology, international business and Porter's "Diamond": synthesizing a dynamic competitive development model. MIR: Management International Review, 33: 85-107.

Nelson R R. 1984. High-technology policies: a five nation comparison. Washington: American Enterprise Institute.

Parkhe A. 1991. Interfirm diversity, organizational learning, and longevity in global strategic alliances. Journal of International Business Studies, 22: 579-601.

Pedroni P. 1999. Critical values for cointegration tests in heterogeneous panels with multiple regressors. Oxford Bulletin of Economics and Statistics, 61 (S1): 653-670.

Pedroni P. 2004. Panel cointegration: asymptotic and finite sample properties of pooled time series tests with an application to the PPP hypothesis. Econometric Theory, 20 (3): 597-625.

Rodrik D. 1995. Political economy of trade policy//Grossman G, Rogoff K. Handbook of International Economics. Amsterdam: Elsevier: 1457-1494.

Rodrik D. 2006. What's so special about China's exports?. China & World Economy, 14 (5): 1-19.

Romer P M. 1986. Increasing returns and long-run growth. Journal of Political Economy, 94 (5): 1002-1037.

Schmitz H, Humphrey J. 2000.Governance and upgrading: linking industrial cluster and global value chain research.
Stuart T E. 2000. Interorganizational alliances and the performance of firms: a study of growth and innovation rates in a high-technology industry. Strategic Management Journal, 21(8): 791-811.
Ullman E L. 1957. American Commodity Flow. Seatle: University of Washington Press.
Zheng W. 1999. Making positive researches on the base-knowledge industrial location. Science Research Management, 20(3): 101-108.

后　　记

　　本书是笔者在主持陕西省创新能力支撑计划项目"'一带一路'建设背景下陕西省高技术产业转型升级研究"（项目编号：2017KRM022）、陕西省科协高端科技创新智库项目、"新时期西部高新区转型发展战略研究"（项目编号：201704）和国家社会科学基金项目"丝绸之路经济带生产网络与生态环境协同发展研究"（项目编号：17BJL005）等相关课题报告的基础上，进一步修改完善而形成的。多年来，笔者还先后主持完成西安市"十一五"规划研究课题"西安'十一五'高新技术产业发展战略研究"（项目编号：XASJW11-5-13）、陕西省软科学项目"陕西省高新技术产业集群及其竞争力评价研究"（项目编号：2005KR25）和"陕西战略性新兴产业发展研究"（项目编号：2014KRM20-01）、陕西省发展和改革委员会课题"陕西'十一五'高技术产业发展规划专项研究"和"陕西高技术产业化对区域经济发展的影响"、陕西省教育厅项目"陕西省新能源产业发展技术路线研究"（项目编号：2010JK186）和"高技术企业成长生态系统研究"（项目编号：07JK082）等，研究团队在高技术产业发展相关领域开展了大量研究。在此对给予这些项目资助和支持的有关部门表示衷心的感谢。

　　研究团队在资料查询、数据处理、图表制作、会议研讨及初稿写作等方面做了大量工作，前期郑玉雯博士、左力博士、王迪硕士、李晨硕士等做了大量工作，后期蒋楠副教授、博士生张建国、硕士生邹蓓、宋金龙、张涛的辛勤付出对本书的完成有很大帮助。

　　在本书出版之际，感谢西安理工大学经济与管理学院的支持，感谢科学出版社和编辑魏如萍、曹彦芳的付出。

　　高技术制造业转型升级，超前布局未来产业，在推动共建"一带一路"高质量发展阶段中发挥着重要作用。由于笔者学识有限，加之时间和条件制约，书中难免还有不足之处，诚挚地欢迎读者批评指正。

薛伟贤
2024 年 3 月 1 日于曲江校区